株

ケイ線・チャートで儲けるしくみ

(有)なでしこインベストメント
阿部智沙子

日本実業出版社

●はじめに

　前著『＜儲かる株の教科書＞ケイ線・チャートの読み方・使い方』の初版は2004年10月でした。それから10年少々。その間、株式市場の環境は大きく変わりました。
　とりわけ顕著だと感じているのは、まず、日経平均株価というインデックスが市場の主役のような存在と化していることです。かつての上昇相場では、市場を牽引する花形的なセクターがあったり、その関連銘柄が大人気化したりしていましたが、今日の相場ではそうした様子があまりうかがえません。時折、注目を集めるセクターや銘柄が出てきても、その人気も短期間のうちにしぼんでしまいます。日々の売買代金ランキングを見てみれば、日経平均株価の値動き（の2倍）に連動するタイプのETF（上場投資信託）が連日断然首位。日経平均株価が常に一番人気、と言ってよいような状況です。
　また、市場の動きが非常に速く、動きはじめると瞬く間に一方向に動くようになっていることも、極めて大きな変化だと思っています。報道などで、欧米の株式市場で高速・高頻度取引の存在感が非常に増していることが伝えられていますが、近年、日本の株式市場もその傾向が明らかになってきている印象が強くあります。
　こうした市場環境の中で、個人は何を指針に株の売買をしたらよいのか。改めて、株価チャートが売買の実践でどういう指針になり得るのかを考察してみたのが本書です。

　本書の特徴は2つあります。ひとつは、日経平均株価のチャートが随所に（これでもか、というくらいに）登場すること。もうひとつは、目次をご覧いただければおわかりのとおり、チャートの理論の中でもベーシックな項目だけを取り上げていることです。
　すでにチャートの見方の基本をご存知の方の中には、「この高速取引の時代に、昔ながらの"買いシグナル"やら"売りシグナル"やら、そんなもの

は実際にはまったく役立たない」と思っている方もいるかもしれません。

　確かに、チャートの"買いシグナル"で買えば儲かるのかと言えば、儲かるときもあれば、儲からないときもあります。時には、チャートの理論からすれば典型とも言える"ピキピキの買いシグナル"が出た直後に株価が下げ続けるようなことも起こります。チャートの"買いシグナル"で売るべきだった、という話です。

　これは、チャートのシグナルはまやかしだ、ということではありません。まやかしどころか、過去の株価の動きのほとんどはチャートの理論で的確に説明できます。強い上昇局面のスタート地点には、先行き強気を示唆するシグナルが現れていますし、強い下落相場になるところでは弱気のシグナルが確かに描かれています。

　ところが、その的確であるはずの理論が、実際の売買で利益に結びつかないのは何故か。そもそもチャートの"買いシグナル"で買っていいものなのか。いったいチャートの理論のどの部分が、売買の実践のどんなシーンでどう使えるのか。この点を、原点に立ち戻って掘り下げてみました。そこに、今日の市場において有用な視点も示されています。これが、いま株の売買をするうえで非常に役に立つ、というのが、自分自身の偽らざる実感です。

　本書は、前著の続編的な位置づけですが、前著と異なる考え方を述べている部分もあります。その点は、前著がチャートの理論のテキスト的なものであったのに対して、本書は実践に主眼を置いていること、そして、その間の10年余りという歳月をご斟酌いただければ幸いです。

　最後になりましたが、本書の出版にご協力いただいた日本実業出版社編集部に、この場を借りまして厚く御礼を申し上げます。

2015年2月

阿部智沙子

株　ケイ線・チャートで儲けるしくみ　CONTENTS

●はじめに

第1章 チャート上に現れるトレンドのしくみ

§1-1 株価の動きはランダムなようでランダムではない
チャート分析の目的は価格の動きが形成する「トレンド」を捉えること
- ●株価のふるまいは挙動不審？ … 12
- ●値動きの方向は「上」「下」「横ばい」の3パターン … 14
- ●チャートを分析する第一の目的は「トレンドを捉える」こと … 17

§1-2 そもそも、なぜトレンドは形成されるのか
値動きの方向性が映し出す需要と供給の力関係
- ●株価が上がるか、下がるか――決めるのは、買い手と売り手の力関係 … 20
- ●継続的な需要の底上げが上昇トレンドを形成する … 22
- ●株価のトレンドは需要と供給の力関係の趨勢 … 26
- ●もうひとつの大前提「価格は『すべて』の需要と供給を織り込んでいる」… 27
- ●「チャートはなぜ必要不可欠なのか」再確認 … 28

§1-3 トレンド分析の元祖「ダウ理論」
100年以上を経た今なお通用するベーシックな市場分析
- ●ありとあらゆるテクニカル分析の原点は「ダウ理論」にある … 30
- ●市場は「3つの動き」が同時に進行している … 31
- ●主要トレンド「強気」と「弱気」は3段階で進展する … 32
- ●小トレンドの積み上げが主要トレンドを形成する … 34

- ◉ 大きな変化は「小トレンドの変化」から始まる … 35

§1-4　常に意識しておきたい「市場全体」のトレンド
個別銘柄の値動きは市場全体の影響を免れ得ない
- ◉ 日経平均株価が上昇トレンドならば、大半の銘柄は上昇トレンド … 38
- ◉ 需要は需要を呼び、供給は供給を誘う … 39
- ◉ 日経平均株価の動きを意識せずにはいられない今日の市場環境 … 40
- ◉ 「二次的調整か、新たなトレンドの初期段階か」という超難題 … 41

Column：日本のチャートはなぜ「ケイ線」と称されるのか … 44

第2章　形成されたトレンドが継続するしくみ

§2-1　上値・下値予測の基本「サポート」と「レジスタンス」
チャートに描かれる「山」「谷」には重大な意味がある
- ◉ チャートの役割＜その2＞は「上値」「下値」の目安をつけること … 46
- ◉ 「サポート」「レジスタンス」は過去の需給バランスの転換点 … 47
- ◉ レジスタンスの水準にはより多くの供給が集まりやすい … 48
- ◉ 上昇トレンド継続が確定するとレジスタンスはサポート機能に一転する … 51
- ◉ サポート水準を割り込む株価の下落はサポートをレジスタンスに変える … 53

§2-2　過去のサポート・レジスタンスは先々の株価の動きにも影響する
次々と待ち受ける上昇トレンド継続を阻む壁
- ◉ "強いサポート"は突き破られると強烈なレジスタンスになる … 55
- ◉ 強いレジスタンスをブレイクすれば、一転「頼れるサポート」に … 57
- ◉ 下降トレンドが長く続くとレジスタンスだらけになる … 59
- ◉ 株価は10年以上も前のレジスタンスも記憶している … 60
- ◉ 上場来高値を更新した銘柄の上値を予測する方法 … 62

§2-3　継続していたトレンドはこうして減衰し、いったん終息する
「トレンドライン」が示唆するトレンドの変調
- ◉ トレンドの進行速度を測るツール「トレンドライン」… 65

- ◉「次の安値」「次の高値」はラインの延長線上にある … 66
- ◉「下支え力」「抵抗力」のダブル効果に注目 … 68
- ◉トレンドが加速するとラインは急勾配になる … 70
- ◉株価がラインを突き抜ける動きはトレンド変調を知らせる最初のサイン … 72
- ◉それまでのトレンドが「いったん終了」となるプロセス … 74
- ◉トレンドラインでも起きる「ブレイク後の機能逆転」… 76

第3章 トレンドの合間に出現するチャート・パターンのしくみ

§3-1 「継続」と「反転」の間にある重大なグレーゾーン
相場取引最大の難局面「トレンドレス状態」
- ◉市場の動きには進むべき方向性に迷う時期がある … 80
- ◉「二次的調整か、新たなトレンドの初期か」をしのぐ難局面 … 82
- ◉伝統的なチャート理論が示す予測の手掛かりになる"絵" … 83

§3-2 相場の天井・大底に出現する「リバーサル・パターン」
それは重要なトレンドラインのブレイクから始まる
- ◉反転パターンにはいくつかの共通点がある … 84
- ◉「ヘッド・アンド・ショルダー型」が形成されるプロセス … 85
- ◉「ヘッド・アンド・ショルダー」が完成した後に予測される動き … 88
- ◉「逆ヘッド・アンド・ショルダー」には売買高激増が必須 … 89
- ◉拙速な判定を起こしやすい「ダブル・トップ」「ダブル・ボトム」… 91

§3-3 後のトレンド再開を示唆する「コンティニュエーション・パターン」
形成された位置とその形状から予測される「強気」「弱気」
- ◉頻出パターン「トライアングル」には3つのタイプがある … 94
- ◉トライアングルがブレイクされた後の動きを予測する … 96
- ◉同じ値幅の中で上げ下げを繰り返す長方形型の「レクタングル」… 98
- ◉鋭い値動きの後の短期調整パターン「フラッグ」「ペナント」… 99
- ◉上下する値幅が拡大していくパターンは「弱気」… 101

§3-4 「継続」「反転」の判別が困難であるが故に生じるジレンマ
　　　継続しているトレンドに乗り続けることができない理由とは
　　　　●「継続」「反転」のパターンはどこがどう違うのか … 102
　　　　●大きなトレンドでは半年、1年と続くトレンドレス状態が出現する … 103
　　　　●日々縮小する売買高が弱気予測に拍車をかける … 105
　　　　●完成しなければ判定できない。完成してからでは「時すでに遅し」… 108
　　　　●反転パターンの形成途中では、「パターンに気付かない」… 108
　　　　●過去10年の値動きから考えるトレンドレス状態対応策 … 110

第4章 日本のスタンダード「ローソク足チャート」のしくみ

§4-1 ローソク足チャートはここが優れている
　　　ローソク足でなければわからない重要情報
　　　　●1本のローソク足で様々な値動きが読み取れる … 114
　　　　●視覚的効果絶大のローソク足チャートだからわかる「値動きの傾向」… 116
　　　　●足元の値動きは「日足チャート」、中長期は「週足」「月足」で … 117

§4-2 ローソク足「強気」「弱気」解釈の注意点
　　　その色と形状が示す需給の背景を考える
　　　　●1本のローソク足の色と形状が示す「強気」と「弱気」… 121
　　　　●「長いヒゲ」は株価の先行き予測に使えるのか … 122
　　　　●大陽線・大陰線が「逆方向の動き」を示唆することもある … 123
　　　　●大陽線と長い上ヒゲ、大陰線と長い下ヒゲが紙一重の銘柄もある … 126

§4-3 ローソク足の"連なり方"に着目する
　　　前日終値→本日始値→本日終値の値動きの方向性
　　　　●前日の終値に対する始値の位置と、今日のローソク足の色を見る … 128

§4-4 ローソク足の間にできる「ギャップ」が重視される理由
　　　そこが重要なサポート・レジスタンス水準になる
　　　　●ローソク足の間の空間が形成されるプロセスと「勢い」… 131

- ●ギャップがサポートやレジスタンスになる理由 … 133
- ●「埋まるギャップ」と「埋まらないギャップ」… 135
- ●トレンドの「初期」「途中」「最終局面」に出現するギャップの解釈 … 139
- ●チャート上でとにかく目立つ。だからギャップを重要視する必要がある … 141
- Exercise：ローソク足チャートにトレンドラインを引いてみる … 143

第5章 株価とともにチャート上に描かれている移動平均線のしくみ

§5-1 トレンドフォロー型テクニカル指標の代表「移動平均線」
トレンドラインに勝る？　移動平均線という"トレンドライン"
- ●「平均」をグラフ化した線がトレンドを追いかける … 146
- ●移動平均線の傾き度合いはトレンドの勢いを表している … 148
- ●サポートライン・レジスタンスラインと移動平均線の相違点 … 150

§5-2 株価と移動平均線の関係で判定する「強気」「弱気」
解釈の基本中の基本「グランビルの法則」を再確認
- ●基本解釈は「株価が移動平均より上か、下か」… 152
- ●株価が移動平均線とどのくらい乖離すると"行き過ぎ"なのか … 155
- ●平均を取る期間によって移動平均線の形状はこうも違う … 156

§5-3 「値動きの性格」を測るツールとしての移動平均
その銘柄は、値上がりした翌日「上がりやすい」か「下がりやすい」か
- ●株価は本当にグランビルの法則に従って動くのか？ … 159
- ●移動平均線のシグナルが有効か否かは「銘柄によりけり」… 162

§5-4 どの期間の移動平均線が売買に最適なのか
実践に役立つ移動平均線を見つける方法
- ●移動平均線の順張り売買は株価の上げ下げに弱い … 165
- ●平均する期間を長くすれば"上げ下げ"の影響は排除可能だが… … 167
- ●「どんな移動平均線をどう活用すればいいのか」。実はチャートが教えてくれている … 172
- Column：意外にも、グランビルは「アンチ・トレンドフォロー」の人だった … 176

第6章 「買いシグナル」「売りシグナル」とされる値動きのしくみ

§6-1 買いシグナルは「いまこそ買え！」の合図ではない
「『確認』をもって『予測』となす」という考え方
- ●トレンドフォロー型の「売買シグナル」とは何なのか … 180
- ●売買シグナルの「当たり」「ハズレ」を左右する要因とは … 182

§6-2 売買シグナルが出た後の値動きを予測する
「確認」で仮説を立て、仮説に沿った予測の行方をシグナルで「確認」する
- ●売買シグナルは「スタンバイしてOK」のサイン … 184
- ●「前回の高値を更新する」買いシグナルの後の値動きを予測する … 186
- ●より有利に押し目買いするための「チャートの予測」… 188
- ●「下げ止まり→反転」後の上値の目処はどこか … 191
- ●利益確定も損切りも、その都度チャートの予測をもとに水準設定する … 193

§6-3 チャートの予測に「自己実現性」はあるのか
多くの人が予測することは実現しやすくなる？
- ●サポートで下げ止まる、レジスタンスで上げ止まる理論と現実 … 195
- ●自己実現性があるからこそチャートは有用 … 198
- ●「市場の大きなトレンドは動かせない」が、収益の機会は捉えられる … 199
- ●予測に反する動きに対応する注文の入れ方の工夫 … 202

§6-4 意識されやすい株価水準は意識しておくのが正解
チャート上で目立つサポート・レジスタンス水準を把握する
- ●「強いサポート転じてレジスタンス」は強い押し戻し力が予測される … 204
- ●チャート上で目立つ「保合いブレイク地点」と「ギャップ」は要注目 … 205
- ●移動平均線は日足・週足の"定番"がよく機能する … 206
- ●リバウンド目標値のコンセンサス「黄金比1.618」とは … 207

第7章 株の売買で儲かるしくみ、損するしくみ

§7-1 「儲かりやすい環境」を感知する
日経平均株価と「市場全体」の動き
- ●利益をもたらすメカニズムに乗る2つの方策 … 214
- ●日経平均株価の強烈な下げ局面はほぼ確実に「市場全体も悪い」 … 215
- ●日経平均株価と市場実態の"矛盾"現象に注意する … 217
- ●東証2部・新興市場の指数が示唆する市場全体の先行き … 218
- ●「日本株は絶好調」の強気報道も時に疑う必要がある … 220
- ●「下げ止まって再上昇」の信憑性は市場全体の動きで判定する … 221

§7-2 どこで買い、どうなったら売るか
チャートが発信する売買のポイントはここにある
- ●買う対象を絞り込むときの着眼点 … 222
- ●市場全体が堅調な中で「より有利な押し目買い」を目指す例 … 225
- ●市場全体が良好な局面ならば「ナンピン」も悪くない … 228

§7-3 市場全体の悪化から資産を守る方策
お金を大切にする人が「儲かる」
- ●市場急落。「反転か、継続か」に悩む場面での一手 … 237
- ●自分の損益動向を見ておくことが市場全体の悪化への備えになる … 240
- ●「トレンド反転ほぼ確定」なら、諦めずに最後の逃げ場を探す … 242
- ●市場が下降トレンド局面での順張り「売って、買い戻す」 … 244

§7-4 長期チャートが教える「儲かる」「損する」メカニズム
チャートに記されている事実からわかること
- ●儲かる長期投資、損する長期投資 … 246
- ●「長期投資はリスクを減らす」の意味とは … 248
- ●投資する銘柄を分散しても「株」であることのリスクは回避不能 … 249
- ●株を長く保有し続けるリスクを減らす策はひとつしかない … 253
- ●超長期トレンドの動向から"次"の大底圏の時期を探る … 253
- ●個人投資家が大底圏で買うことは難しくない?! … 256

- ●数年に一度しかない底値買いのチャンスを無にさせる元凶「塩漬け株」… 257
- ●「歴史は繰り返す」という大前提 … 258

APPENDIX（補足）Ⅰ：「先物主導」で市場全体が全面安になるしくみ … 261
APPENDIX（補足）Ⅱ：市場実態が悪くても「日経平均はしっかり」のしくみ … 265

追記…269

●参考文献／参考サイト

本書は2014年11月20日までの情報に基づいています。
本書に掲載している銘柄は売買を推奨するものではありません。
投資の判断は、ご自身の責任において行ってください。

装丁・DTP：村上顕一
カバー写真：Henrik Jonsson / gettyimages

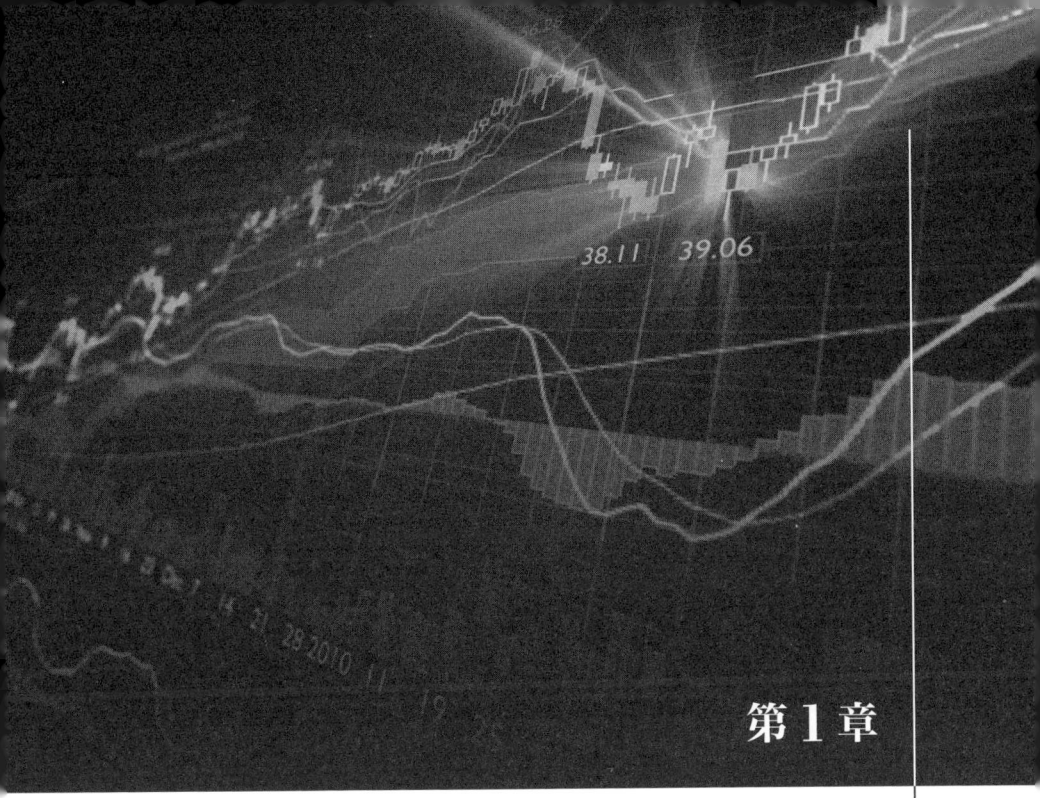

第1章

チャート上に現れる
トレンドのしくみ

§1-1 株価の動きはランダムなようでランダムではない

チャート分析の目的は価格の動きが形成する「トレンド」を捉えること

●株価のふるまいは挙動不審？

　30年以上も前の話になりますが、株式市場で「ランダム・ウォーク理論」という考え方が流行した時期があります。1964年に出版された"The Random Character of Stock Market Prices"（Paul H. Cootner編、MIT Press）によって一般に広まった理論です。

　それによれば、「株価は、効率的市場仮説に基づいて本質的価値の周辺をランダムに変動する」。ランダムということは、つまり、昨日どう動いていても、今日の値動きはそれとは無関係であって、各々の日の株価はてんでバラバラに動く、ということです。

　この理論のネーミングのもとになっているランダム・ウォークという言葉は、ご存知の方も多いと思います。水面上に花粉を浮かべると、まるで生き物が気まぐれに動いているかのように、不規則なふるまいをする。これは、1827年に発見されたブラウン運動と呼ばれる現象で、この理論では、「過去にどう動いたか」と「これからどう動くのか」は独立していて、たとえば、動く方向が「上」か「下」かであれば、過去がどうであれ、これから上に動くか、下に動くか、その確率は2分の1ずつ。動く方向はその時その時によりけりで、その結果として、ある一定時間が経過すると、"どこか"に移動している。その動きは、泥酔している人の挙動不審な歩き方にも似ていることから、「酔歩」、ドランカーズ・ウォークなどとも呼ばれます。

　株価の動きもそれと同様、酔っぱらいの千鳥足のようなものだ、と株式市場のランダム・ウォーク理論は言っているわけですが、本当にそうでしょうか。

図1-1-1 ● 株価の動きはランダム？
(日経平均株価：14年8月20日～8月29日)

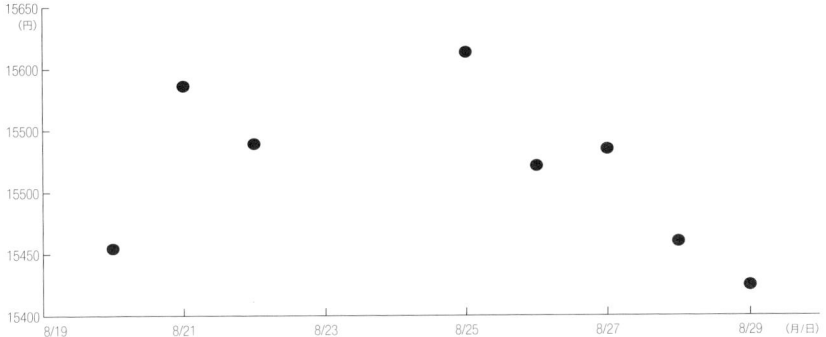

図1-1-2 ● 上下にふれながらも、方向性をもって動いている
(日経平均株価：13年1月～14年9月5日)

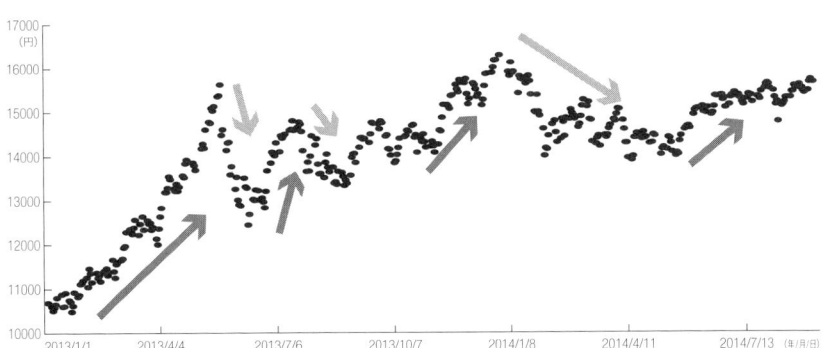

　図1-1-1は、2014年8月20日から29日までの日経平均株価の終値をプロットしてみたグラフです。これを見ると、上に行ったり、下に行ったり、確かにランダムで、挙動不審にも見えます。
　ところが、ある程度の期間の株価をまとめて捉えてみると、ランダムでもないのです。図1-1-2は13年初から14年9月5日までの日経平均株価の終値をプロットしたものですが、右肩上がりに動きはじめると、上下にふれながらもその方向の動きが続く。それが右肩下がりに変化すると、またその方向

第1章 ● チャート上に現れるトレンドのしくみ　13

への動きが続いています。その方向の動きは定規で線を引いたようなピシッとしたものではなく、また、同じ方向に動いている期間にはその時々で長短はありますが、ひとつの方向に動きはじめると、その方向への動きが継続する傾向が見て取れます。

　考えてみれば、酔っぱらいの千鳥足でも、たいてい方向としては自宅に向かって歩いていて、とにかく帰宅してちゃんと寝ていたりするものではないでしょうか。その意味で言えば、株価はドランカーズ・ウォークのようなものだ、という表現は、結構当たっているかもしれません。

●値動きの方向は「上」「下」「横ばい」の3パターン

　もっとも、たとえばコインを投げて表が出たら「上」、裏が出たら「下」というふうに、2分の1の確率で上昇か、下落かを決め、その上げ下げを累積していけば、その推移にも方向性が表れることがあります。

　図1-1-3は、−1000から＋1000までの整数をランダムに選び、1万円をスタートにそれぞれのプラスマイナスの値を累積していった推移の一例です（データ数は200個）。右肩上がりが続いた後、右肩下がりが続くという、先ほど見た日経平均株価の図よりもむしろ方向性がきれいに表れています。

　ただし、こうした結果が出たのは"たまたま"の偶然です。何度も試行してみると、あるときは延々と右肩上がりが続き、スタートの金額が何百％も増える。あるときは、逆に延々と右肩下がりになり、最終結果がマイナス何百％にもなる。またあるときは、文字通りのランダム・ウォークになったりします。

　先ほど見た日経平均株価の「ある方向性が表れると、その方向の動きが続く」という動きは、"たまたま"偶然ではありません。

　このことは、長期的な株価をグラフ化してみると、よりはっきりわかります。

　16ページ**図1-1-4**は、2003年以降の日経平均株価の終値をグラフ化したものです。右肩上がりの方向性が出るとそれが続き、その後には右肩下がりの方向に動く、それがまた右肩上がりの方向になると、その右肩上がりの動き

図1-1-3 ● デタラメに選んだ数でも方向性を描くが…

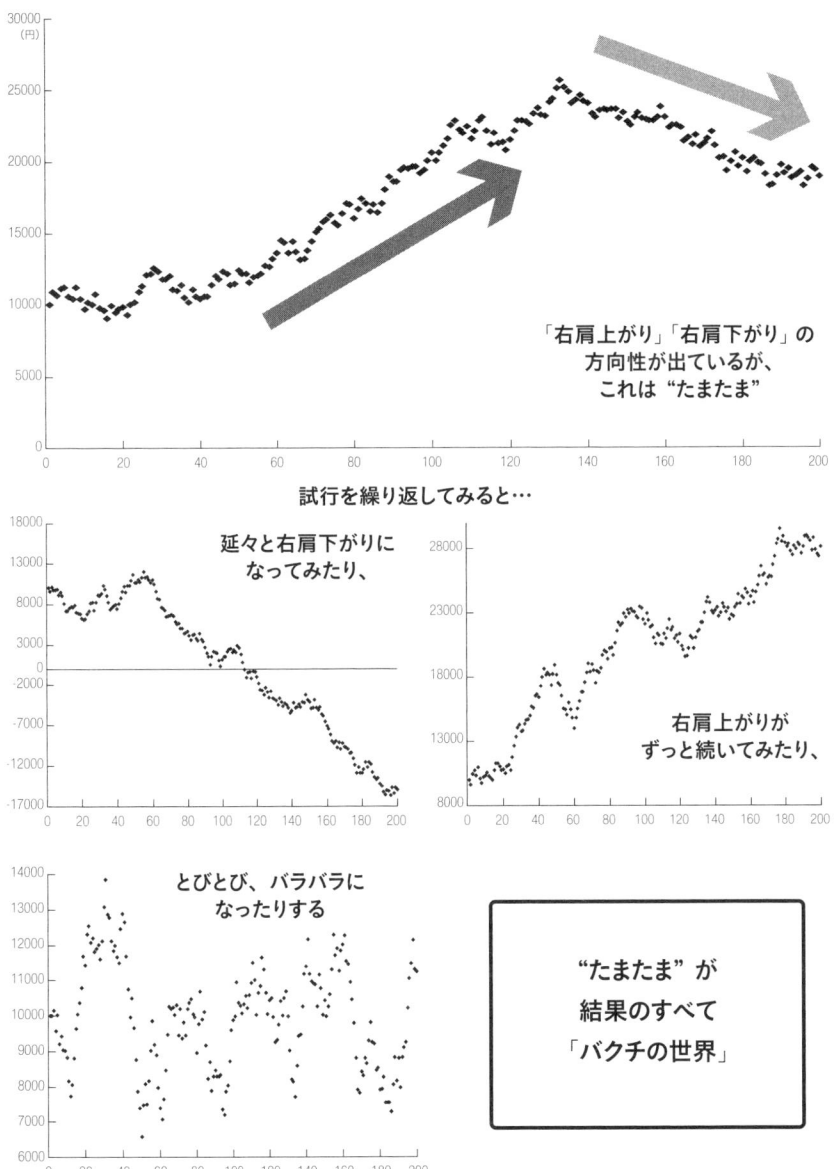

第1章 ● チャート上に現れるトレンドのしくみ

がある程度の期間続く、といった推移になっています。もっと過去に遡ってみても、やはり、こうした方向性のある動きの繰り返しが確認できます。

図1-1-4のように、価格の動きをグラフ化したものがチャートです。日本では、明治時代からこれを「ケイ線」と呼んでいます（その由来は44ページのコラム参照）。

株価に限らず、為替レートでも金利でも、価格が変動するデータは、何でもチャートにすることができます。そのチャートは、マーケットで取引をする人にとって必要不可欠な道具となっています。

なぜチャートを使うのかと言えば、第一に、これまで述べてきたとおり、その動きの方向性を捉えるためです。この方向性のことを、トレンドと呼びます。

03年以降の日経平均株価で言えば、03年から07年7月まで、大きく捉えれば株価は右肩上がりになっています。これを上昇トレンドと言います。そこからトレンドは右肩下がりに変化し、その方向の動きは09年3月まで続きます。この右肩下がりの推移を下降トレンドと言います。

図1-1-4 ● 長期の株価を「チャート」にすると方向性が鮮明にわかる
（日経平均株価：03年1月〜14年9月5日）

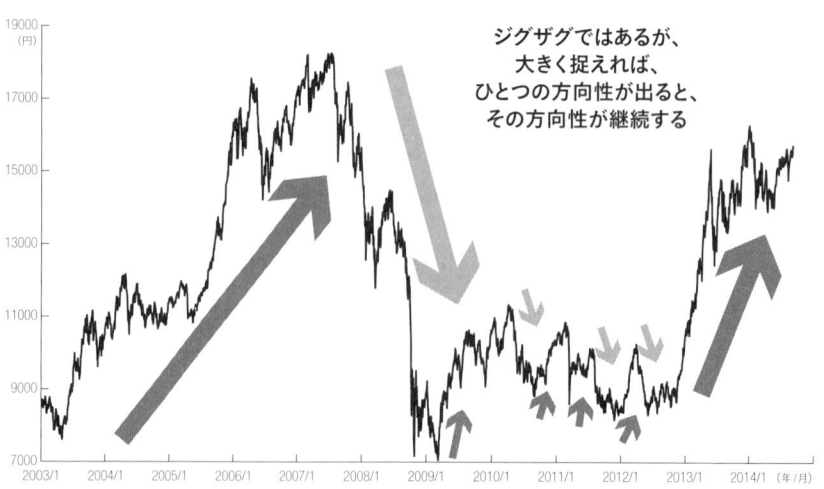

図1-1-5 ● 株価の推移の方向性は3つある

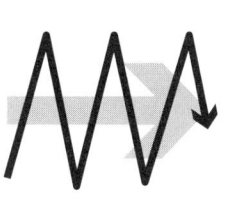

上昇トレンド	下降トレンド	トレンドレス
上下しながらも、大きく捉えれば右肩上がり	上下しながらも、大きく捉えれば右肩下がり	あるレンジ内で上下に動く横ばい状態

　株価の動く方向性には、上昇トレンドと下降トレンドのほかにもうひとつ、短期的な上昇と下降を繰り返し、大きく捉えれば株価水準はさほど変わらずに、横に進んでいるだけ、というパターンもあります。この横ばいの動きは、方向性がない「トレンドレス」と言われます。09年3月から12年半ばまで、日経平均株価は短い期間で見れば、上昇トレンドと下降トレンドを繰り返していますが、この期間をまとめて捉えれば、"やや右肩下がりのトレンドレス"のような状態だったと言ってよいでしょう。

　トレンドレス状態はチャート上にしばしば出現しますが、いずれは上昇トレンドか下降トレンドか、どちらかになって終了します。日経平均株価の場合、09年以降の大きなトレンドレス的な状態は、12年11月の解散総選挙を機に鮮明な上昇トレンドに変わっています。この大きな上昇トレンドは、この段階ではまだ下降トレンドに変化していません。

●チャートを分析する第一の目的は「トレンドを捉える」こと

　前ページでは日経平均株価のチャートを見ましたが、個別銘柄の株価チャートでも、ドル円レートのチャートでも、金利のチャートでも、その価格はトレンドを形成して動いています。

　この「価格の動きはトレンドを形成する」というのが、チャートを分析するうえでの大前提です。この前提を否定してしまうと、チャート分析はまっ

たく意味をなさなくなります。繰り返しになりますが、価格が形成するトレンドを捉えることが、チャートを分析する第一の目的だからです。

　なぜトレンドを捉えようとするのか。その理由は、「価格はトレンドを形成して動く」ということは、「形成されたトレンドは継続する」ことを意味していることにあります。

　たとえば、いったん形成された上昇トレンドが継続するのであれば、時間が経過すると株価水準は切り上がります。つまり、上昇トレンドが続くということは、「買って、持っている」だけで資産額が増えていくということです。

　買った株をずっと持ち続けていなくても、日々の値動きは上げ下げを繰り返しながら水準が切り上がっていきますから、「買った株を売る」という行動を繰り返すことでも利益をあげることができます。上昇トレンドが続いている間、その利益のチャンスが何度も訪れるのです。

　ただし、先ほどチャートで見たとおり、上昇トレンドはいずれ下降トレンドに反転します。つまり、トレンドが継続するのは「反転するまで」です。

　この反転とは、上昇トレンドの終点であると同時に、新たな下降トレンドの起点を意味します。「形成されたトレンドは継続する」という前提に立つならば、この下降トレンドもまた継続し、時間が経過すれば株価水準が切り下がっていることになります。この局面では、たとえば信用取引で空売りをし続けていれば利益があがります。「空売りをして、買い戻す」という行動を繰り返して利益をあげるチャンスもふんだんに訪れます。

　そうすると、株式（に限らずですが）投資で成果をあげるうえでは、まず、新たなトレンドが形成されたということをできるだけ早い段階で捉える。そして、そのトレンドが継続しているか、反転する兆しが生じていないかを確認しながら、できるだけ有利な価格でトレンドに乗るように「買う」「売る」という行動をとる。これが最重要ポイントだということになります。

　チャート分析の手法はいろいろありますが、いずれも、目指すところはトレンドの形成を早期に察知し、継続するトレンドの中で有利な価格で取引をすることにあります。チャートはこれを実現するために欠かすことのできないツールです。

図1-1-6① ● 米ドルは円に対して「下降トレンド継続中」
(ドル円レート：90年1月～14年9月5日)

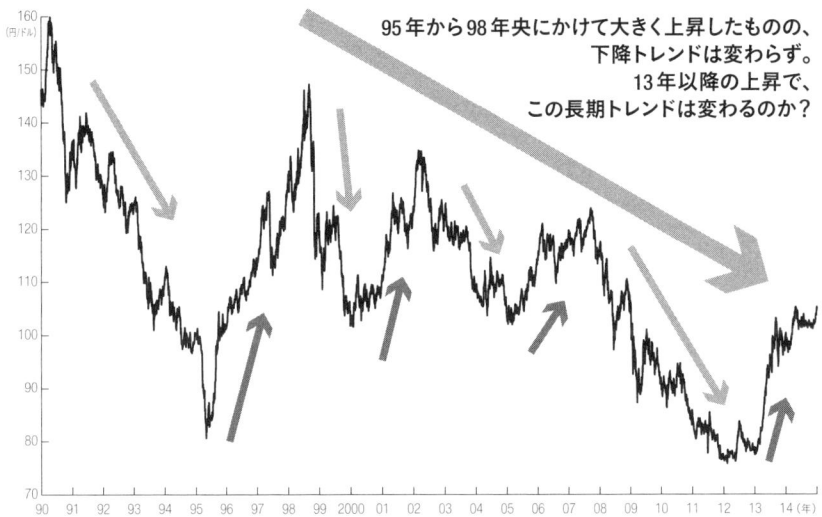

95年から98年央にかけて大きく上昇したものの、下降トレンドは変わらず。13年以降の上昇で、この長期トレンドは変わるのか？

図1-1-6② ● 米国債金利は90年以降「一貫した下降トレンド」
(米国10年債金利：90年1月～14年9月5日)

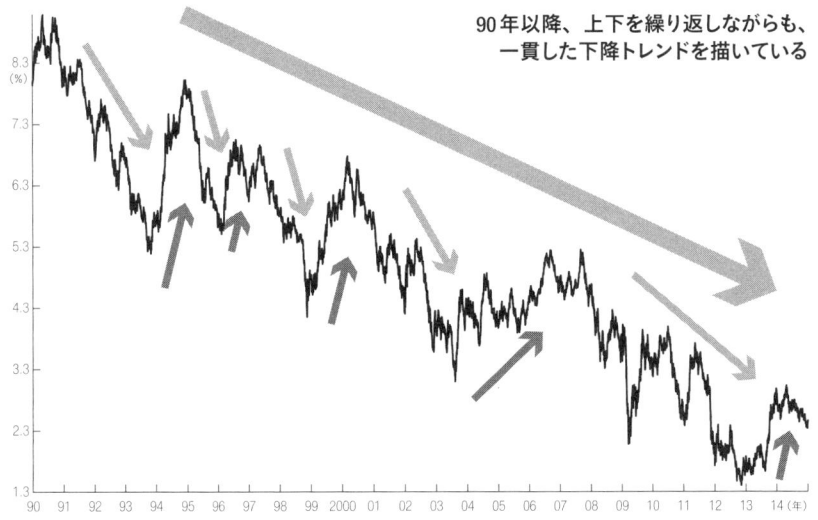

90年以降、上下を繰り返しながらも、一貫した下降トレンドを描いている

§1-2 そもそも、なぜトレンドは形成されるのか

値動きの方向性が映し出す需要と供給の力関係

●株価が上がるか、下がるか ── 決めるのは、買い手と売り手の力関係

「価格の動きはトレンドを形成する」という大前提は、ランダム・ウォーク理論を信奉している人にとっては受け容れ難いかもしれません。しかし、実際のありとあらゆるチャートがトレンドを描いているのですから、否定しようがありません。

では、なぜ価格はトレンドを形成して推移するのでしょうか。ここからは、株価に焦点を当てて考えていきます。

いまさらながらですが、株価とは、その株を買いたい人と売りたい人の希望が一致して取引が成立した、その時その時の取引価格です。

買いたい人と売りたい人の希望価格（指値注文）が、**図1-2-1**のような状況になっているとしましょう。買いたい人の注文は499円以下。売りたい人の注文は500円以上です。この状態のままでは、いつまで経っても取引は成立せず、株価は形成されません。

ここで、買いたい人の中に「500円なら買ってもいいか」と、前向きに妥協する人が現れたとします。この人が、500円に入っている売り注文を買えば取引成立。この時点で「500円」という取引価格が形成されます。

もし、売りたい人の中に「499円でも、まぁ、いいか」と妥協する人が現れれば、499円の買い注文に売り渡して、株価は「499円」になります。つまり、株価は、買い手か売り手が「その値段でいい」と合意した結果だということです。

本質的に利益相反の買い手と売り手を合意に至らしめるのは、「買いたい」「売りたい」という願望の強さ、資金力の大きさです。

たとえば、何らかの理由で、いますぐに買いたい、いますぐに売りたい人

は、「値段がいくらじゃないと…」などと条件をつけている余裕はありません。買いたい人はその時買える値段ならいくらでもいい、売りたい人はその時売れる値段ならいくらでもいい、と相手方が提示する値段にすぐさま合意するでしょう。

図1-2-1 ● 株価は「買い手と売り手が合意した値段」

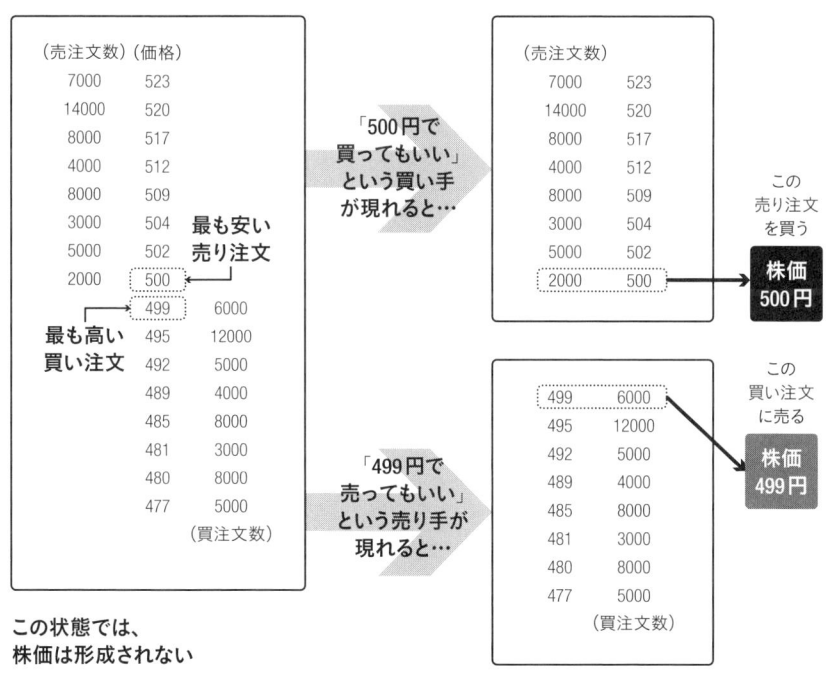

あるいは、「5万株買う必要がある」「10万株売らなければならない」というように、売買する数量を第一に考えている場合も、「いくらでなければ…」などと言っていたら、いつ希望の数量をこなすことができるかわかりません。となれば、ある程度、値段のほうは妥協するはずです。

先ほどの例で、「500円」で取引が成立した後、とにかくいま買いたいという"時間重視の人"が次々現れたとしましょう。取引成立の値段、すなわ

ち株価は502円、504円と上昇していきます。さらに、「500円前半ならかまわないので、5万株買いたい」という"数量重視の人"が現れたら、5万株分の売り注文がごっそり買われて、株価は一気に上昇することになります。

　需要供給曲線で言えば、需要曲線が数量増の方向にシフトしている状態です。

図1-2-2 ● 需要が供給を上回る力が強ければ株価は上昇する

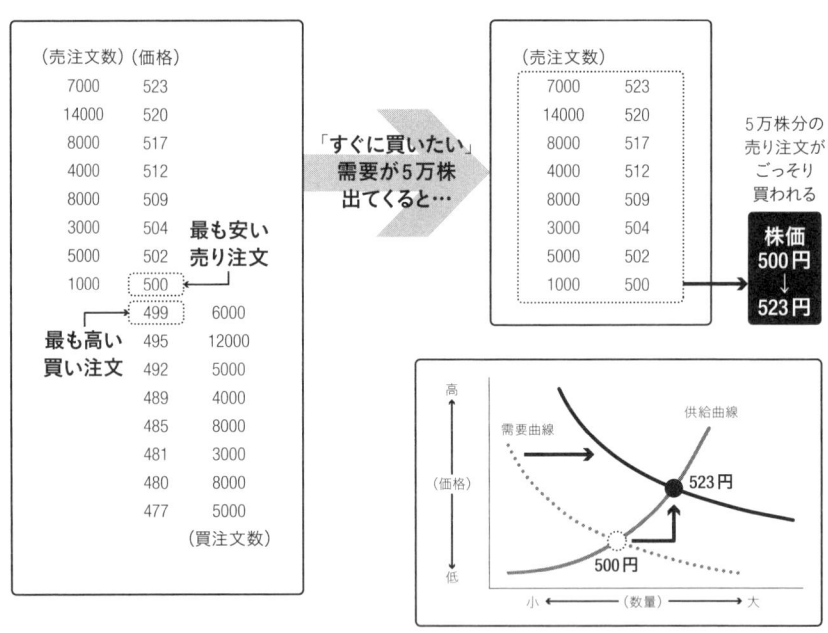

●継続的な需要の底上げが上昇トレンドを形成する

　株価が上がっていけば、その銘柄を買いたいと思っていても、「そんなに高い値段なら、買わなくてもいい」と考える人も出てくるでしょう。他方、「そのくらい高い値段なら売ってもいい」という売り手も出てくるはずです。

　かくして、買いたい人の勢いが鈍り、売りたい人が増えて、数量がバランスしたところで株価の上昇は止まります。そして、「いまのうちに売ってお

きたい」という売り手が買い手を上回る状況になると、今度は、株価は下がります。どこまで下がるかといえば、「その値段なら買ってもいい」という買い手と、「そんな安い値段なら、いま売るのはやめておこう」という売り手の数量がバランスする値段までです。

再び先ほどの例で、500円だった株価が550円まで上昇して、そこから売り手のほうが上回って株価が下がったとします。

もし、需要が当初よりも増えていて、買い手側の希望価格が底上げされていれば、株価は当初の500円まで下がらずに、再び買い手の力が売り手を上回って株価は上昇するでしょう。

さらに、前回は「550円」で買い手と売り手の力関係が逆転して株価が下がりましたが、そのときよりも需要が強くなっていれば、今回は550円で買い手と売り手の力関係は逆転せずに、株価は550円を突破して上昇すると考えられます

このように、株価が上昇していったん下がっても、上昇した分を全部チャラにするまでには下がらずに再び上昇する。そして、前回は売り手の力に押された株価水準を突破して上昇する。この動きが繰り返されると、株価は右肩上がりの上昇トレンドを形成し、そのトレンドが継続することになります。

図1-2-3 ● 上昇トレンドは「需要＞供給」の趨勢の表れ

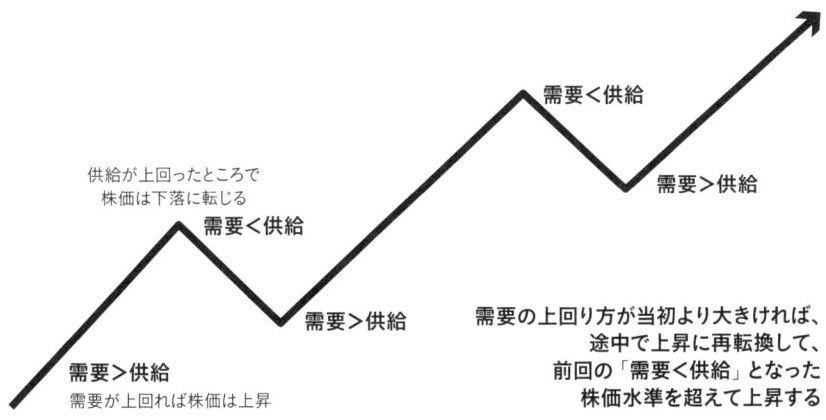

下降トレンドは、逆の流れによって形成されます。

「とにかく売りたい」という売り手が買い手を上回れば、株価は下がります。この場合は、供給曲線が数量増の方向にシフトします。

株価は、「この値段なら買ってもいい」という買い手が売り手を上回ったところで上昇に転じます。が、株価が少し上昇したのを見計らって、再び「いまのうちに売りたい」という売り手が増え、買い手を上回れば、再度、株価は下落します。その売り手の力が前にも増して強くなっていれば、前回上昇に転じた株価水準を突破して下がっていくでしょう。この動きが繰り返されている間、株価は右肩下がりの下降トレンドを描き続けることになります。

図1-2-4 ● 供給が需要を上回る力が強ければ株価は下落

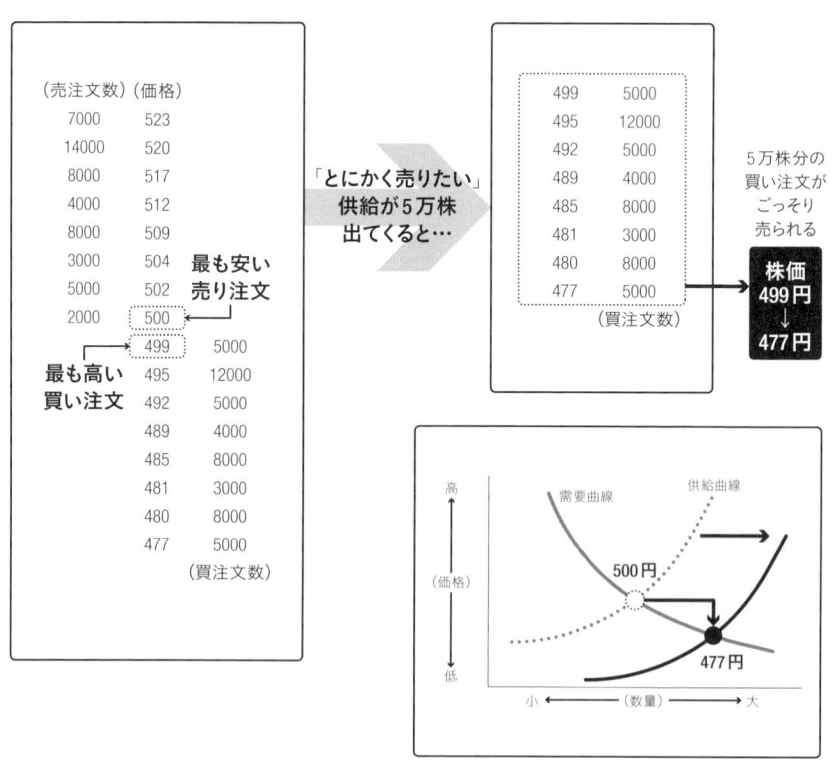

図1-2-5 ● 趨勢が「需要＜供給」ならば下降トレンド

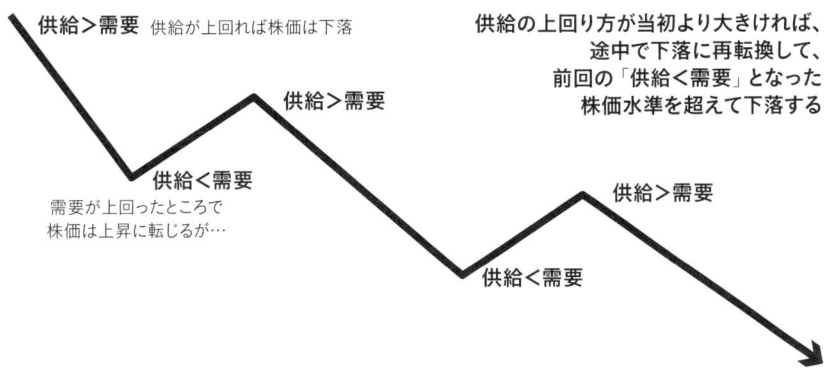

図1-2-6 ● 需要と供給が拮抗すると「トレンドレス」

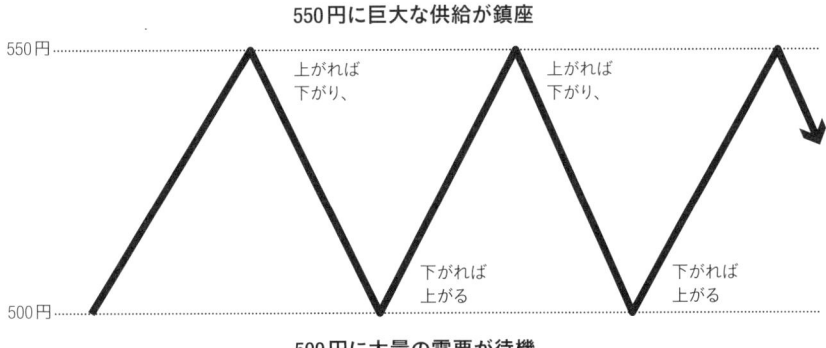

　一方、買い手と売り手の力関係が拮抗する状態が続くと、トレンドレスになってしまいます。たとえば、「550円まで株価が上がったら売りたい」という供給が大量にある。他方、「500円まで株価が下がったら買いたい」という需要が大量に控えているといった場合、株価は550円まで上がると下がり、500円まで下がると上昇する、という動きを繰り返すでしょう。この場合、株価の動きを大きく捉えれば横ばい状態です。この需要と供給の力関係の拮抗によるトレンドレス状態は、需要が大幅に増えて550円の売り圧力を上回

第1章 ● チャート上に現れるトレンドのしくみ　25

って上昇トレンドになるか、または、供給が大幅に増えて500円の買い圧力を上回って下降トレンドになるまで続くことになります。

●株価のトレンドは需要と供給の力関係の趨勢

　株をなぜ買いたいのか、なぜ売りたいのか。需要・供給の背景は様々です。たとえば、業績が上向くことを期待して「いまの株価は割安だから買いたい」と考える人もいれば、配当金や株主優待が欲しいから買おうとする人もいます。あるいは、株価が上がっているのを見て「いまのうちに買っておいたほうがいい」と焦る人もいるかもしれません。

　他方、売りたい人の中には、株価が期待した以上に上がったので利益を確定する人もいれば、「現金が必要になったから」という理由で売る人等々。

　突発的、衝動的な需要・供給もあれば、長らく潜伏している需要・供給もあるでしょう。

　そうした個々の背景や、その大きさを事前にすべて知ることができれば、株価がこれから上がるか、下がるか、ズバリ的確に予測することができます。しかし、市場で取引をしている全員にインタビューするわけにもいきませんし、株価の動向によって突如表に出てくる需要・供給もあります。ですから、残念ながら、それは不可能です。

　ただ、その時々の需要と供給を全部ひっくるめた結果が株価を形成するとすれば、株価の動きを見ることで「その時々のすべての需要と供給を合計した結果」はわかります。株価が上昇していれば、「その時のすべての需要がすべての供給を上回った」、株価が下落していれば、「その時のすべての供給がすべての需要を上回った」ということです。

　さらに、趨勢として「需要が供給を上回っている」「供給が需要を上回っている」という、一方の優位性が継続していれば、その趨勢は、株価のトレンドとしてチャート上に表れます。

　つまり、チャートで株価のトレンドを捉えることは、価格を決定する「需給すべて」の力関係がどういう状況にあるのか、どう変化しているのか、需給の力関係の趨勢を把握することにほかなりません。

◉もうひとつの大前提「価格は『すべて』の需要と供給を織り込んでいる」

　ここで、「価格の動きはトレンドを形成する」と並ぶ、チャート分析における重要な大前提を確認しておく必要があります。これまで述べてきた中で何度か出てきた「株価は需要と供給の『すべて』を織り込んでいる」。対象を広げて言えば、「市場の動きは需要と供給に関わる『すべて』を織り込んでいる」です。

　これを否定すると、これまたチャート分析は無意味なものとなってしまいますが、需要と供給の力関係が価格を形成するのでなければ、何によって市場の価格を決めることができるのでしょうか。

　たとえば、買い手と売り手の意向をまったく無視して、市場を取り仕切っている人が「今日買いたい人は1万円です。今日売りたい人は1000円です」と、その日その日で勝手気ままに決めるマーケットがあるとします。この価格は、需要と供給を織り込んでいませんが、そんな市場で誰が売買するでしょうか。もし、市場が勝手にそんな値付けをするのであれば、その市場ではないところで買い手と売り手が「私はこの値段なら買ってもいい」「それなら私はその値段で売りましょう」と取引をするはずです。よって、この市場での取引件数はゼロ。当然、取引価格も形成されません。

　そうした市場ならば、確かにチャート分析をしても何の役にも立ちません。それ以前に、チャートを分析するのは、その市場でより有利に取引をするためですから、取引が成り立たない、"市場と言えない市場"の動きを分析すること自体が無意味です。

　つまり、「市場の動きは『すべて』を織り込んでいる」という大前提は、言い換えれば、「チャート分析は需要と供給を反映して価格が形成されている市場を対象とするものである」ということでもあります。

　ちなみに、先述したような「買いたい人は1万円」「売りたい人は1000円」というような極端な値付けではありませんが、東京証券取引所に上場している銘柄の中には、売値と買値が大きく乖離していたり、注文自体が極々わずかしか入っていなかったり、日々の約定件数がほとんどゼロ、という例もあります。そうした銘柄は、チャート分析の対象には不向きです（というより

も、それを取引対象にする必要があるかどうか自体を、まず考える必要があります)。

●「チャートはなぜ必要不可欠なのか」再確認

　さすがに近年ではあまり見かけなくなりましたが、十数年前まで、「株式投資にとって重要なのは『将来』の株価であって、チャートで過去の株価の動きを知ったところで後講釈でしかない」「チャートは『当たるも八卦』の占いの道具と同じで、チャートなどを見て売買をするのは邪道だ」といった"チャート否定論"も珍しくありませんでした。もし、今日でもそのように考えている人がいるとしたら、それは大きな誤解です。

　株式投資・売買をするときの最大の関心事は、確かに「将来の株価」です。その株価は、先ほどの大前提に従うならば、すべての需要と供給の力関係によって決まります。その需要と供給の力関係が過去にどうであったか、現状の趨勢はどうか。あるいは、過去に、どの株価水準で需要と供給の力関係が逆転したのか。そうした事実をもとに、これからどういう売買をするのが効果的かを考える情報源となるのがチャートです。

　株式投資・売買の判断に使う情報としては、たとえば、企業業績や財務諸表、有価証券報告書などを資料とした数値的な分析データもあります。また、その企業の業種や営業基盤、経営者のマネジメント力といった質的な分析もあるでしょう。このように、企業の利益や資産状況、事業を取り巻く環境などの要因を分析し、株式の本来的な価値を測る分析手法を、ファンダメンタルズ分析と言います。

　ファンダメンタルズ分析の目的は、株価が本来的な価値よりも高いか、安いかを見ることによって、需要と供給の先行きを予測することにあります。株価が本来的な価値より安ければ、その株は買われてしかるべきで、株価は上昇するだろう。株価が本質的な価値より高ければ、その株は売られてしかるべきで、株価は下落するだろう、といった具合です。

　仮に、その分析の結果、「投資価値あり」と判断したとしましょう。しかし、

だからといって、すぐに買っていいとは限りません。というのは、企業業績をはじめとする株式の本来的価値が、需給を動かす大きな要因であるのは間違いありませんが、それが需給を動かす「すべて」ではないからです。
　たとえば、株価が本来的な価値より安く、株価が割安だと判断されたとしても、それとは別の理由でその株を大量に売りたい人がいたらどうでしょうか。その売り物を上回るだけの需要が出てくるまで、株価は下がり続けるでしょう。株価が下がれば、もっと割安な価格で買えるのですから、その時点では買わないのが得策なのは言うまでもありません。
　また、仮に、本来的な価値が株価に比べて割安であることが需要を惹起する最大の要因であったとしても、「割安」「割高」の判断は、人によって異なります。自分は「割安」だと判断しても、「割安でない」と判断する人のほうが多いかもしれません、そうなると、株価は上がらないことになります。
　株式は、将来の利益に対する約束が何一つない有価証券ですから、本来的な価値を特定すること自体が容易ではありません。価格の形成に思惑の入り込む余地が大きく、それが価格変動の大きさ、すなわちリスクの高さにつながっています。ですから、どういう株価水準で売買出動するのがよいのか、どういう状況になったら見切りをつけるのか等、売買を実践するための詳細な指針を準備しておくことが不可欠です。
　それに力を貸してくれるのが、価格を中心とした市場動向のデータをもとに先行きの需要と供給の方向性を予測するテクニカル分析です。チャートは、テクニカル分析の基本であり、中核をなすものでもあります。
　チャートをはじめとするテクニカル分析は、需要と供給に重点をおいて市場の状況を分析し、株価のふるまい（＝需給の趨勢）を観察することによって、どのように売買を実践するかについての具体的な指針を与えるものです。占いの道具ではありません。
　チャートという言葉は「海図」という意味ですが、チャートをまったく見ないで取引することは、それこそ海図を持たずに航海に出たり、予備知識ゼロで地図さえ見ないで旅行をしたりするのと変わりません。株式の取引をするうえで、チャートは必要不可欠です。

§1-3 トレンド分析の元祖「ダウ理論」

100年以上を経た今なお通用するベーシックな市場分析

●ありとあらゆるテクニカル分析の原点は「ダウ理論」にある

　コンピュータが飛躍的に発展し、市場のデータの入手も容易になって、今日、テクニカル分析の手法は著しく多様化しています。その数あるテクニカル分析において、「いかなる分析も、これに由来する」とも言われているのが、ダウ・ジョーンズ社の設立者であるチャールズ・H・ダウ（1851～1902年）による「ダウ理論」です。

　「ダウ理論」とは言っても、チャールズ・ダウ自身が、自らの理論や考え方を著作にまとめていたわけではありません。オーナーであった『ウォール・ストリート・ジャーナル』紙の社説に連載した、ダウ平均株価の動きの記事をもとに、友人のS・A・ネルソンがダウ没後の1903年、"The ABC of Stock Speculation"という著作をまとめ、出版したのが、「ダウ理論」という言葉が広まったきっかけと言われています。さらに、ダウの部下であり、後継者としてウォール・ストリート・ジャーナル紙に市場分析を書いていたウィリアム・P・ハミルトンが、それを1922年に"The Stock Market Barometer"という著作に整理して出版しています。これが、ダウ理論が一般の人に知られる大きな契機となりました。

　ダウがこの世を去ったのが1902年。後を引き継いだハミルトンは1929年に亡くなっていますから、ダウ理論は、もう100年も前からあった理論ということになります。その後、間違いが指摘されたり、修正されたりした部分もありますが、その根幹にあるトレンドの概念や捉え方など、理論のほとんどは今なお現役。今日でも通用する部分が多々あります。理論の一部ですが、ここで紹介しておきましょう。

●市場は「3つの動き」が同時に進行している

　ダウ理論の大前提になっているのは、「市場平均は『すべて』を織り込んでいる」。先ほど出てきた「市場の動きは（需要と供給の）すべてを織り込んでいる」という大前提と基本的には同じですが、ダウ理論では、市場全体の動きを象徴するものとして市場平均を扱っていることになります（この点は後に再びふれます）。

　その市場平均には「3つの動き」があり、それらは同時に進行している、というのが、理論の柱のひとつです。

　第一の動きは「主要トレンド」(primary trend)。数年継続する株価の大きな方向性で、"強気（ブル）"と称される上昇トレンドと、"弱気（ベア）"と称される下降トレンドがあり、「3つの動き」の中で最も重要である、としています。

図1-3-1 ● ダウ理論が教示する「3つの動き」

主要トレンドは「強気」

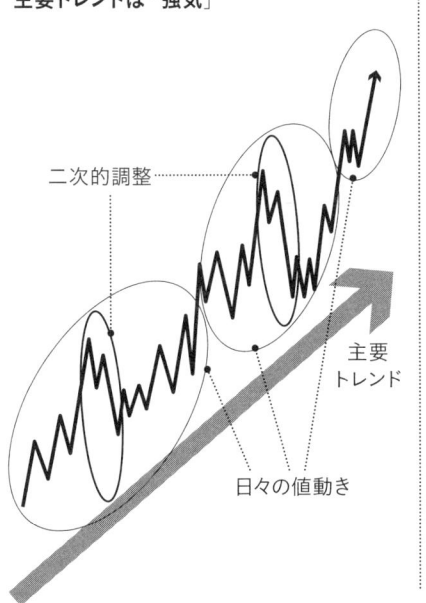

主要トレンドは「弱気」

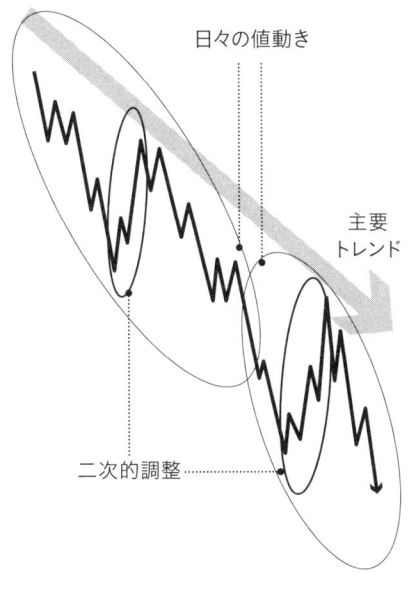

第二は「二次的な調整」（secondary reaction）の動き。主要トレンドが「強気」にある中での下落、および、主要トレンドが「弱気」にある中での上昇を指します。ちょっとやそっとの動きではなく、3週間程度から、場合によっては数か月続く、主要トレンドと逆方向のかなり強い動きです。
　そして第三が、日々の小さな動き（daily fluctuation）です。たいていは重要ではなく、「一部の市場参加者によって市場平均を操作することも可能である」としています。ただし、「日々の株価の動きは操作できても市場平均の主要トレンドは絶対に動かすことはできない」というのが、ダウおよびハミルトンが強く主張している点です。

●主要トレンド「強気」と「弱気」は3段階で進展する

　主要トレンドの「強気」「弱気」は何によって形成され、終了するのか。これについて、ダウ理論は次のように説明しています。

　まず、強気のトレンドとは、株価が前につけた高値を更新し、その後、いったん株価が下がっても、前回の安値は下回らないで再び上昇、さらにまた高値を更新する動きです。これは、「企業業績が伸びるだろうという確信と、株価はさらに上がるだろうという思惑による投資と投機、双方の需要が相まって創出される」としています。
　強気トレンドが継続するプロセスとして、「3つの段階がある」と指摘しています。第1段階は、「ビジネス経済の先行きに対して自信が回復してきたことの表れ」。第2段階は、「企業の利益が株価を上昇させることがはっきりしたことで、株式に対する需要が増加する」。そして第3段階は、もっと株価が上がるだろうという「期待と希望だけによる投機が目に見えて拡大する」。この第3段階が、強気トレンドの最終局面です。
　一方、弱気のトレンドは、株価が前につけた安値を下回って下がり、いったん株価が上昇しても、前回の高値を上回らずに再び下落に転じて、また安値を更新する。「ありとあらゆる経済要因の悪化の反映であり、起こり得る最悪状態を株価が完全に織り込むまで継続する」動きです。

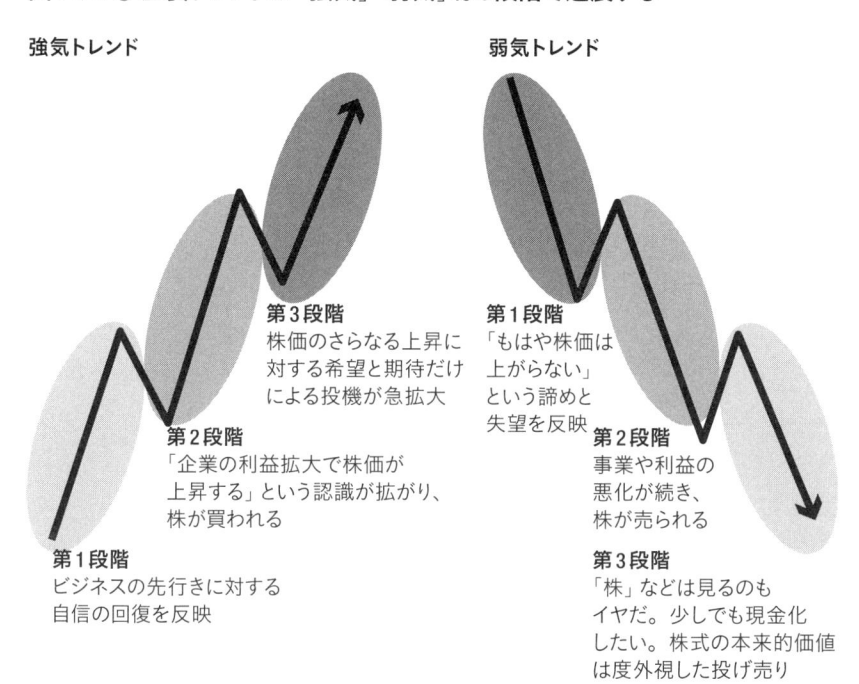

図1-3-2 ● 主要トレンドの「強気」「弱気」は3段階で進展する

強気トレンド

第3段階
株価のさらなる上昇に対する希望と期待だけによる投機が急拡大

第2段階
「企業の利益拡大で株価が上昇する」という認識が拡がり、株が買われる

第1段階
ビジネスの先行きに対する自信の回復を反映

弱気トレンド

第1段階
「もはや株価は上がらない」という諦めと失望を反映

第2段階
事業や利益の悪化が続き、株が売られる

第3段階
「株」などは見るのもイヤだ。少しでも現金化したい。株式の本来的価値は度外視した投げ売り

　弱気トレンドにも3つの段階があって、第1段階は「『もっと株価は上がる』という希望がもはや断たれたことの表れ」。第2段階は、「ビジネスや企業利益の悪化によって株式の価値が下がり、株が売られる」。そして第3段階は「もう株というものを持っていたくない。資産の一部だけでも現金化しておきたいと考え、株式の本来的な価値などは度外視した売りが出る」。

　この「3段階」の説明は、株価の主要トレンドは、ビジネスや経済に対する人々の心理的側面も含めて景気の実態を反映して形成される、と解釈することができます。実際、ダウ自身は、株価の先行きを予測することよりも、株価のトレンドを景気指標のひとつとして捉えて、市場を分析していたようです。今日でこそ「株価は景気の先行指標」と当たり前のように言われてい

ますが、ダウは同様の視点を100年以上も前から持っていたことになります。「テクニカル分析の元祖」もさることながら、この点もまた、ダウ理論が長きにわたって評価され続けている理由ではないかと思います。

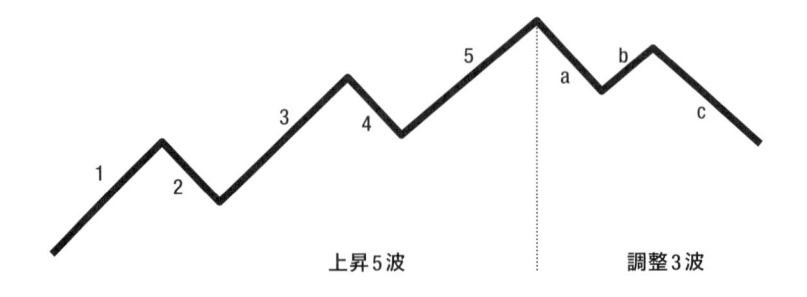

◉小トレンドの積み上げが主要トレンドを形成する

　ダウ理論が後のテクニカル分析の理論や手法に多大な影響を与えたことは先に述べたとおりです。その中でも大きな支持を得た理論のひとつに、「エリオット波動理論」があります。ラルフ・N・エリオットが見出した株式市場の動きの法則であり、"The Wave Principle（波動理論）"と題する論文にまとめられ、1938年に出版されています（チャールズ・J・コリンズとの共著）。70年以上も前に提唱された理論でありながら、現在でもその信奉者、研究者は多数います。

　エリオット波動理論は非常に奥が深く、難解な部分も少なくないのですが、基本原理を単純化すれば、ダウ理論の進化形と捉えることができます。

　たとえば、エリオット波動理論では、市場の動きは、**図1-3-3**のように「5つの上昇波」と「3つの調整波」の反復で構成されるとしています。この上昇5波に注目すると、2波目・4波目の下落は、ダウ理論で言う「強気トレンドの中の二次的調整」に相当します。また、先に紹介したように、ダウ理論では「主要トレンドは3段階で進展する」としていますが、エリオット波動理論でも5波のうち、「上昇」はやはり3段階です。

図1-3-3 ◉「エリオット波動」の基本パターン

図1-3-4 ● 小波・小トレンドの積み重ねが大トレンドを形成する

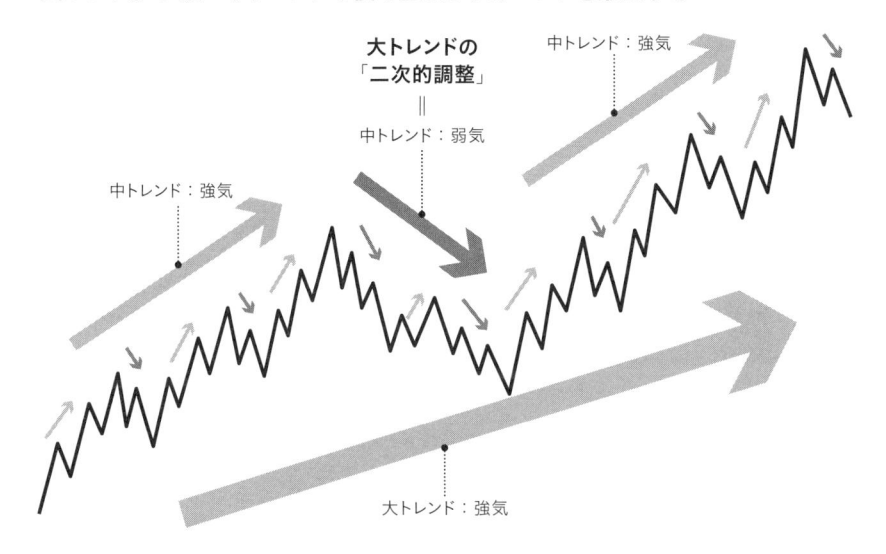

大トレンドの
「二次的調整」
＝
中トレンド：弱気

中トレンド：強気

中トレンド：強気

大トレンド：強気

　加えて、エリオット波動理論では、それぞれの波は、より小規模な波に細分化され、それもまた「上昇5波」「調整3波」で構成される。その小規模な波の一つひとつも、さらに小規模な波に細分化される、としています。これを図にしてみると、**図1-3-4**のような形になります。

　実際の市場の動きは、ここまで規則的な波の構成になっているわけではありませんが、日々の値動きが短期の小トレンドを形成し、その小トレンドが積み重なって中期的なトレンドを形成する。この中トレンドの弱気局面が、ダウ理論の「二次的調整」です。そして、その中トレンドが集結した動きが、長期的な大トレンド、ダウ理論でいう主要トレンドになる、というのは実感としても納得できるのではないでしょうか。

◉大きな変化は「小トレンドの変化」から始まる

　よく、株式の解説本に「自分の投資スタンスをはっきりさせよう」といったことが書かれていますが、この「投資スタンス」とは、大・中・小のいずれのトレンドに着目して取引するか、ということでもあります。

大まかなイメージで言うと、小トレンドは5日から10日程度（上げ下げのサイクルならば、その2倍の10〜20日程度）。中トレンドは3週間から数か月。大トレンド、すなわち主要トレンドは1年以上継続します。ですから、期間が数日の短期トレードを考えている人は、小トレンドの中での取引を考える。数か月の期間を想定するなら中トレンドに注目すべし。長期の投資を考えている人は大トレンドが最重要、ということになります。
　ただし、注意しておきたいのは、自分の投資スタンスに対応するトレンドだけを見ていればいい、というわけではない点です。
　たとえば、期間数日を想定した短期トレードの人は、小トレンドが上向きならば「買い」、下向きならば「売り」（信用取引の空売りなど）が、値動きの方向性に沿った売買です。しかし、「買い」も「売り」も"利益のあげやすさ"は同じではありません。
　中トレンドが上向きならば、その中にある小トレンドの上げ幅のほうが下げ幅よりも大きい。つまり、「買い」のほうが値幅を取りやすいということです。逆に、中トレンドが下向きならば、その中にある小トレンドの上げ幅よりも下げ幅のほうが大きくなりますから、この局面は「売り」のほうが値幅を取りやすい。小トレンドに着目した短期トレードでも、中トレンドがどちらを向いているかによって、「買い」「売り」の結果の期待値が違ってくるわけです。
　このことを中トレンドから捉えると、「上向きだった中トレンドが下向きに変化するときには、まず小トレンドの値動きパターンに変化が生じる」と解釈できます。すなわち、それまでは「上げ幅のほうが下げ幅より大きい」状態だった小トレンドが、「下げ幅のほうが上げ幅より大きい」状態に変わるということです。図1-3-4で、中トレンドが「強気」から「弱気」に転じているところを見ると、そのイメージがつかめると思います。よって、期間数か月の中トレンドを想定した売買であっても、小トレンドの動向は意識しておく必要があります。

　一方、大トレンドをいただこうという長期投資は、前にも述べたように、

強気の大トレンドが継続している間は「買って、持っているだけ」で資産額が増えていく、はずなのですが、中トレンドの弱気局面、ダウ理論でいう「二次的調整」局面では、そう呑気なことは言っていられなくなります。この局面が数か月も続くとなれば、その間の下げ幅もそれ相応に大きくなるからです。

　大トレンドの初期段階で買ったのであれば、評価益にまだ余裕が残っているかもしれません。しかし、トレンドの途中で買った人は、かなりのダメージを受ける可能性があります。それによる含み損状態が何か月も続けば、それだけ資金効率も悪くなってしまいます。

　ですから、強気の大トレンドがスタートしてから時間が経過した途中段階で長期投資を考えるのであれば、中トレンドの動向をよくよく観察しながら買うタイミングを選ぶことが重要になります。その中トレンドの変化は、先述したように小トレンドの変化から始まる。ということは、大トレンドに着目した長期投資でも、小トレンドの動向は意識してしかるべき、ということです。

　ダウ理論では、「主要トレンドが最も重要であり、日々の値動きは「たいていは重要でない」としています。ただ、その「たいていは重要でない」日々の値動きの中に、長期の大トレンドに変化をもたらす「重大な動き」が含まれていることは確かです。日々の値動きを逐一追って、その動きを見つけ出すのは困難ですが、いくつかまとめて小トレンドとして捉えれば、そこに変化の兆しは現れるはずです。いずれの投資スタンスの人も、小トレンドの動向に目配りしておくことが大事です。

§1-4 常に意識しておきたい「市場全体」のトレンド

個別銘柄の値動きは市場全体の影響を免れ得ない

●日経平均株価が上昇トレンドならば、大半の銘柄は上昇トレンド

　先に述べたとおり、ダウ理論は市場平均、具体的には、ダウ工業平均とダウ鉄道平均を対象とした分析です。エリオット波動理論も、ダウ工業平均を分析対象としています。

　この2つの理論に限らず、ほとんどのテクニカル分析の理論は、株価指数や先物、為替や金利などのインデックスを対象としています。それと同じ分析方法が個別銘柄にも通用する部分はもちろんありますが、個別銘柄の値動き以前に、株式市場の平均株価、日本で言えば、第一に日経平均株価のトレンドを捉えておくことには、非常に大きな意味があります。なぜならば、程度の差こそあれ、大方の個別銘柄は株式市場全体の値動きの影響を免れ得ないからです。

　たとえば、日経平均株価が値上がりした日は、個別に見ても値上がり銘柄数のほうが多い。日経平均株価が値下がりした日は、個別に見ても値下がり銘柄数のほうが多い、というのが通常です。また、日経平均株価は12年11月から上昇トレンドが鮮明になりましたが、個別に見てもやはり、その頃から強い上昇トレンドを描きはじめた銘柄が多数あります。

　「個別銘柄の値動きが平均株価になるのだから、当然だろう」と思うかもしれません。が、日経平均株価の算出対象となっている銘柄数は、全上場銘柄数の1割にも満たない225銘柄です。しかも、そのうちの100銘柄程度で、日経平均株価の大方は決まってしまいます。ですから、極端な話、「100銘柄だけが上昇トレンドで、残りは全部下降トレンド」であっても、日経平均株価は上昇トレンドになります。しかし、実際にそんな状況が延々と続いたことはありません。日経平均株価が上昇トレンドにあれば、日経平均株価の

算出に関係のない銘柄でも、多くの銘柄が上昇トレンドです。なぜでしょうか。

「業績好調の銘柄が増えたから」という理由もあるでしょう。ただ、足元の業績がさほどよくない銘柄でも、市場全体がよいときには、"出遅れ"と称されて買われたり、業績改善期待で買われたりすることは珍しくありません。

逆に、日経平均株価が下降トレンドになれば、その時点で業績に何の変化がなくても、大半の銘柄は下降トレンドになってしまいます。日経平均株価の下降トレンドが続けば、当初は値持ちしていた銘柄も結局は売られ、下降トレンドを余儀なくされるという例もまた、珍しいものではありません。

●需要は需要を呼び、供給は供給を誘う

なぜ、個別銘柄が市場全体の影響を受けるのか。結局のところ、銘柄が何であれ、どれも市場に上場している「株」であることは同じだからです。

たとえば報道などで「今日は株価が上昇した」という場合、多くは日経平均株価が上昇したことを指しています。「このところ株価が調子よく上がっている」と聞けば、「いま株を買えば儲かりそうだ」と考える人も増えます。どの銘柄を買うかは人それぞれで、買う銘柄に迷った人は日本株を投資対象とした投資信託を買うでしょう。

株式市場に注目が集まれば、まずは「株」というものに対する需要が増えて、株式市場に資金が流入します。その結果、株式市場全体が底上げされれば、すでに株を持っている人はさらに株を買う余力が増えます。その余力は新たな需要の潜在力です。「株」に対する需要の拡大が、より一層「株」に対する需要を呼ぶという好循環で、これが先に述べた「趨勢として需要が供給を上回る」状態をもたらします。この状況になると、「日経平均株価も上昇トレンド。多くの個別銘柄も上昇トレンド」となります。

市場全体が下降トレンドになるのは、この正反対の状況です。株式市場が急落し、「これはまずい」という認識をもつ人が増えれば、資産額の目減りを抑えようと株を売ろうとする人が増えます。日本株ファンドも解約する人

が増えれば、ファンドは保有する株式資産を売却しなければならなくなるでしょう。売る人が増えて、市場から資金が流出すれば、市場全体は"底上げ"の逆状態。すなわち、市場全体として株価は下がり、時価総額は縮小します。

　株式市場の下落が続けば、さほど値下がりしない銘柄を持っている人も、利益が残っているうちに売ってしまおうと考える。急落しているさなかに売るのを躊躇していた人は、少しでも株価が戻したときに「いまのうちに売っておこう」となるでしょう。そうすると、株価がいったん上昇に転じても、それが新たな売りを呼んで、株価は再び下落。その下落がまた「もう売ってしまおう」という売りを誘って、資金は市場からどんどん流出する悪循環に陥ります。「趨勢として供給が需要を上回る」状態です。

　こうなると、「日経平均株価も下降トレンド。多くの個別銘柄も下降トレンド」となります。これは、「株」というものを持っていたくないというマインドが、市場の総意になった状態と言えます。

●日経平均株価の動きを意識せずにはいられない今日の市場環境

　おそらく、インデックスの算出方法をよくご存じの方の中には、「そもそも、上場銘柄の一部の銘柄で算出されている日経平均株価やダウ工業平均といった平均株価を『市場全体』と言っていいのか」という疑問をもつ方もいるかもしれません。

　確かに、時として、たとえば日経平均株価が軟調な動きをしていても、個別に見ると良好なトレンドを描いている銘柄が少なくなかったり、逆に、日経平均株価は堅調に上昇しているにもかかわらず、個別に見れば下降トレンドが鮮明になっている銘柄が増えていたり、日経平均株価と個別銘柄のトレンドに逆行が生じることはあります。これは、言わば日経平均株価と市場全体の実態に矛盾が起きている状態で、先行きの大きな変化を示唆する非常に重要な局面です。

　この「市場の矛盾」については後に取り上げますが、ただ、通常は、日経平均株価の値動きの方向性と、大方の個別銘柄の値動きの方向性は同じであり、「日経平均株価≒市場全体」と考えて差し支えありません。そのことは、

日経平均株価のチャートと、個別銘柄のチャートを見比べてみてもわかると思います。

そうすると、日経平均株価の主要トレンドが反転する、あるいは、主要トレンドが反転に至らないまでも、上昇トレンドにある日経平均株価が大きく下げる状況になったときには、個別銘柄の多くは、その銘柄独自がもつ個別の要因にかかわらず、その影響を受けざるを得ないと考えておかなければなりません。

とくに近年、日経平均株価が大きく下落するときに、それに追随するように個別銘柄が売られる光景が目立つ感があります。その下落の速さと強烈さは、決して看過できないものがあります。このことに関しては巻末の補足で取り上げていますが、こうした市場環境にあることを考えれば、なおのこと、日経平均株価のトレンドを十分意識しておくこと。主要トレンドもさることながら、主要トレンドと逆方向の動き、すなわち、中トレンドの弱気局面「二次的調整」の動きを十二分に警戒することが非常に重要になります。

●「二次的調整か、新たなトレンドの初期段階か」という超難題

ダウ理論では、二次的調整について「判断を惑わす厄介な動きである」と指摘しています。何が厄介なのかというと、主要トレンドと逆方向の動きがあったときに、それが「主要トレンドが継続する中での二次的調整」なのか、それとも「主要トレンドが反転した、その初期段階の動き」なのかの見極めが非常に難しい、ということにあります。

たとえば、主要トレンドが強気、すなわち上昇トレンドにある中で大きな下落があったとします。それが二次的調整であれば、その後、株価は再び上昇して、もとの強気トレンドに復帰します。それなら、大きく株価が下がったからといってジタバタせずに、買った株は持ち続けていてかまいません。しかし、主要トレンドが弱気、すなわち下降トレンドに転換したのであれば、できうる限り早く持ち株を売ったほうがいいに決まっています。その下降トレンドは「反転するまで継続する」のですから、モタモタしていたら資産額はどんどん減少し、とんでもない損失を抱えることにもなりかねません。

つまり、二次的調整なのか、新たなトレンドの初期段階なのか、どちらになるかによって、取るべき行動が正反対になるのですが、ところが、どちらなのかを早期に判定することが極めて難しい。なぜかというと、その下落の途中、あるいは、下落からいったん上昇に転じても、その段階では「強気の主要トレンドが続いている」かどうか、わからないからです。

　先に見たとおり、「主要トレンドが強気である」とは、株価が下げても前につけた安値を下回らずに再上昇し、さらに、前回の高値を更新するというのが、その定義です。仮に、前につけた安値を下回らずに再上昇したとしても、前回の高値を更新するまでは「強気の主要トレンドが続いている」とは言えません。株価が再上昇しても、前回の高値を更新することができず、再び下落に転じて「前回の安値を下回る」という動きになれば、再上昇する前の下落は、「弱気トレンドの始まり」だったことになります。

　たとえば、日経平均株価は12年11月から上昇トレンドが鮮明になった後、13年5月23日に前日比で1000円以上値下がりするという大暴落を演じています。このときの下落は「二次的調整」です。なぜならば、13年12月に5月につけた高値を更新して、強気の主要トレンドの継続が確認されたからです。裏を返せば、この急落が「二次的調整」なのか、それとも、新たな下降トレンドの始まりだったのかは、13年12月に高値を更新するまで半年もの間、判定できなかったということでもあります。

　通常、主要トレンドが転換するときの初動は非常に強いものですが、このときは、それこそ"バブル大崩壊"のような大急落でした。そのうえ、急落が落ち着いた後も、株価の動きは冴えない。その状況を見て、「"アベノミクス"相場は、あれが天井だったのではないか」と思った人もいたでしょう。トレンドの初期段階も、二次的調整も、株価の方向性は同じ。そのうえ、どちらも非常に強烈。「見極めるのが難しい」という理由は、ここにあります。

　さらに、13年12月に高値を更新した後、14年初から5月にかけて、再び日経平均株価は下落基調となりました。これが「二次的調整」なのか。9月5日時点ではまだ判定できません。14年5月後半以降、株価の方向性は上向きになってはいるものの、この時点で13年12月末の高値を更新するには至

っていないからです。仮に、この先13年12月末の高値を上回ることがなかったとして、株価が下落したときに安値を更新すれば、14年初からの下落局面は、「二次的調整」ではなく、「新たな下降トレンドの初期段階だった」ことになります（この後、9月25日に13年12月の高値をわずかに超えたものの反落、この段階でも「トレンド継続」とは言い切れませんでしたが、10月31日、11月4日の上昇で13年12月の高値をはっきり上回り、ようやく「トレンド継続」が確認されました）。

図1-4-1 ● 14年初から5月半ばまでの下落基調は「二次的調整」か？
（日経平均株価：13年12月30日～14年9月5日）

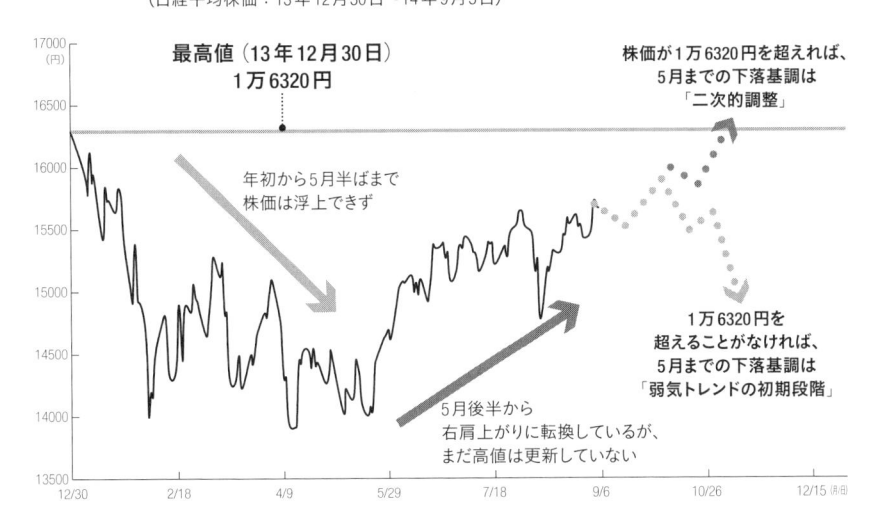

最高値（13年12月30日）
1万6320円

年初から5月半ばまで
株価は浮上できず

株価が1万6320円を超えれば、
5月までの下落基調は
「二次的調整」

5月後半から
右肩上がりに転換しているが、
まだ高値は更新していない

1万6320円を
超えることがなければ、
5月までの下落基調は
「弱気トレンドの初期段階」

「二次的調整」か、「新たなトレンドの初期段階」かを、できうる限り早期に判定することは、チャート分析、と言うよりも、すべてのテクニカル分析における最大級の難題です。この難題をズバリ解決する理論は、おそらく存在しません。なぜかと言えば、それは「相場の天井や大底がズバリわかる」ということに等しいからです。

では、この難題にどう対応したらよいのか。その方策を見出すことが、株式投資・売買の実践における肝要なポイントのひとつです。

第1章 ● チャート上に現れるトレンドのしくみ　43

Column

日本のチャートはなぜ「ケイ線」と称されるのか

　日本の相場取引は、秀吉の時代、17世紀初頭に大阪京橋口淀屋の庭先で開かれた米相場が最初だと伝えられています。江戸時代に入ると、取引制度も整備され、それとともに、相場の分析も盛んに行われるようになりました。

　取引の価格を記録した「足取り」、今日で言うところのチャートも、その頃から研究されはじめたと言われます。当時の「足取り」の資料はあまり残っておらず、詳細はよくわかっていませんが、日本の相場研究は相当に長い歴史を持っていることは間違いありません。

　時は流れて明治時代。過去の相場を罫線紙に記入した「相場足取表」が徐々に一般に知られるようになっていきます。ただ、「足」という言葉は、「足が出る」「足がつく」など、あまりいいイメージがないことから、その記録用紙である罫線紙の「罫線」を用いて「罫線高低表」と名付けられました。日本でチャートのことを「罫線」と呼ぶのは、これに端を発しています。

　「罫線」という表現には、「相場を記録した図表」という意味と、「罫」の字が転じた「卦」による、相場の判読という、両方の意味があるとされます。ちなみに、これを「ケイ線」とカタカナで書くのは、昭和に入って、これを「計線」とする主張が現れたことと関係していると見られます。

　株式市場と「ケイ線」の関係で言うと、明治11年に東京株式取引所が設立され、日露戦争に勝利した明治37年に株式市場は大いに沸き立ちます。それを機に、罫線紙が爆発的に売り出し、株式大ブームと相まって、"罫線大ブーム"とまで言われるようになっています。

　昭和に入ると相場分析に関する書籍も数多く出版され、「相場には罫線」が一般投資家の間に浸透していきます。市場が悪化すると、「罫線なるものはインチキだ」といった論調も噴出したようですが、それによって、より深い研究が行われる。そして、市場が再び好調になると、罫線が再びブームになる。そうした時代を経て、ケイ線による相場分析は発展を遂げています。

第 2 章

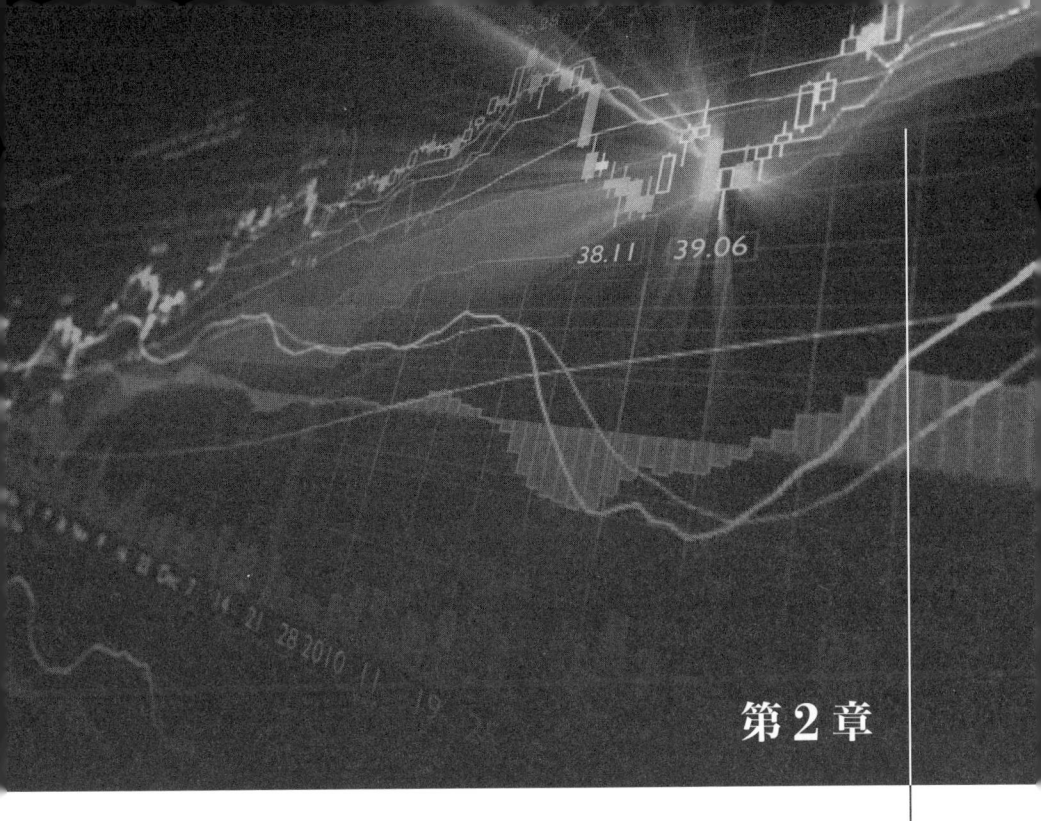

形成されたトレンドが
継続するしくみ

§2-1 上値・下値予測の基本 「サポート」と「レジスタンス」

チャートに描かれる「山」「谷」には重大な意味がある

●チャートの役割＜その2＞は「上値」「下値」の目安をつけること

　前章で、「チャートの第一の目的はトレンドを捉えること」と述べました。なぜ、これが第一なのかというと、「トレンドは反転するまで継続する」という大前提に立つならば、いま「株」というものを買ってよいのか、少し待ったほうがいいのか。あるいは、売ったほうがいいのか。注目している個別銘柄がある人ならば、その銘柄がいま買う候補になりうるのか否か等々、これからの行動方針をその時点までのトレンドが左右するからです。

　方針が決まったら、次なる問題は、どういう状況になったら「買う」「売る」の行動に出るか。具体的な売買シナリオをどうするか、です。

　たとえば、大トレンドは上昇トレンドにあっても、中トレンドは下向きになっている場合、「トレンドは継続する」のですから、下げている途中で買うのはよくない、という判断になります。同じ買うならば、大トレンドは維持されている中でできるだけ有利に買いたい。理想は「株価の下落が止まったところ」です。では、その「大トレンドが継続する中での下げ止まり」の株価水準とは、どこなのか。

　持っている株を売ろうと考えている人は、当然、できるだけ高く売りたいでしょう。いま株価が上昇トレンドにあるとしても、株価が延々と上がり続けることはありません。どこかで上昇はストップし、下げに転じるはずです。売るならば、その上げ止まったところで売りたい。では、その「上げ止まり」の株価水準とは、どこなのか。

　このように、株価が下げ止まるであろう下値水準、上げ止まるであろう上値水準が予測できれば、より有利な価格で取引することを目指す売買指針をつくることができます。

この「上値」「下値」を予測することが、チャートの目的の第二です。
　ただし、この予測は、「上値や下値となる株価をピタリと当ててみせよう」という占いや予言とは主旨が違います。それまでの株価の推移、株価のトレンドをもとに「このあたりで下げ（上げ）止まるだろう」という株価水準の、あくまでも予測です。ですから、実際には予測された上値を超えて株価が上がったり、下値を突き抜けたりすることは、当然起こります。
　「当たらない予測など意味がないじゃないか」と思うかもしれません。それが、まったく逆なのです。予測された上値・下値の株価水準を裏切る動きは、それまでのトレンドが継続するか否かと不可分の関係にあります。つまり、上値・下値を予測すること自体が、トレンドを捉えるというチャートの第一の役割においても非常に重要な意味があるということです。また、その予測を裏切る動きによって、新たな予測をするうえでの情報も提供されます。
　「上値」「下値」を予測する方法はいろいろありますが、その基本中の基本である「サポートとレジスタンス」、そして「トレンドライン」を見ていきます。いずれも、ベーシックでありながらも、実践で非常に役立つ予測の方法です。

●「サポート」「レジスタンス」は過去の需給バランスの転換点

　前章で見たとおり、株価は上げ下げしながらジグザグを描いて推移しています。そのジグザグには「山」となっている部分と、「谷」になっている部分があります。この「山」と「谷」が形成されている方向が、株価のトレンドです。山と谷の位置がともに切り上がっていれば上昇トレンド。山と谷の位置がともに切り下がっていれば下降トレンド。前章で紹介したダウ理論の強気トレンド、弱気トレンドの定義を図で表したものと言えます。また、山・谷の位置が同じ水準にある状態が続いているのがトレンドレスです。
　チャート上に描かれる「山」は、それまで上昇していた株価が下落に転じた株価水準、すなわち、これも前章で見たように、それまで需要が優勢だった需給の力関係を逆転させた転換点を意味します。つまり、「山」の株価水準には、株価の上昇を阻む抵抗勢力が存在する、と考えられます。そうした

意味で、この「山」の頂点の株価水準は、レジスタンスと呼ばれます（レジスタンスから水平に引いた線を抵抗線と呼ぶこともあります）。

一方、チャート上の「谷」は、それまで下がっていた株価が上昇に転じた株価水準、すなわち、それまで供給優勢だった力関係を逆転させ、株価の下落を食い止める下支え勢力が存在することを表しています。その意味で、「谷」となっている株価水準はサポート（支持線）と称されます。

上昇トレンドが継続していれば、サポート・レジスタンスはともに切り上がっていく。下降トレンドが継続していれば、自ずとサポート・レジスタンスともに切り下がっていくことになります。

図2-1-1 ● 株価のトレンドと「サポート」「レジスタンス」

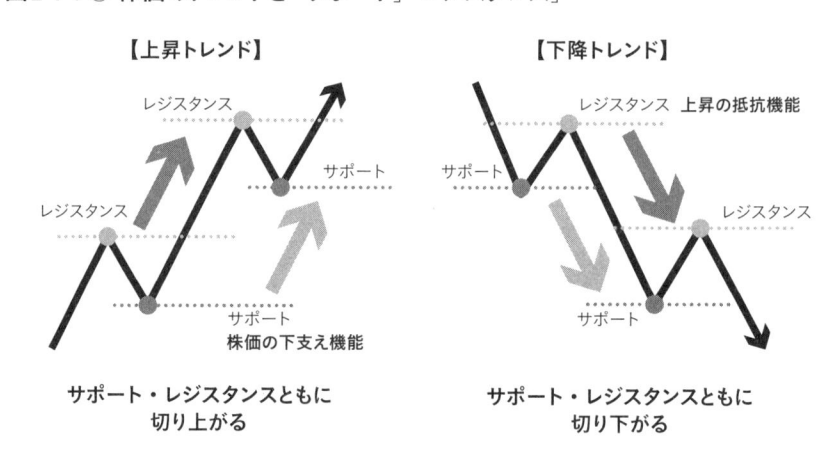

【上昇トレンド】
サポート・レジスタンスともに
切り上がる

【下降トレンド】
サポート・レジスタンスともに
切り下がる

●レジスタンスの水準にはより多くの供給が集まりやすい

このサポートとレジスタンスが、即そのまま、「下値の目安」「上値の目安」になります。あまりに単純すぎる話ですが、これにはそれ相応の根拠があります。

まず、レジスタンスのほうから考えていきましょう。

たとえば、株価が1000円まで上昇したところで下落に転じたとします。1000円で売った人は「下がる直前で売れてよかった」とホッとしているに

違いありません。が、その一方には、売った人と同数量分、1000円で買った人たちがいます。その人たちは、「高値づかみしてしまった！」と後悔しているでしょう。そこから株価が下がり続けようものなら、後悔の念は増し、「株価が買値の1000円近辺まで戻ったら、取りあえず売ってリセットしたい」等々、1000円まで株価が戻ることを待ち望むはずです。

　1000円よりも安く買っていた人の中には、「しまった。欲を出さずに1000円で利益確定しておけばよかった」と思っている人がいます。株価が1000円になる前までは売ることなど考えていなくても、株価が下がっていくのを見れば、「今度株価が上がったら、1000円で売ろう」と考えたくもなります。つまり、1000円を境に株価が下がった、という事実が、その株を持っている人、すなわち供給側に「1000円」を意識させ、供給圧力を強める要因になるということです。

　もちろん、その株を持っている人全員に「あなたは1000円で売らなかったことを悔やんでいますか」などと聞いて回るわけにもいきませんから、「しまった！」と思っている人がどのくらいいるかはわかりません。ただ、1000円をピークに株価が下がりはじめたことは、誰でもチャートを見ればわかります。その株を持っていない人でも、その動きを見て「1000円近辺に売り圧力がありそうだ」と、株価がそのあたりまで上がったら空売りをしようと画策する可能性もあります。株価が下げ止まったら買おうと思っている人の中にも、そのチャートを見て、「買ったとしたら、とりあえず、1000円あたりまで上がったら売りだな」という目標値を設定する人がいるかもしれませ

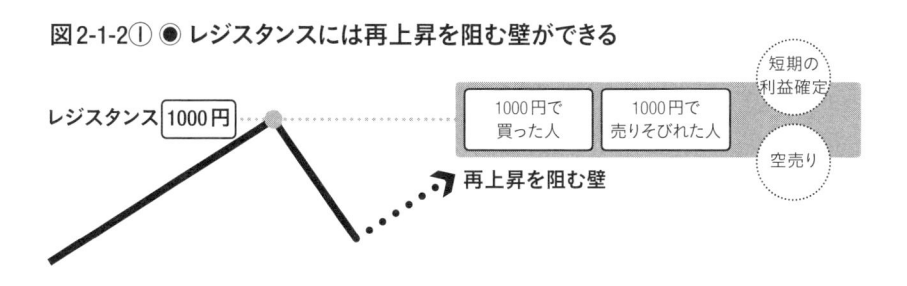

図2-1-2① ● レジスタンスには再上昇を阻む壁ができる

レジスタンス 1000円

1000円で買った人　1000円で売りそびれた人

短期の利益確定

空売り

再上昇を阻む壁

ん。

　このように、1000円が高値となったことは、その時点ではその株を持っていない人の供給、すなわち将来の供給を増やす要因にもなります。となると、株価が再び上昇に転じたとき、またもや1000円近辺で株価が下落する可能性がある。というわけで、この水準が、株価の上昇を阻むレジスタンス、上げ止まるであろう上値の目安になります。

　一方、サポート水準が下値の目安になるのは、正反対の理由によります。

　たとえば、株価が800円まで下がって、反転上昇したとします。800円で買った人は「よかった。ズバリ安値で買えた」とニンマリでしょう。対照的に、800円で売った人は、売った直後に株価が反転上昇しているのですから、「自分が底を叩いてしまった」と悔しい思いをしているに違いありません。

　800円より安く買おうと思っていた人の中には、「しまった。欲を出したために買いそびれた」と反省している人もいるはずです。あるいは、その株を空売りしていた人の中にも、「しまった。800円で買い戻せばよかった」と後悔している人がいます。その人たちは、「今度株価が下がってきたときには、800円で買おう（買い戻そう）」と方針を改めたかもしれません。

　加えて、800円を安値に株価が反発したことを知った人の中には、800円という株価水準に買い需要があると考えて、「800円」を次に株価が下がってきたときに買う目標値に設定する人も出てきます。

　このように、800円で株価が反転上昇したという事実が、需要側に「800円」

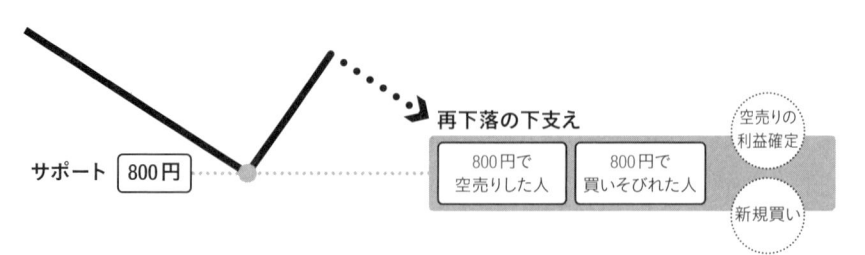

図 2-1-2② ● サポートは株価の下支え力をもつ

を意識させるとともに、新たな需要を誘発する要因になります。よって、ここが株価を下支えするサポート、下げ止まるであろう下値の目安になります。

●上昇トレンド継続が確定するとレジスタンスはサポート機能に一転する

　次に、レジスタンスやサポートが形成された後のことを考えてみます。

　先ほどの1000円という株価水準にレジスタンスが形成された後、株価は900円で下げ止まって再び上昇に転じたとします。ここで「900円」にサポートが形成されます。

　この上昇の上値の目安は前回の高値、レジスタンスの1000円。この株価水準には、前よりも大きい供給圧力が集まっている可能性があります。「もう1000円まで戻るのを待っていられない」という、早く売りたい焦りが高じていれば、株価が上がっても1000円に届く前に再反落するでしょう。

　この「1000円」を意識する供給圧力を上回る大きな需要が出現したとき、株価は1000円のレジスタンスを突破して上昇することになります。この上昇はどこかで再び下落に転じ、そこに新たなレジスタンスが形成されますが、その株価水準がいくらであれ、ともかく、前回のレジスタンス「1000円」よりも高い株価水準であることは、もはや疑う余地がありません。つまり、この「レジスタンスを突破する」という動き（「ブレイクする」と表現されます）によって、次のレジスタンスが切り上がることが確定します。これが、上昇トレンドが継続していることの確証となります。

　さらにその後、1000円のレジスタンスをブレイクした株価は1100円まで上昇したところで再び下落に転じたとします。もう株価は1000円を超えたのですから、それまでの「1000円」の上値予測は"無効"です。が、それで「1000円」という株価水準がお役御免になるわけではありません。というのは、突破されたレジスタンスの株価水準が一転してサポートになる、という機能の逆転が起きるからです。

　この機能逆転の背景には、レジスタンスを突破できずに押し戻された場合と、レジスタンスを突破した場合とでは、「よかった」と思う人と、「しまった」と思う人との立場がまるで逆転することがあります。

株価が1000円のレジスタンス近辺で押し戻された場合、そこで持ち株を売った人は「売ってよかった」。その株を買おうとは思いながらも買わなかった人は「買わなくてよかった」。また、1000円のレジスタンスを意識して空売りをした人も「うまく売れてよかった」です。

　ところが、1000円のレジスタンスを突破して株価が上昇すると、1000円で持ち株を売った人は「早く売りすぎてしまった」。買おうと思いながらも買わなかった人は「買いそびれてしまった」でしょう。1000円で空売りしていた人ともなれば、売った途端に損失状態、いわゆる"踏み上げ"ですから、「しまった。空売りなんかするべきじゃなかった」と後悔しているはずです。

　この人たちの中には、株価がもう一度下がったら「今度は1000円で買おう」「1000円で買い戻させてほしい」等々、1000円を「買いたい株価水準」として意識する人が出てきます。

　さらに、「1000円で買いたい人が多そうだ」と予想する人は、株価が下がってきたときに1000円を買う目標値にする。あるいは、これから空売りをしようとしている人は、1000円を買い戻しの目標値にする。といった具合に、「1000円」に新たな需要が生まれることも予想されます。

　こうして需要が集まることによって、かつてのレジスタンス「1000円」は、株価を下支えするサポート機能に変わります。これが、1100円から下がってきた株価が下げ止まるであろう下値の目安になります。

　ちなみに、「1000円」のレジスタンスをブレイクする前のサポート水準は、前回1000円から下落した株価が再上昇に転じた900円でしたから、下値の目安がそれよりも切り上がっています。先に紹介した上昇（強気）トレンドの定義は「上昇したときに前回の高値を更新し、いったん株価が下がっても、前回の安値を下回らずに再び上昇する」でした。この「前回の安値を下回らない」株価水準はどこか。この「レジスタンスが突破されてサポートに転じた」株価水準は、その具体的な目安のひとつを与えるものと言えます。

●サポート水準を割り込む株価の下落はサポートをレジスタンスに変える

　上昇トレンドにおけるレジスタンス突破とは反対に、下降トレンドでサポートを突破して株価が下がっていく動きは、下降トレンド継続の決定打です。株価がどこまで下がるかはともかくとして、これでサポート水準が切り下がることが確実になったからにほかなりません。

　それまでのサポートを突破して株価が下がると、今度はその水準が株価の上昇を阻むレジスタンスに逆転します。先ほどのレジスタンス突破と同様、サポートで再上昇すれば「よかった」と思う人が、サポートを突破して株価が下がると「しまった」に一転してしまうことが、その背景のひとつです。

　それまでのサポートが800円だとすれば、「前回は800円で再上昇したから今回も」と思って800円で買った人は、買った途端に損失状態です。とにかく株価が800円に戻ってほしい、戻ったところで売って損失を解消したい、と強く願っているでしょう。

　加えて、「800円の売り圧力は大きそうだ」と思えば、株価がそこまで戻

図2-1-3 ● サポート・レジスタンスを突破すると機能が逆転

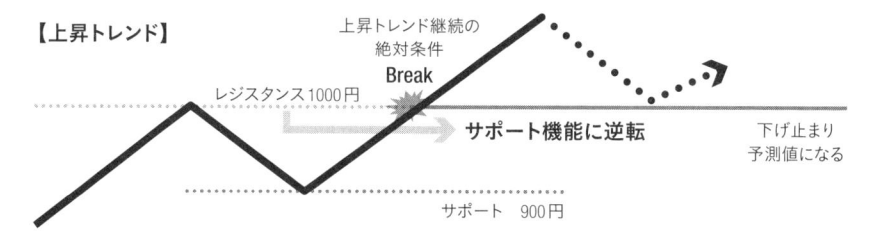

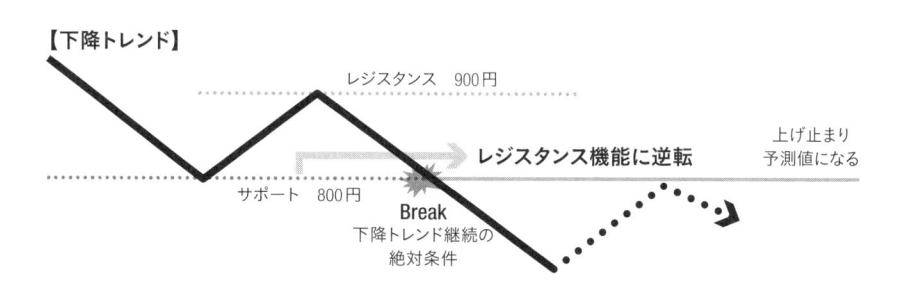

【上昇トレンド】

上昇トレンド継続の絶対条件
Break
レジスタンス1000円
→ サポート機能に逆転
下げ止まり予測値になる
サポート　900円

【下降トレンド】

レジスタンス　900円
→ レジスタンス機能に逆転
上げ止まり予測値になる
サポート　800円
Break
下降トレンド継続の絶対条件

ったところで空売りする人も出てくる。その下落のリバウンドを狙って買った人は、800円を売る目標値に設定する。といった具合に、かつてのサポート「800円」は、供給側に意識され、新たな供給をも集めやすくします。
　よって、この水準が新たなレジスタンスとなり、次に株価が上昇してきたときの上値の目安になります。「下落した株価が安値を更新し、いったん株価が上昇しても、前回の高値を上回らずに再び下落する」という下降（弱気）トレンドの定義の、「前回の高値を上回らない」株価水準の具体的な目安のひとつです。

§2-2 過去のサポート・レジスタンスは先々の株価の動きにも影響する

次々と待ち受ける上昇トレンド継続を阻む壁

● "強いサポート"は突き破られると強烈なレジスタンスになる

　いろいろなチャートを見てみると、「この水準まで株価が下がると反転上昇する」という動きを過去に何度も繰り返している銘柄に遭遇することがあります。その株価水準には、強いサポート機能があるとみてよいでしょう。

　強いサポートは、需要側に「この株価水準で買っておけば大丈夫だ」という買い安心感を与えます。サポートとしての実績が長ければ長いほど、そのサポート機能は信頼され、買い安心感を助長して、需要をより集めやすくするでしょう。

　ところが、何らかのきっかけでその強いサポートを突き破って下落したらどうなるでしょうか。機能が大逆転して強烈なレジスタンスと化す可能性大と考えられます。そのサポート水準に存在していた強い買い安心感が、巨大な供給圧力に一転すると予想されるからです。

　個別銘柄の中には、過去に強いサポートだった株価水準が、ブレイクされた後に強烈なレジスタンスになっている例は数多くあります。

図2-2-1 ● 信頼度の高いサポートをブレイクするとショック大

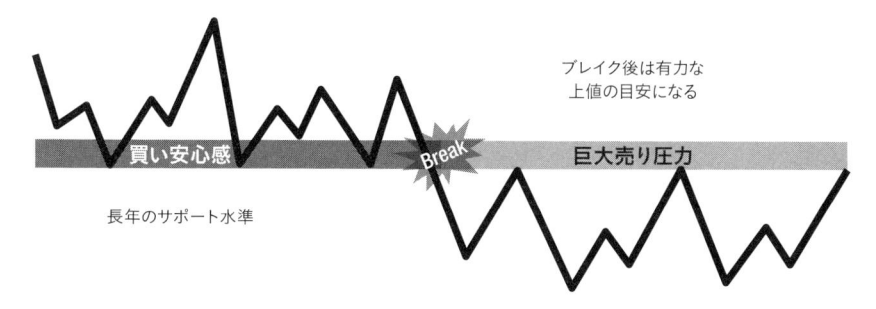

図2-2-2 ●「サポート転じてレジスタンス」の例
(8267イオン：2000年1月〜14年9月17日)

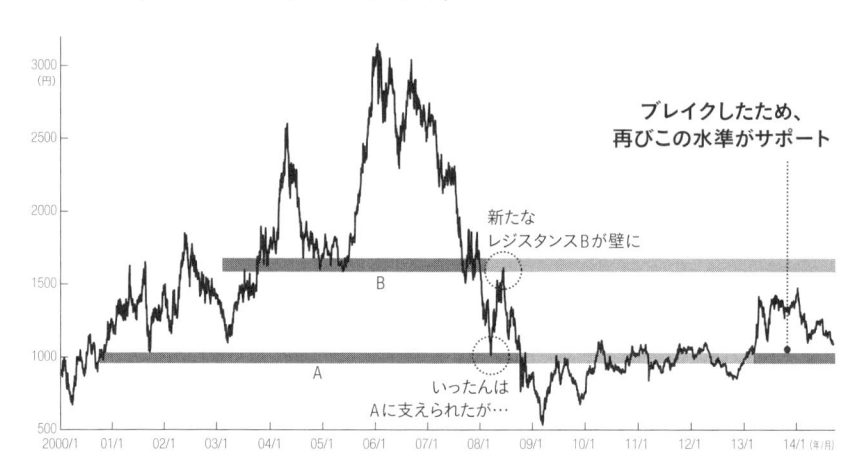

長期のチャートでその具体例を見てみましょう。

図2-2-2はイオン（8267）の2000年以降のチャートです。03年前半までは1000円近辺のAがサポートに、その後はBの1500円台がサポートになっていたことがわかります。なお、株価には"ふれ"がつきものですから、大きな動きを捉える場合には、この図のように「おおむねこの株価水準」という幅をもたせた目安で差し支えありません。

07年に米国でサブプライムローン問題が表面化して市場が大きく下げたとき、Bのサポートがブレイクされています。ここで、サポートBはレジスタンスに変わります。その下落はAのサポート水準近辺でいったん止まって反転したものの、上昇はレジスタンスと化したBまでで、株価は再び下げに転じます。さらに、"リーマン・ショック"で市場が大暴落したところで、ついにAのサポートをも突き破られてしまいました。

その後、市場が沈静化しても、レジスタンスと化したAの株価水準を突破することがなかなかできません。ようやく、13年になってAのレジスタンスを突破しましたが、次なる壁はレジスタンスに転じたBの水準。この時点ではまだこれを突き破ることができないでいます。

●強いレジスタンスをブレイクすれば、一転「頼れるサポート」に

　強いサポートがブレイクされると強烈なレジスタンスになるのと反対に、過去に「ここまで上がると株価が押し戻される」という、強いレジスタンス歴のある株価水準は、何らかのきっかけでそこがブレイクされると、一転して、強いサポート機能をもつと考えることができます。

図2-2-3 ● 巨大な壁を撃破すれば一転、強いサポートに

長年の
レジスタンス水準

"売り安心感"

Break

買い戻し需要が支えに

ブレイク後は有力な
下値の目安になる

　理由は、先ほどと逆で、それまで「その株価水準で空売りすれば確実に儲かる」と空売りをしていた人は、「まさか！」の踏み上げ状態を余儀なくされてしまいます。"売り安心感"で空売りをしていた人が多いほど、そこに買い戻し需要が溜まり、より強いサポート機能になると考えられるわけです。

　先に、強いサポートだった株価水準をブレイクする下落があると、一転してそれが強いレジスタンスと化すと述べましたが、「強いレジスタンスが転じて強いサポート」になった株価水準を再び株価がブレイクして下落すると、今度はまた強いレジスタンスになる。その強いレジスタンスを再びブレイクして株価が上昇すると、またもや一転してそれが強いサポートになるというように、同じ株価水準の機能が転々としている例もあります。

　次ページ**図2-2-4**の住友電気工業（5802）は、おおむね1200円近辺の水準がサポートになったり、レジスタンスになったり、それがまたサポートになったり、という動きを繰り返しています。また、800円近辺の株価水準にも、そうした傾向が現れていることがわかります。この過去の値動きをもとにすると、この銘柄の大きな動きで言えば、この時点でのサポート、すなわち下

値の目安は1200円近辺。1200円を割り込んだ場合、次の強そうなサポート水準は800円近辺、といった予測になります。

図2-2-4 ● 同水準がサポート→レジスタンス→サポートを繰り返す例
（5802住友電気工業：2000年1月〜14年9月17日）

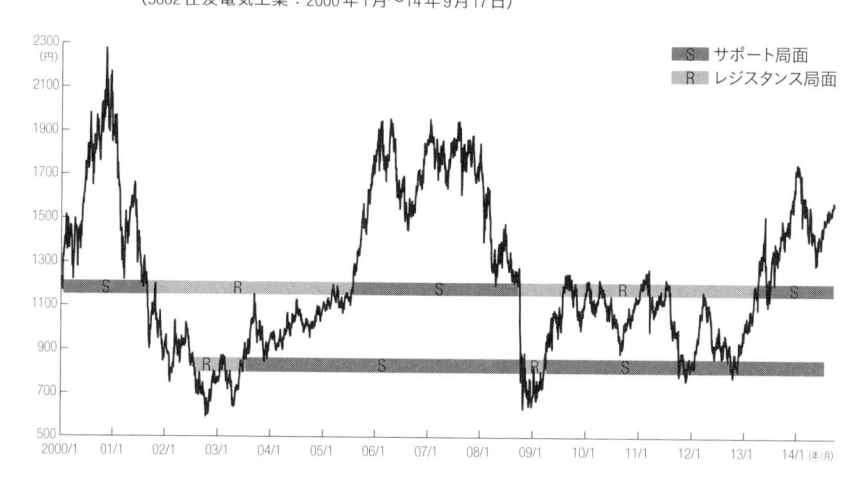

　ところで、強いサポートや強いレジスタンスをブレイクするには、それまでの強い需要と供給の力関係を逆転させるだけの何らかの強いきっかけが必要になりますが、その「何らかの強いきっかけ」とは何か。イオンの例、住友電工の例を見れば察しが付くのではないでしょうか。
　その最大の要因と目されるのは、結局のところ、市場全体の動きです。業種や、その銘柄独自の事情によって異なる部分はもちろんありますが、株式市場が急落して強い下降トレンドになれば、それまでの強いサポートも撃破される。株式市場が強い上昇トレンドになれば、長年破れなかった強いレジスタンスもブレイクできる見込みが出てきます。これが、個別銘柄の売買でも、まず市場全体のトレンドをよく見る必要がある、という大きな理由です。

●下降トレンドが長く続くとレジスタンスだらけになる

　先ほどの住友電工の例で、「この時点での下値の目安は1200円近辺。そこを割り込んだ場合は、次のサポートは800円近辺」と述べましたが、このように、ひとつのサポートがブレイクされた後には、その前に形成されたサポートが下値の目安になる。そのサポートもブレイクされると、そのまた前に形成されたサポートが下値の目安になる、といった具合に、株価が下がるごとに、その時点での下値の目安も下がっていきます。

　上昇トレンドが継続している銘柄は、サポートの位置が切り上がっていますから、株価が下げてひとつのサポートがブレイクされても、その下にサポートがある。そのまた下にもサポートがある、というふうに、株価の下支えの層が厚くなっています。

　反対に、下降トレンドが継続していると、レジスタンスの位置が切り下がっているため、株価が上昇してひとつのレジスタンスをブレイクしても、その上にまたレジスタンスがある。さらにその上にもレジスタンスがある、といった状況になります。下降トレンドが続けば続くほど、上昇を阻む壁が多数できていることになりますから、下降トレンドが続いていること自体が、下降トレンドからの脱出をより難しくする要因になる、と考えることができます。

　そうすると、直近の動きからすると上昇トレンドになっている銘柄でも、その前に長らく下降トレンドを続けていた場合には、過去のレジスタンスが幾重にも控えていて、すんなりとは上昇トレンドが継続していかない可能性を考えなくてはなりません。各々のレジスタンスは、その時その時に高値づかみをした人が、そこまで株価が戻るのを今か今かと待っている水準です。それらを破って株価が上昇するためには、相当な需要が必要になるであろうことは、想像するに難くないでしょう。

　たとえば、三菱UFJフィナンシャル・グループ（8306）は、06年4月を境に下降トレンドとなり、ピーク時に2000円近かった株価は、11年11月には320円割れの水準まで下がっています。その後もなかなか株価は浮上できませんでしたが、この銘柄も日経平均株価と同時期、12年終盤からトレン

図2-2-5 ● 壁の向こうにまた壁が。レジスタンスが目白押しの例
（8306三菱UFJフィナンシャルG：05年〜14年9月17日）

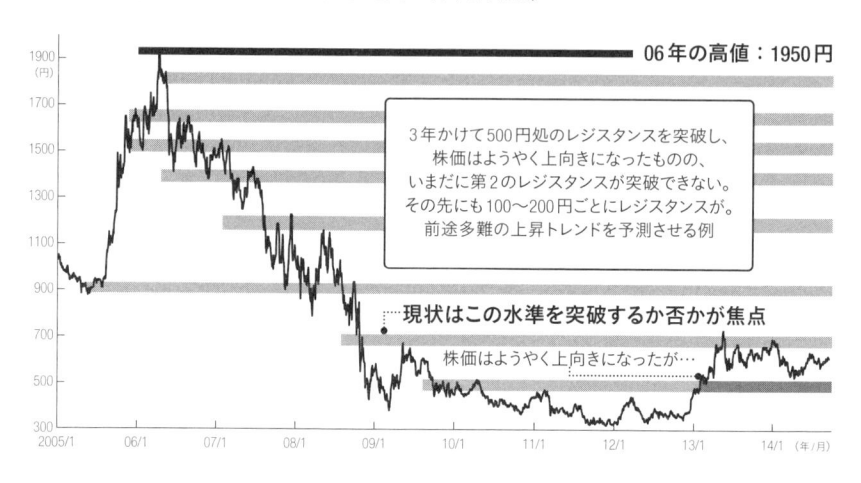

ドが上向きになっています。

　が、下降トレンド歴が長く、下落幅も大きかっただけに、レジスタンスが目白押し状態。まず、"リーマン・ショック"の後の反発時につけた09年の高値700円近辺。これが、この時点での上値を抑えつけています。このレジスタンスをブレイクしたとすると、次は900円から1000円にかけての水準。その次は1200円前半。さらにその先にも、何段階ものレジスタンスがあります。

　このようなチャートは、まず「上値は重いだろう」「そう簡単には上がらないだろう」と予測してよいでしょう。この予測に基づけば、少々強い上昇があっても「買い急ぐ必要はない」、買った後には「レジスタンスまで上昇したらいったん売却したほうがよい」といった売買判断になります。

●株価は10年以上も前のレジスタンスも記憶している

　そうした"レジスタンスだらけ"でなかなか上値が伸びない銘柄もある一方で、幾重にも連なる過去のレジスタンスをちぎっては投げ、ちぎっては投げ、と、次々と撃破して上昇トレンドを描いている銘柄もあります。

図2-2-6①はソフトバンク（9984）の03年1月からのチャートです。13年12月につけた高値は9320円と、06年につけた高値より80％近くも高い株価になっています。そこに至るまで、主要なレジスタンスを突破し、このチャート上にはもうレジスタンスがない状態です。

図2-2-6① ● 強い上昇トレンドでレジスタンスを破っている例
（9984ソフトバンク：03年1月〜14年9月17日）

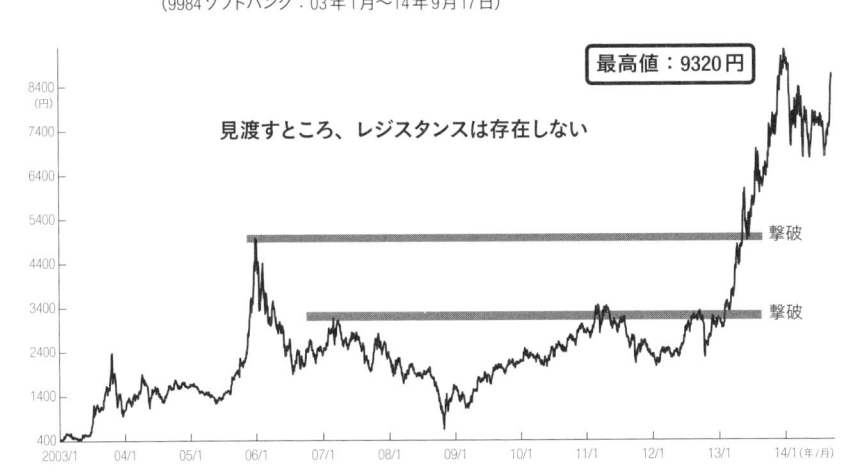

最高値：9320円

見渡すところ、レジスタンスは存在しない

撃破
撃破

そうすると、この先の上値の目安はどうやって予測すればいいのか。このような場合、もっと過去に遡ってみると、実は強大な壁が存在しているケースがあります。

ご記憶の方も多いと思いますが、1999年から2000年にかけての"ITバブル"のピーク時、この銘柄は時代の花形であり、株価（分割調整後）は現在の2倍以上もあったのです。つまり、その頃にこの銘柄を買った人は、14年の歳月を経てもなお含み損状態。「長期投資こそ株の王道だ」と自らに言い聞かせながら、株価が2万円台になることをまだかまだかと待っていないとも限りません。

「そんなに長い間、株価が戻るのを待っている人がどれだけいるのか」と思う人もいるでしょう。もちろん、その数はわかりませんし、仮にいたとし

第2章 ● 形成されたトレンドが継続するしくみ　61

図2-2-6② ● 10年以上前のレジスタンスがはるか上にあった
（9984ソフトバンク：99年1月〜14年9月17日）

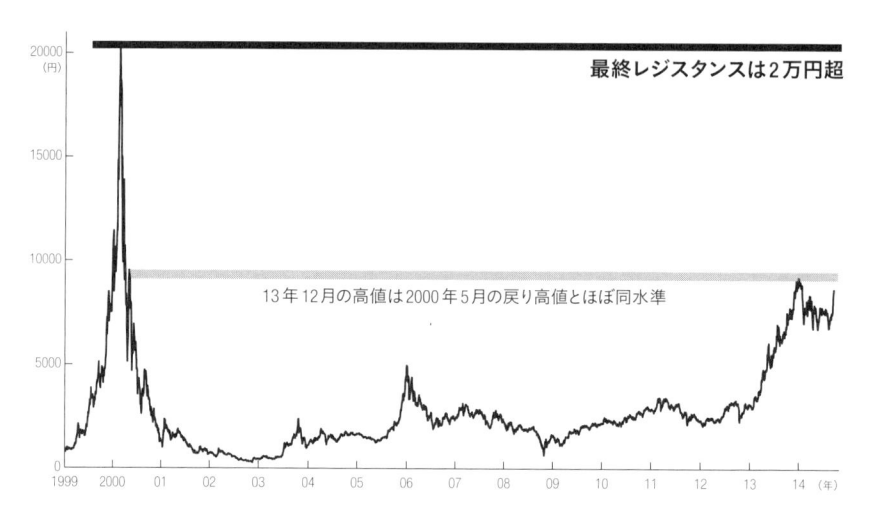

最終レジスタンスは2万円超

13年12月の高値は2000年5月の戻り高値とほぼ同水準

ても、そう多くはないかもしれません。ただ、買値にかかわらずその株を持っている人、あるいは空売りをしようと考えている人にとって、この最高値が「最後のレジスタンス」として意識されやすいのは確かでしょう。

　株価は驚くほど昔の高値を記憶しているものです。ITバブル時代の高値もすでに更新し、仮に、過去20年来の高値水準になっている銘柄でも、その前の80年代バブルにつけた高値がレジスタンスとして控えている可能性があります。そこまで長期のチャートが手に入らないとしても、上場来高値の水準とその時期だけであれば『会社四季報』（東洋経済新報社）などで調べることができます。「目下レジスタンスなし」に見える銘柄を持っている人は必ずチェックしておきたいところです。

● 上場来高値を更新した銘柄の上値を予測する方法

　では、上場来高値を更新して本当にレジスタンスがなくなった場合、株価の上値をどう予測するのか。最もスタンダードな予測の方法は、過去の最高値とその後の最安値の値幅分を、最高値の株価にプラスした株価を目標値に

する、というやり方です。

　たとえば、過去の最高値が1500円で、その後の最安値が400円とすると、その値幅は1100円。これを最高値の1500円にプラスした2600円が高値更新後の上値の目標値になります。この方法は、「最安値から最高値の株価水準まで戻すだけの力に相当する分だけ、最高値からさらに上にいく潜在力がある」という考え方に基づきます。

図2-2-7① ● 上場来高値更新中銘柄の上値予測の方法

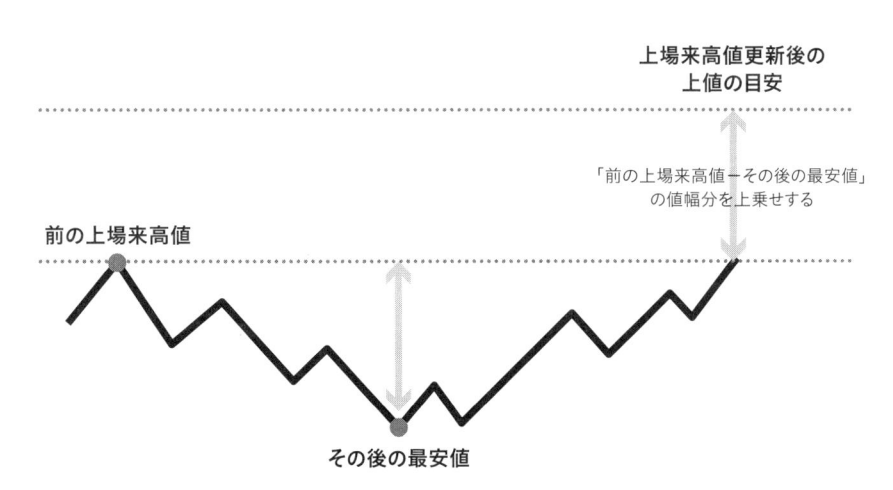

　すでに上場来高値を更新しているアステラス製薬（4503）についてこの方法で予測してみると、過去の最高値が1218円。その後の最安値は518円ですから、最高値更新後の上値の目安は1900円近辺と計算されます（次ページ**図2-2-7②**）。

　ただ、この予測の考え方は、これまで紹介してきたレジスタンスの考え方、すなわち「株価がその水準になるのを待っている人が多いだろう」という、需給の力関係に基づいた予測とは根拠が異なります。ですから、少なくとも、過去の高値水準を上値の目安とするのと比べれば、上値として意識されにくい可能性があります。

もし、上場来高値を更新している銘柄を持っている人が、いつ売ればいいのかを考える場合であれば、この予測の方法による上値の目標値よりも、やはり市場全体の動向によって判断するほうが現実的です。とくに、この銘柄のように時価総額が大きく、また、日経平均株価に占めるウェイト（寄与度）が高めの銘柄は、市場平均が大きく下げる局面で連れて売られる可能性があります。ここから先は「日経平均株価のトレンド次第」という考え方でよいと思います。

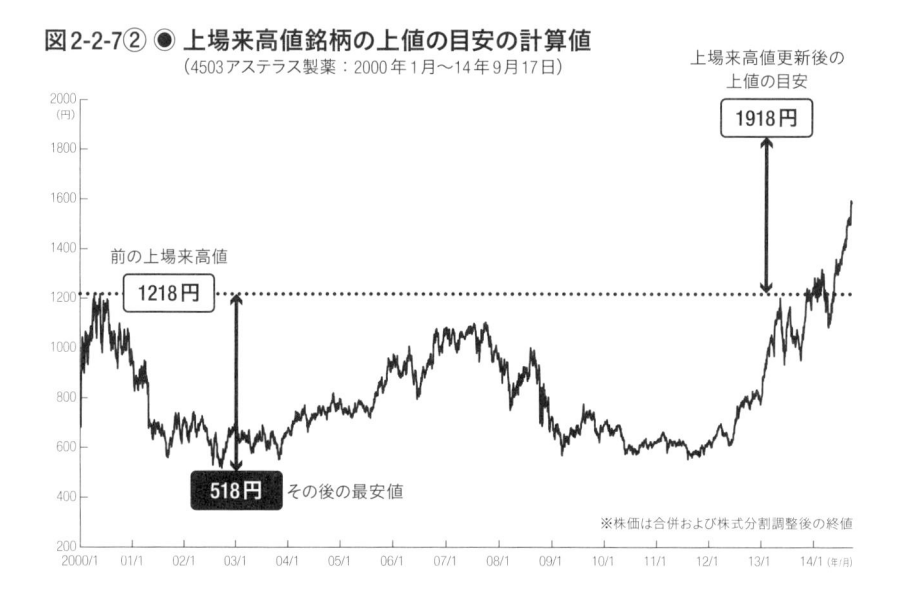

図2-2-7②　● 上場来高値銘柄の上値の目安の計算値
（4503アステラス製薬：2000年1月〜14年9月17日）

前の上場来高値　1218円
その後の最安値　518円
上場来高値更新後の上値の目安　1918円

※株価は合併および株式分割調整後の終値

§2-3 継続していたトレンドは こうして減衰し、いったん終息する

「トレンドライン」が示唆するトレンドの変調

◉トレンドの進行速度を測るツール「トレンドライン」

　株価が上昇トレンドにある場合、それが継続するならば、高値（レジスタンス）・安値（サポート）ともに切り上がっていきます。この上昇トレンドの中で利益を得ようとするなら、「次に来る安値」で買うのが最も有利です。下降トレンドが継続する場合には、高値・安値ともに切り下がっていきますから、「次に来る高値」が、この先の最も有利な売値になります。

　それは一体いくらなのか。その具体的な目標値のひとつとなるのが、先に紹介した「サポートとレジスタンスの機能逆転」の株価水準。すなわち、「次に来る安値」ならば、レジスタンスが突破されてサポートに転じた株価水準。「次に来る高値」はサポートが突破されてレジスタンスに転じた株価水準です。

　もうひとつ、いまの上昇トレンドが継続した場合の「次に来る安値」、下降トレンドが継続した場合の「次に来る高値」の水準を予測するのによく用いられる基本的な方法があります。チャート上にトレンドラインと呼ばれる線を引く方法です。

　トレンドラインには、上昇トレンドで使われるサポートライン（下値支持線）と、下降トレンドで使われるレジスタンスライン（上値抵抗線）の2つがあります。サポートラインは、現在進行している上昇トレンドの中にある2つ以上の安値を結んだ線。レジスタンスラインは、現在進行している下降トレンドの中にある2つ以上の高値を結んだ線です。

　この線を引くことによって何がわかるのかというと、サポートラインは「2つの安値間の上昇速度」、レジスタンスラインは「2つの高値間の下降速度」です。株価の上がり具合や下がり具合の勢い、と言ってもいいでしょう。

図2-3-1 ● トレンドラインは株価の上昇・下落の"勢い"を表す

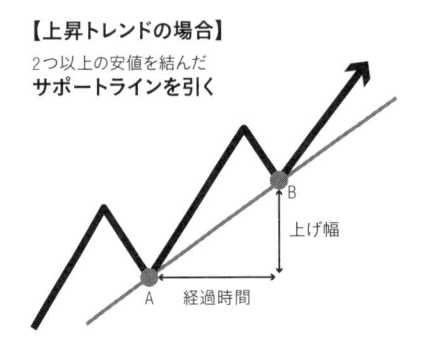

【上昇トレンドの場合】

2つ以上の安値を結んだ **サポートラインを引く**

Aが500円、Bが530円、その間が10日の場合

$$\frac{530円 - 500円}{10日} = \boxed{3(円/日)} \text{ AB間の上昇速度}$$

【下降トレンドの場合】

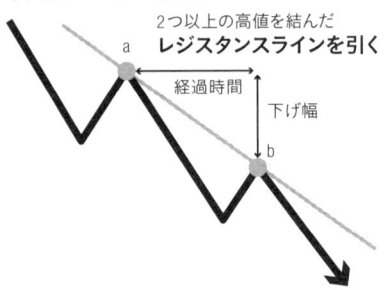

2つ以上の高値を結んだ **レジスタンスラインを引く**

aが600円、bが550円、その間が10日の場合

$$\frac{550円 - 600円}{10日} = \boxed{-5(円/日)} \text{ ab間の下降速度}$$

　たとえば、上昇トレンドでサポートラインを引くに当たって選んだ安値のひとつが500円（A）、もうひとつは、その10営業日後につけた530円（B）だとしましょう。この2つの安値の差（株価の位置の変化量）は30円、経過日数は「10日」ですから、この2点間の上昇の1日あたりの平均速度は＋3（円／日）。ラインは、「1日あたり3円のペースで上がる」という傾きをもつ右肩上がりを描きます。

　下降トレンドで高値のひとつが600円（a）、もうひとつの高値はその10営業日後の550円（b）の場合、この2つの高値の差はマイナス50円で、経過日数が10日。よって、この2つの高値間の1日あたりの平均速度は－5（円／日）です。マイナスの速度ですから、ラインは、「1日あたり5円のペースで下がる」という傾きをもつ右肩下がりです。

●「次の安値」「次の高値」はラインの延長線上にある

　なぜ、2つの安値間の上昇速度や2つの高値間の下降速度を示す線を引くのかというと、そのトレンドがその後も同じペースで継続するとすれば、「次に来る安値」「次に来る高値」は、サポートラインやレジスタンスラインの

延長線上に乗ると予測できるからです。

　先ほどの上昇トレンドの例で、その先も同じペースのトレンドを続けるとしたら、「次に来る安値」はいくらになるでしょうか。

　次に安値をつける日を「安値500円（A）の日からn営業日目」とすると、次の安値は「500円＋（3（円／日）×n）」と計算されます。nが（A）の20営業日後ならば「500円＋（3（円／日）×20日）」で560円。この560円という安値は、（A）（B）を結んだサポートラインの延長線上です。

　サポートラインは、最初に2つの安値を結んだ時点では「この先も同じペースの上昇トレンドが続くとすれば、次の安値はこのライン上に来るだろう」という、仮説的なトレンドを示すものでしかありません。その後、株価が上

図2-3-2①　● 上昇トレンドの「次の安値」を予測する

同じペースの上昇トレンドが続くとすれば、次の安値は
500円＋ 3（円／日） × 20日 ＝ 560円

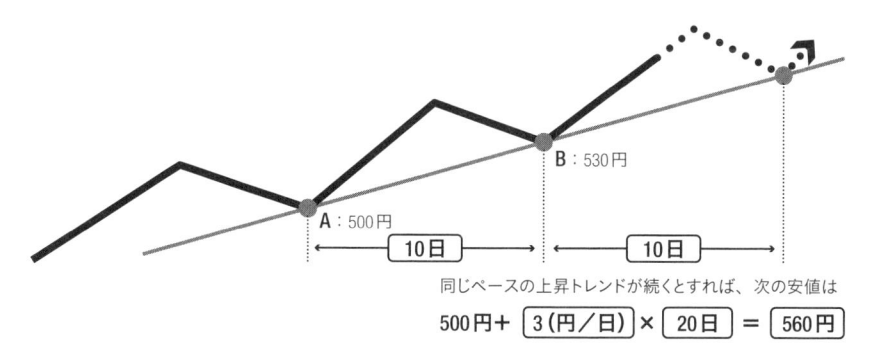

A：500円　　B：530円

図2-3-2②　● 下降トレンドの「次の高値」はいくら？

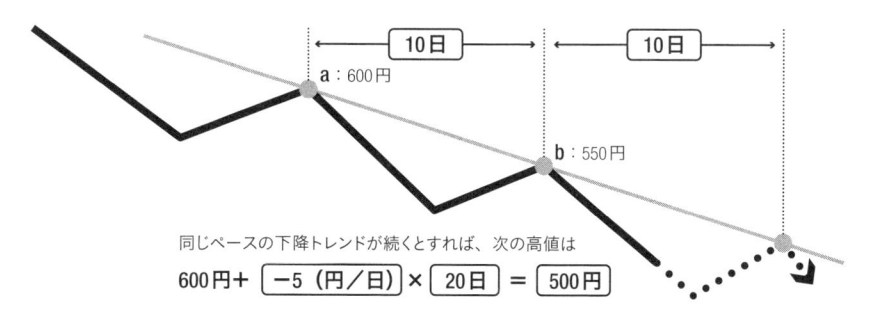

a：600円　　b：550円

同じペースの下降トレンドが続くとすれば、次の高値は
600円＋ －5（円／日） × 20日 ＝ 500円

下する中で形成されていく安値が、このサポートライン上に乗る回数が増えるごとに、同じペースの上昇トレンドの継続が確認されていくことになります。これは、そのサポートラインの将来の予測に対する信頼度が増すことでもあります。

　ということは、信頼度の高いサポートラインの延長線上に買い指値を入れておけば、それまでの上昇トレンドが同じペースで継続したときには「将来の安値」で買うことができる。下降トレンドの場合ならば、信頼度の高いレジスタンスラインの延長線上に売り指値を入れておけば、その下降トレンドが同じペースで継続したときには「将来の高値」で売ることができます。これが、トレンドラインを引く大きな意義です。

●「下支え力」「抵抗力」のダブル効果に注目

　チャート上にはいくつもの「山」「谷」が形成されていますが、その中から、サポートラインを引くときにどの2つの安値を選ぶか。レジスタンスラインの場合には、どの2つの高値を選ぶか。その選び方は様々あります。

　足元のトレンドを見る場合には、まず、直近に形成された2つの安値・2つの高値に目がいくと思いますが、先述したように、2つを選んで線を引いた段階では、まだ仮説的なトレンドを表すラインにすぎません。そこで、それよりも前に形成された安値や高値にも着目してみます。複数ある安値や高値の中から2つを選んで線を引いてみると、何度かそのライン近辺で株価が反転している線が見つかるかもしれません。そのライン付近に直近の安値や高値もあるとしたら、それが現状のトレンドを表すトレンドラインになります。

　同じサポートライン近辺まで株価が下がると反転上昇する、という動きが何度か繰り返されている銘柄は、まとまった数量を買いたい投資家が、資金を分散して買値を切り上げながら一定のペースで買っている可能性があります。また、そのサポートライン近辺がいつも安値になっていることに気づいて、「ならば自分もこのサポートラインまで下がったところで買おう」という人が増えている状況も考えられます。そうした下支え力が強く、信頼度の

高いサポートラインの延長線上の株価水準は「次に来る安値」の有力な予測値です。

さらに注目されるのは、そのサポートラインの延長線上と、先述した「ブレイク後のレジスタンスが転じてサポート」となっている位置がクロスしている株価水準です。その株価水準は、ダブルで需要が集まりやすいと考えられますから、より大きな下支え力が期待されます。その上昇トレンドにおける将来の重要ポイントとして意識しておきたい株価水準と言えます。

下降トレンドの場合であれば、まず、「そのライン近辺まで上昇すると上げ止まって反落する」という動きを何度も繰り返している、信頼度の高いレジスタンスラインを探してみます。さらに、その延長線上と、「ブレイクされたサポートが転じてレジスタンス」の位置がクロスしているところが要注目の株価水準です。

図2-3-3 ●「Wサポート」「Wレジスタンス」のパターン

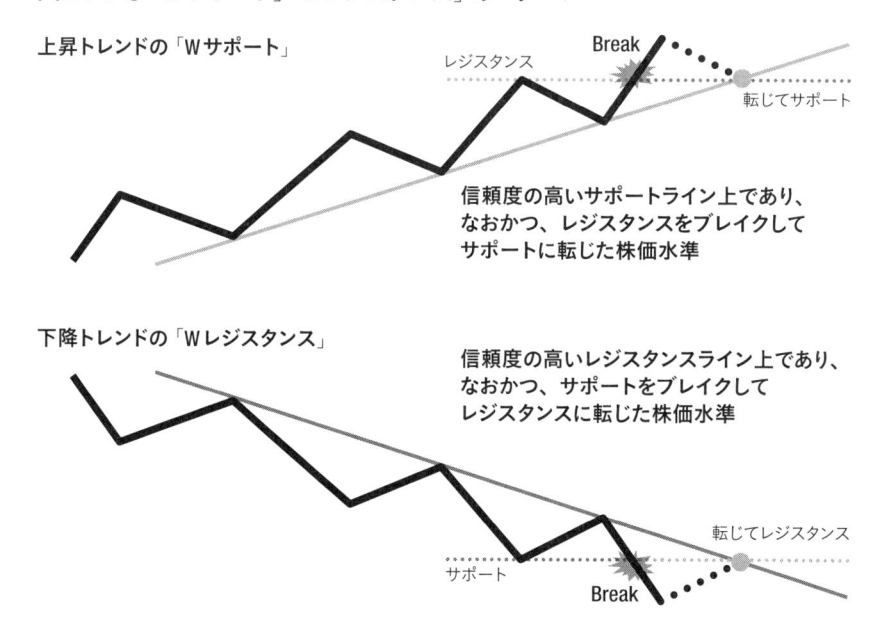

上昇トレンドの「Wサポート」

信頼度の高いサポートライン上であり、なおかつ、レジスタンスをブレイクしてサポートに転じた株価水準

下降トレンドの「Wレジスタンス」

信頼度の高いレジスタンスライン上であり、なおかつ、サポートをブレイクしてレジスタンスに転じた株価水準

●トレンドが加速するとラインは急勾配になる

　ここまでの話は「同じペースのトレンドが続くならば」という前提でしたが、実際の株価が動く速さは流々転々。上昇や下落のペースが上がったり、落ちたり、変化することが当たり前のように起こります。その場合、それまでのトレンドラインの延長線上は「次に来る安値」や「次に来る高値」の予測値にはならなくなってしまいます。

　たとえば、図2-3-2①の上昇トレンドの例で、2つ目の安値530円（B）から上昇した株価がいったん下がり、（B）の安値から10営業日目（（A）の安値500円から20営業日目）に570円（C）をつけて、再上昇したとします。（A）（B）間と同じ速度で上昇トレンドが続いた場合の安値560円よりも高い水準です。

　この場合、（B）（C）という2つの安値を考えると、2つの安値の差は40円。経過時間は10日で、この間の平均速度は4（円／日）。（A）（B）間の速度は3（円／日）でしたから、速度がアップしています。

　この（B）（C）の安値でサポートラインを引くと、（A）（B）の安値を結

図2-3-4① ● 上昇トレンドの加速＝それまでのサポートラインより上で反転

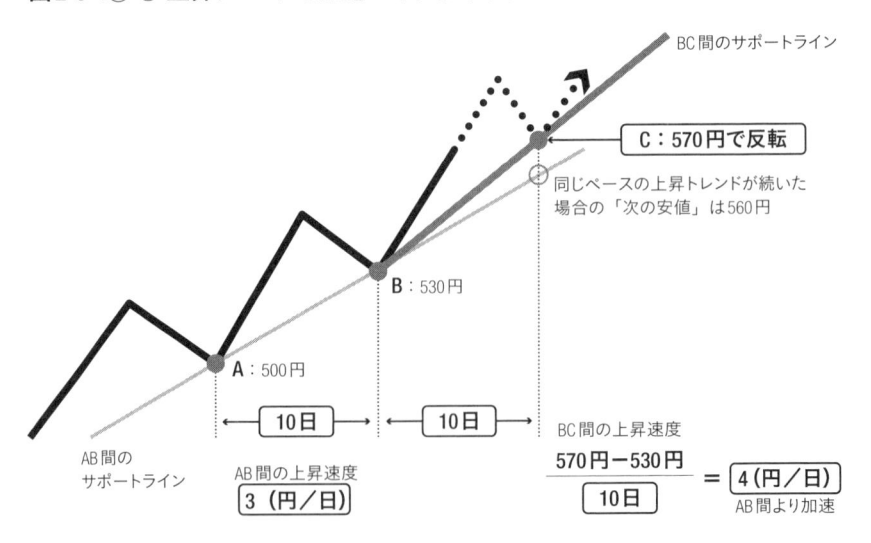

んだサポートラインよりも右肩上がりの傾き度合いが急角度になります。サポートラインの傾き方が急であるほど、トレンドが加速している、言うなれば、上昇トレンドに勢いがついたことを示します。

その後、この（B）（C）の速度の上昇トレンドが続いたとすると、「将来の安値」はもう（A）（B）を結んだサポートライン上には乗りません。（A）（B）のサポートライン上まで株価が下がるのを待っていても買うことができない、いわゆる「押し目待ちに押し目なし」状態になります。

下降トレンドが加速した場合も、それまでのレジスタンスラインよりも右肩下がりの傾き度合いが急になります。それまでのレジスタンスライン上まで株価が戻るのを待っていても、株価はライン上まで上昇する前に再び下落に転じてしまい、売ることができない。いわゆる「戻り待ちに戻りなし」状態です。

図2-3-4② ● 下降トレンドの加速＝レジスタンスラインまで届かず反落

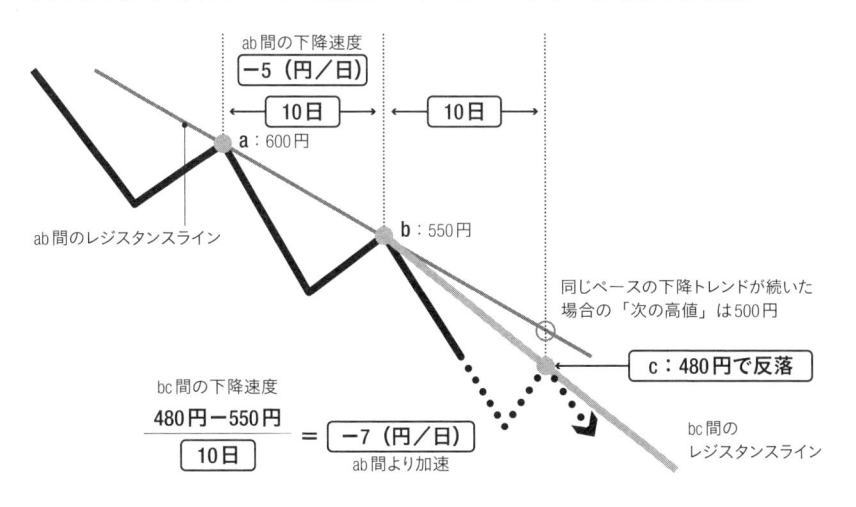

- ab間の下降速度: -5（円／日）, 10日
- a: 600円
- ab間のレジスタンスライン
- b: 550円
- 10日
- 同じペースの下降トレンドが続いた場合の「次の高値」は500円
- c: 480円で反落
- bc間の下降速度: $\dfrac{480円 - 550円}{10日} = -7$（円／日） ab間より加速
- bc間のレジスタンスライン

このように、トレンドが加速して新たなサポートラインや新たなレジスタンスラインができると、かつてのサポートラインやレジスタンスラインも「もはや用済み」の様相となりますが、本当に用済みになるかどうかはわかりま

せん。というのは、一時は加速したトレンドがしばらくするとペースが落ちて、またもとのペースに戻ることもよくあるからです。この場合、かつてのサポートラインやレジスタンスラインが再び下値や上値になります。

そのとき、一時は用済みに見えた古いラインを意識していれば、その安値で買える可能性があります。かつてのラインも残しておくことは、トレンドラインを有効に使うポイントのひとつです。

図2-3-5 ●「かつてのサポートライン」が効力を発揮した例
（5333日本ガイシ：13年3月〜14年9月17日）

- 5月以降、株価は再び加速の様相。次に株価が大きく下げる局面でも、このサポートラインが機能するかが、これからの焦点
- 14年4月に株価が大きく下げた局面で、再びもとのサポートラインが下値に
- 13年10月以降トレンドが加速し、新たなサポートラインに
- 13年10月までこのサポートライン近辺が下値となっていた

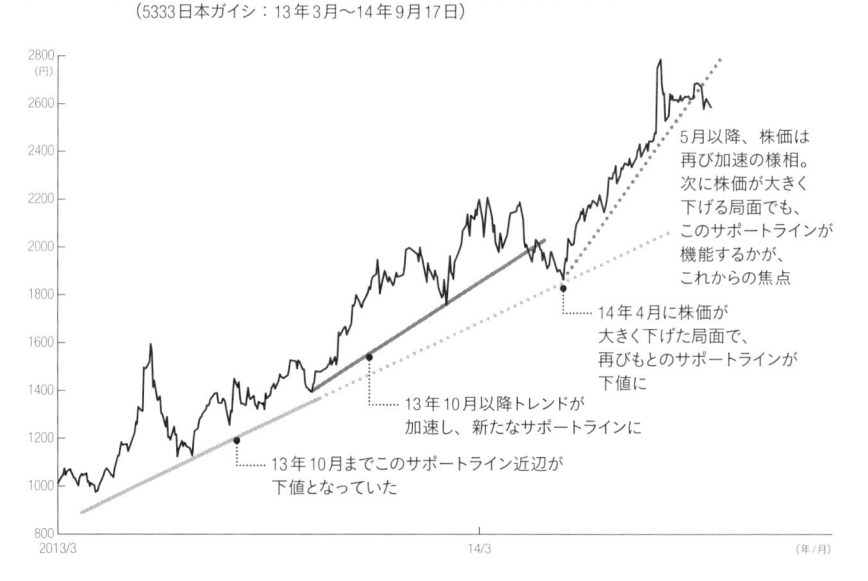

●株価がラインを突き抜ける動きはトレンド変調を知らせる最初のサイン

今度は、トレンドが減速するケースを考えてみましょう。

先ほどの上昇トレンドの例で、（B）から上昇した株価が再び下がり、次の安値が（A）から20営業日後、540円だとします。（A）（C）間の株価の差は40円。経過時間は20日で、速度は2（円／日）。（A）（B）間の速度3（円／日）よりも小さくなり、その結果、最初の安値（A）と新しい安値（C）を結んだサポートラインは、右肩上がりの傾き度合いが（A）（B）間よりも

緩やかになります。これが、トレンドの減速、すなわちトレンドの勢いが鈍ったことを示します。なお、(B)(C)の2つの安値を結ぶサポートラインも引くことができますが、最初の安値(A)と新しい安値を結ぶのが一般的です。

　この新たな安値(C)は、(A)(B)間のサポートラインよりも低い位置になりますが、この新たな安値に至る中で、株価が(A)(B)のサポートラインを突き破るという現象が起こります。この「サポートラインをブレイクして下落する」というのは、非常に重視すべき動きです。というのは、上昇トレンドがいったん終了する、場合によっては大トレンドが下降トレンドに

図2-3-6 ● トレンドが減速するとラインを株価は突き破る

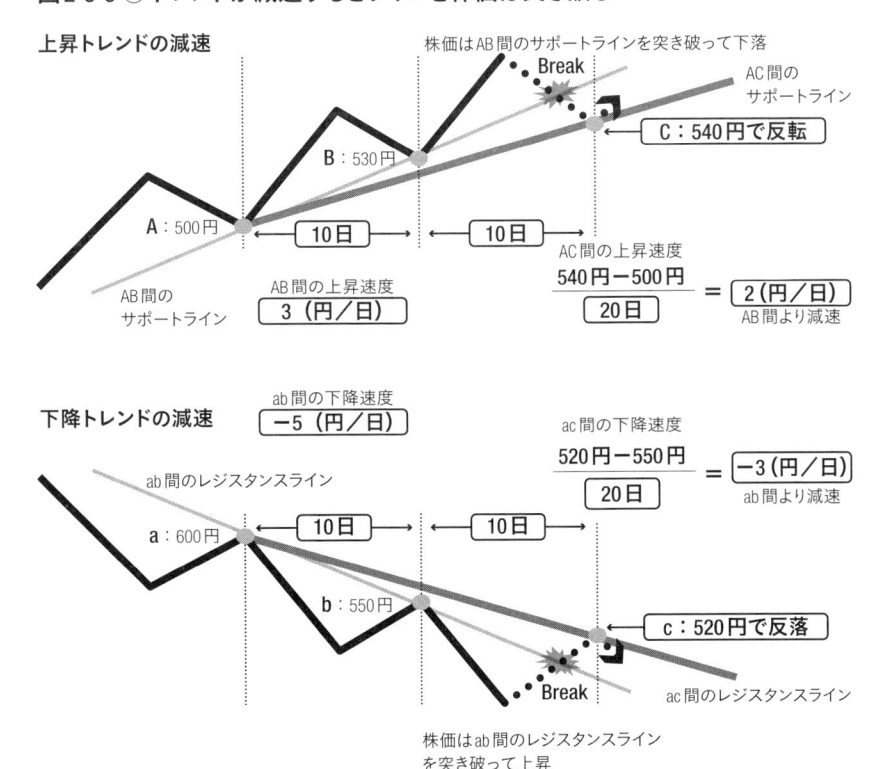

上昇トレンドの減速

株価はAB間のサポートラインを突き破って下落
Break
AC間のサポートライン
C：540円で反転
B：530円
A：500円
10日　10日
AB間のサポートライン
AB間の上昇速度　3(円／日)

AC間の上昇速度
$$\frac{540円－500円}{20日} = 2(円／日)$$
AB間より減速

下降トレンドの減速

ab間の下降速度　－5(円／日)
ac間の下降速度
$$\frac{520円－550円}{20日} = －3(円／日)$$
ab間より減速

ab間のレジスタンスライン
a：600円
10日　10日
b：550円
c：520円で反落
Break
ac間のレジスタンスライン
株価はab間のレジスタンスラインを突き破って上昇

大転換する、その最初のサインかもしれないからです。
　一方、下降トレンドの場合であれば、それまでのトレンドが減速すると、株価はそれまでのレジスタンスラインを突き抜けて上昇します。その後、株価は再び下落しますが、新たにできるトレンドラインの傾きは、それまでよりも緩やかになります。これは、それまでの下降トレンドが減速したことを示す動きであり、と同時に、下降トレンドがいったん終了する、場合によっては、大トレンドが上昇トレンドに大転換する最初のサインの可能性があります。

●それまでのトレンドが「いったん終了」となるプロセス

　トレンドラインをブレイクする動きがあったときに注目すべきは、第一に、その動きがどの水準で止まって反転するか。そして、その反転の後、次にどこで再反転するか、です。
　もし、トレンドが減速してトレンドラインをブレイクしても、それが一時的なもので、すぐにもとのトレンドライン上に下値や上値が来るような動きになれば、そのブレイクは重要ではありません。日々の値動きの中に生じるノイズのようなものだと解釈してよいでしょう。
　また、それまでのトレンドラインをブレイクした後にできる、傾きが緩やかなトレンドラインが、その後の下値や上値になる状況が続くのであれば、同じ方向のトレンド自体は継続していると捉えられます。この場合、とりあえずトレンドは継続しているものの、勢いが弱くなっている点は気に掛けておく必要があります。
　とりわけ注意を要するのは、その新たなトレンドラインもブレイクする動きです。
　上昇トレンドが減速した例で言うと、（C）の安値が（B）と同じ530円だったとします。この安値に至る途中でサポートライン（A）（B）を突き抜けていますが、この安値は（A）よりはまだ高い水準です。（A）（C）を結んだ新たなサポートラインは、傾きは緩やかになってはいるものの、右肩上がりであることには変わりはありません。ですから、この段階では、勢いは鈍

ったとはいえ、上昇トレンド自体は継続していると言えます（**図2-3-7**）。

　しかし、（C）からの上昇で、前回の高値を超えなければ、上昇トレンドが継続しているとは言えなくなります。さらに重要なのがその先です。その高値から株価が下がったときに、新たなサポートライン（A）（C）をも突き抜けて、次の安値（D）が（A）と同じくらいの水準になったとすると、サポートライン（A）（D）を結んだラインはほとんど水平になってしまいます。サポートラインの傾きがなくなる「上昇速度ゼロ」状態です。

　株価のピーク（b）からの動きで言えば、高値（b）よりも高値（c）は低く、安値（C）よりも安値（D）のほう低い。つまり、高値・安値が切り下がる、短期的で見れば下降トレンドになっています。

　この先、株価が上昇しても、(b)の高値を超えられないものの、安値が（A）や（C）を下回ることがなければ、大きく捉えた場合には、下降トレンドにはなりません。が、上昇トレンドでもありません。株価の方向性は横ばい。すなわちトレンドレス状態です。

　この状態となったとき、それまでの上昇トレンドは「いったん終了」となります。ここから先に待っているのは、「再び上昇トレンドが始まる」か、「下降トレンドに反転する」か、のいずれかです。この後の株価の動きが前者になるか、後者になるのか。その判断については、改めて次章で見ていきます。

図2-3-7 ● トレンドの減速から株価はトレンドレス状態に

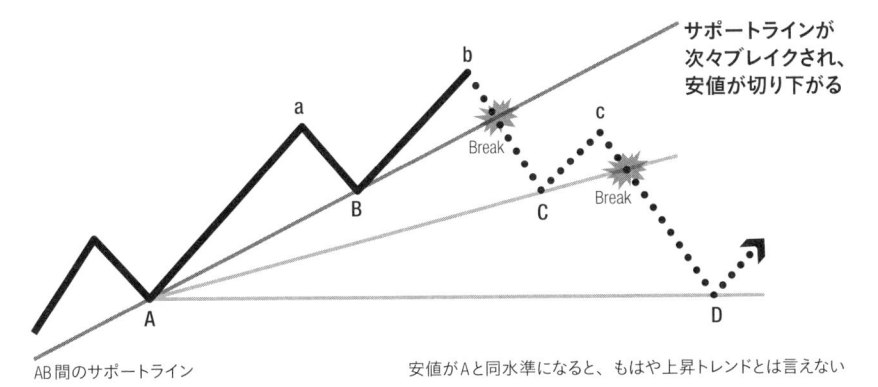

●トレンドラインでも起きる「ブレイク後の機能逆転」

　サポートラインを突き抜けて株価が下がり安値をつけた後、株価はどこまで上昇して再び反落するのか。レジスタンスラインを突き抜けて株価が上昇した場合であれば、その上昇で高値をつけて再び下落に転じた株価はどこで下げ止まって、再上昇するのか。これが、トレンドラインをブレイクする動きが反転した後の重要ポイントになります。

　この上値や下値の株価水準を予測する方法があります。サポートラインをブレイクした後の反転上昇であれば、そのサポートラインの延長線上が上値の目安。レジスタンスラインをブレイクした後の反転下落であれば、そのレジスタンスラインの延長線上が下値の目安になる、という考え方です。これは、先の「サポートやレジスタンスがブレイクされた後に機能が逆転する」という現象と同じように、トレンドラインもブレイクされると、サポートラ

図2-3-8 ● ブレイクされたトレンドラインは機能が逆転する

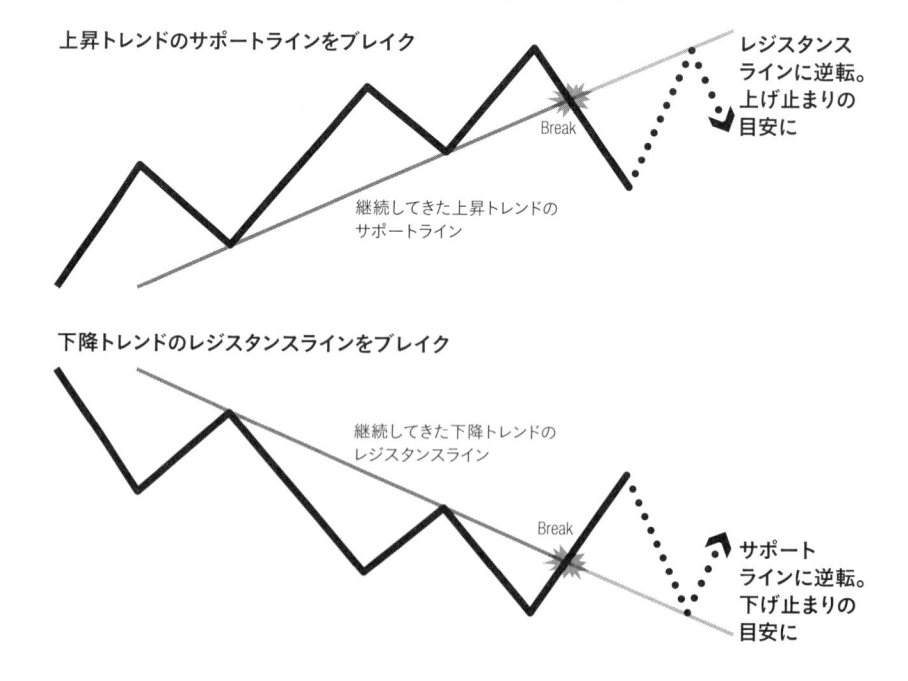

上昇トレンドのサポートラインをブレイク

- Break
- 継続してきた上昇トレンドのサポートライン
- レジスタンスラインに逆転。上げ止まりの目安に

下降トレンドのレジスタンスラインをブレイク

- 継続してきた下降トレンドのレジスタンスライン
- Break
- サポートラインに逆転。下げ止まりの目安に

図2-3-9 ●「サポートライン転じてレジスタンスライン」の例
（9477 角川グループHD：13年1月〜14年9月17日）

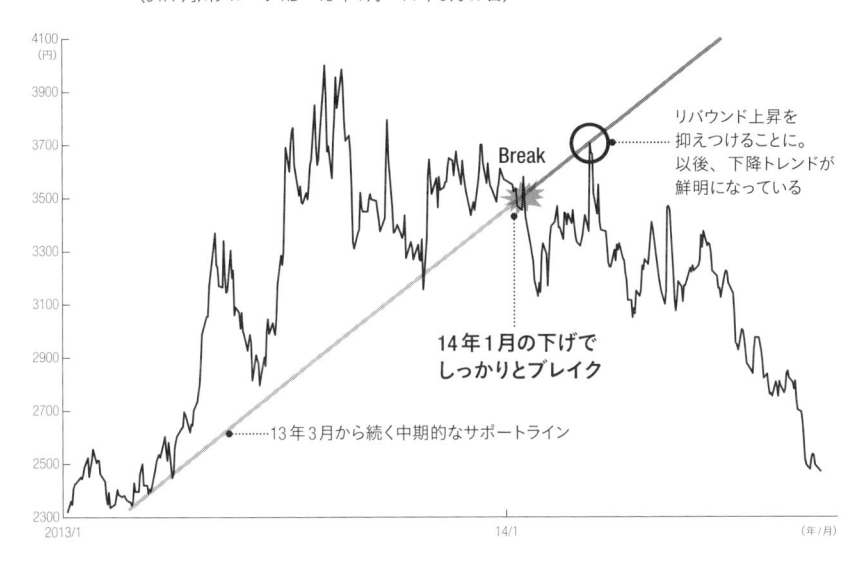

- リバウンド上昇を抑えつけることに。以後、下降トレンドが鮮明になっている
- Break
- 14年1月の下げでしっかりとブレイク
- 13年3月から続く中期的なサポートライン

図2-3-10 ●「レジスタンスライン転じてサポートライン」の例
（8031 三井物産：11年1月〜14年9月17日）

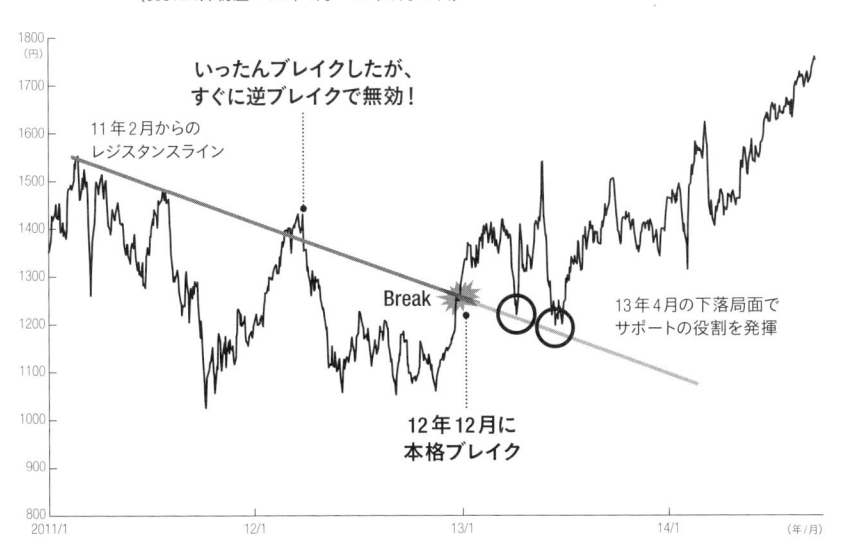

- 11年2月からのレジスタンスライン
- いったんブレイクしたが、すぐに逆ブレイクで無効！
- Break
- 12年12月に本格ブレイク
- 13年4月の下落局面でサポートの役割を発揮

第2章 ● 形成されたトレンドが継続するしくみ

インはレジスタンスラインの機能に逆転する。レジスタンスラインはサポートラインの機能に逆転することを意味します。

　長期のトレンドラインを引いてみると、そのラインがブレイクされた後の機能逆転が、それまで続いてきた大トレンドの転換につながっている例がしばしば見られます。逆から言えば、長期のトレンドラインがブレイクされた後に機能が逆転する動きは、長期トレンド反転の可能性を示唆する動きとも捉えられます。この逆転現象が起きるかどうかは、トレンドラインをブレイクした後の要注目ポイントです。

第3章

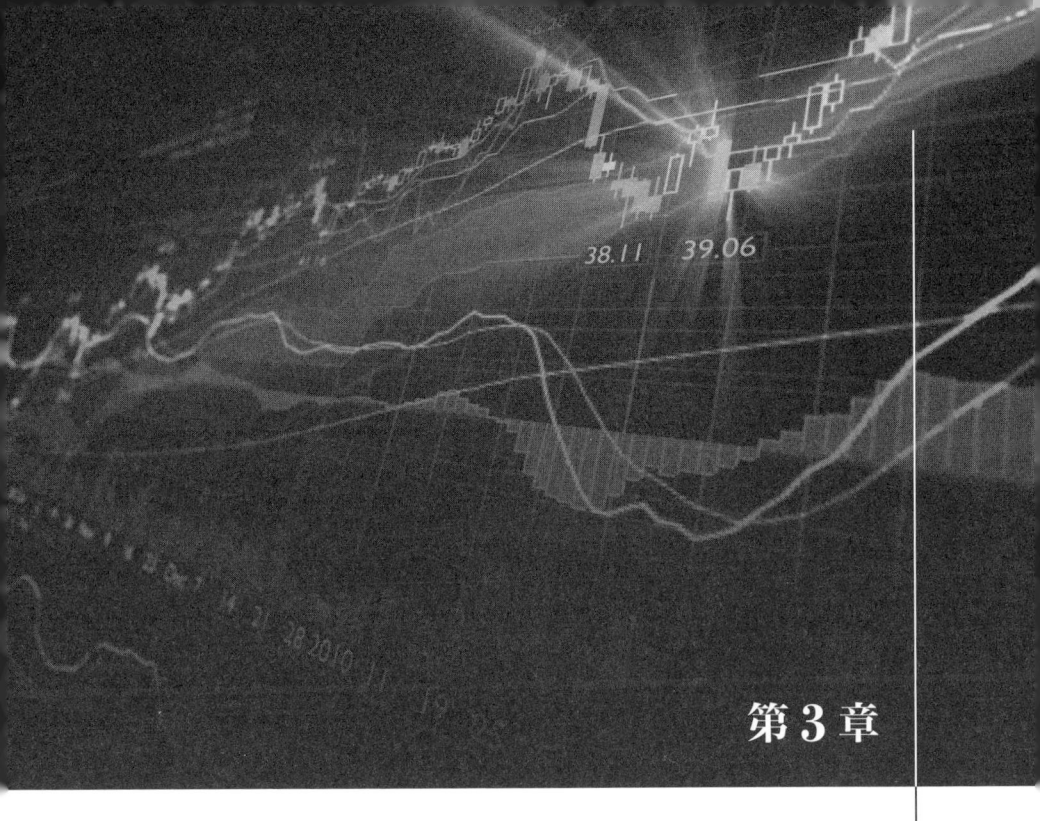

トレンドの合間に出現する
チャート・パターンのしくみ

§3-1 「継続」と「反転」の間にある重大なグレーゾーン

相場取引最大の難局面「トレンドレス状態」

◉市場の動きには進むべき方向性に迷う時期がある

　ここまで、日経平均株価をはじめ、いくつかの長期チャートを見てきました。いずれも、大前提の言うとおり、トレンドは反転するまで継続し、反転したトレンドは、再び反転するまで継続しています。

　ということは、相場で儲けるのはいとも簡単ではありませんか。上昇トレンドになったところで買い、下降トレンドに反転するまで持ち続けて、反転したら買った株を売る。と同時に、空売りをする。下降トレンドが継続している間は空売りを続けて、上昇トレンドに反転したら買い戻す。と同時に、新たに買う。こんなふうに、大トレンドに沿った方向で「買う」「売る」というポジションを持っているだけで、利益はどんどん積み上がっていきます。よく言われるように、「トレンドに乗り続けていれば利益は自ずとついてくる」のです。

　ところが、このいとも簡単に見えることが、容易にはできない。というよりも、不可能です。なぜかと言えば、トレンドが反転したことが、その時点では判別できないからです。

　市場全体の大トレンドの反転は、突如として起こることはそう多くはありません。通常、重大なトレンド反転に至る局面では、前章で見たように、まずそれまでのトレンドが減速し、高値も安値もほとんど変わらないトレンドレスの横ばい状態が続くというプロセスを経ます。

　ただし、継続してきたトレンドが減速し、トレンドレスの横ばい状態が続いたからといって、それがトレンド反転に至るプロセスであるとは限りません。そのトレンドレスの横ばい状態は、継続してきたトレンドの一服状態で、時間が経つと、再びそれまでと同じ方向のトレンドが再開することもありま

す。つまり、「トレンドが反転するならば、その前に株価はトレンドレスの横ばい状態になる」は（おおむね）真ではあっても、その逆は真ではないということです。

図3-1-1 ●「トレンド減速→横ばい」後はどちらかになる

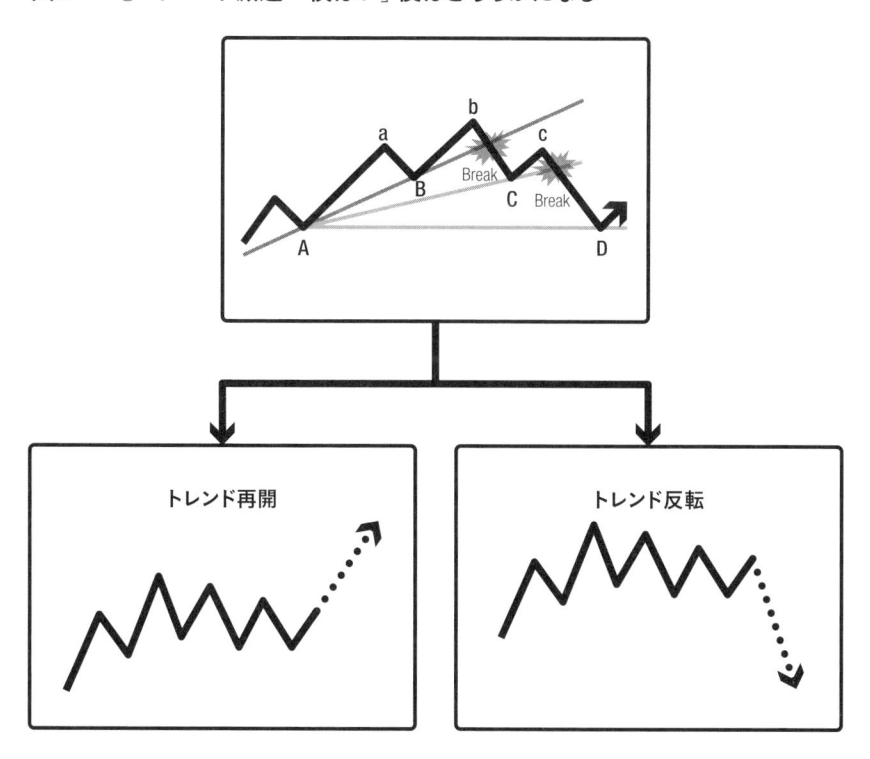

トレンドレスの横ばい状態は、需要と供給の力関係が拮抗して動けなくなっていることを示します。それまで継続してきたトレンドの方向に進むべきか、逆方向に転換すべきか、市場に迷いが生じている状態と言ってもいいでしょう。迷った挙げ句の果てに出た力関係の結論が「それまでのトレンドの方向」となれば、トレンドは再開。「それまでのトレンドと逆方向」となれば、トレンドは反転します。

●「二次的調整か、新たなトレンドの初期か」をしのぐ難局面

　ここで極めて厄介なことは、トレンドレスの横ばい状態の後に起きることが、「トレンド反転」または「トレンド再開で継続」という、正反対の状況だということです。

　これは、ダウ理論のところで出てきた「トレンドの逆方向の動きがあったときに、それが二次的調整なのか、新たなトレンドの初期段階なのか」という問題と同様です。たとえば、上昇トレンドが続いてきた後にトレンドレスの横ばい状態になったとすると、それがトレンド再開に通じるものならば、買った株は持ち続けて可。しかし、トレンド反転に至るのであれば、即座に持ち株を売ったほうがいい。といった具合に、資産を守り増やすために取るべき行動はまったく逆になってしまいます。ところが、現在進行形でトレンドレス状態が続いている段階では、どちらになるのかはわかりません。

　このトレンドレスの横ばい状態は、「二次的調整か、新たなトレンドの初期段階か」よりもタチが悪いと言っていいかもしれません、というのは、「二次的調整か」の局面は、それまでのトレンドと逆方向の非常に強い動きであり、その方向の動きが数週間から数か月継続します。ですから、その方向の動きに従った売買をすれば、短期的ではありながらも、強い動きに応じた値幅を取ることは可能です。

　これに対して、トレンドレスの横ばい状態は、あるレンジ内で上げ下げを繰り返します。上がったかと思えば下がり、下がったかと思えば上がる、という動きの連続ですから、その上げ下げに沿った売買をすること自体が容易ではありません。しかも、その状態がどのくらい続くのかもわかりません。延々と続こうものなら、その間、ほとんど売買の機会がないという状態にもなってしまいます。

　そんな真綿で首を絞められているかのごとき状態が、相場の中では必ず訪れます。その点を考えれば、トレンドが「継続している」でもなく「反転している」でもない、このグレーゾーンの動きは、「二次的調整か、新たなトレンドの初期段階か」をしのぐ難局面とも言えます。

●伝統的なチャート理論が示す予測の手掛かりになる"絵"

　この難問にどう対処するかに関しては、ダウ理論よりももっと以前から研究が行われています。チャート上に描かれる値動きの軌跡を"絵"として捉え、トレンドレス状態の行く末を予測しようとする、チャート・パターンの分析です。トレンドレスの横ばい状態は数値化するのが難しいことから、コンピュータの時代になっても、この伝統的な理論が広く用いられています。

　チャート・パターンは、大きく2つに分類されます。ひとつは、重大なトレンドの反転が起きていることを示唆するリバーサル・パターン。もうひとつは、トレンドは継続していて、その横ばい状態は一時的な調整、あるいはトレンドの小休止状態であることを示唆するコンティニュエーション・パターンです。日本では、コンティニュエーション・パターンを「保合い（もちあい）」と称しています。

　「反転か継続か、どちらになるかがチャートのパターンを見て予測できるなら、もう何も問題はないじゃないか」と思うかもしれません。確かに、このパターンの分析は、まったくもって正論であり、実際にチャートを見れば、多少の例外はあるとはいえ、大方は理論通りにトレンドが反転していたり、トレンドが再開していたりしています。この理論が、トレンドレスの横ばい状態を解釈するうえで大きなヒントを与えてくれるのは紛れもない事実です。

　ところが、そのチャート・パターンの理論がわかっていても、実際の売買では、トレンドレス状態にある局面でパフォーマンスを大きく落とす。場合によっては、それまで蓄積してきた利益が全消滅して、大きな損失と化すような事態も起きてしまいます。

　なぜ、れっきとした理論がありながら、そうした事態になるのか。その点をはっきりさせるために、まず、「反転」と「継続」それぞれの代表的なパターンと、その解釈を見ていきましょう。そのうえで、実践の売買における難点を考察していきます。

§3-2 相場の天井・大底に出現する「リバーサル・パターン」

それは重要なトレンドラインのブレイクから始まる

●反転パターンにはいくつかの共通点がある

　重大なトレンドの反転を示唆するリバーサル・パターンは長期的な大トレンドの予測に用いられるもので、中小トレンドの分析には使われません。リバーサル・パターンには上昇トレンドが下降トレンドに転換する天井形成のパターンと、下降トレンドが上昇トレンドに転換する大底形成のパターンがあります。それぞれいくつかのカテゴリーがありますが、いずれにも共通する特徴があります。

　第一は、天井形成のパターンには、それと対称形の大底からの反転のパターンがあることです。たとえば、最初に紹介する「ヘッド・アンド・ショルダー型」は上昇トレンドが下降トレンドに反転する天井形成のパターン。これを裏返しにして逆さまにした形の「逆ヘッド・アンド・ショルダー型」は、下降トレンドが上昇トレンドに反転する大底形成のパターン、といった具合です。

　ただし、形は対称でも、天井と大底では、パターン形成にかかる時間や動きの大きさに違いがあります。これが共通点の第二です。天井形成のパターンは通常、完成までの期間が大底形成よりも短いのが通常で、価格の変動は大きい。大底形成は、動く値幅は天井形成パターンより狭く、パターンが完成するまでに時間を要します。どのリバーサル・パターンも、天井からの反転は激しく派手、大底からの反転は悶々遅々としてなかなか形成されない、と考えてよいでしょう。

　第三の共通点としては、これも天井形成と大底形成の違いと言えますが、大底形成からの反転では、売買高が非常に重要な判断材料になることがあげられます。

売買高は「市場のエネルギーを表す」などと言われ、とくにトレンド反転という重大な相場局面では売買高増加を伴うか否かが、その判定の信憑性を測る尺度のひとつとされます。しかし、上昇トレンドから下降トレンドへの反転では、実は売買高はあまり重要視されません。売買高がさほど増加しなくても、下降トレンドの初期段階が進展することは珍しくなく起こります。

　対して、下降トレンドから上昇トレンドへの反転では、上昇時の売買高の激増が必須とされます。値動きは反転パターンのようでも、上昇時の売買高激増が確認されない場合は、反転の可能性を疑うべし、というのが基本的な考え方です。

　これらの共通点を踏まえて、それでは、代表的なリバーサル・パターンを見ていきましょう。

●「ヘッド・アンド・ショルダー型」が形成されるプロセス

　天井からの反転パターンの中で最もメジャーであり、観測頻度も高いとされるのが、「ヘッド・アンド・ショルダー型」と呼ばれるパターンです。日本では「三尊」と呼ばれ、古くから天井圏を示唆する形として知られています。

　この名称が示すとおり、その形は「左肩・頭・右肩」にも見える3つの山で構成されます。他の反転パターンはヘッド・アンド・ショルダー型の変形バージョンとも言えるので、ここでは、このパターンがどんな動きを経てチャート上に出現するのか。その形成プロセスを詳しく見ていきます。

　まず、パターンの前提は、それまで上昇トレンドが継続していることです。その上昇トレンドの中で高値（A）をつけていったん下げに転じます。その下げ止まりの安値（B）は前回の安値よりも高く、この時点では、それまでの上昇トレンドはまだ継続中です。

　安値（B）をつけた後、再び株価は上昇し、前回の高値（A）を超えて新たな高値（C）をつけます。高値が更新されていますから、この時点でもやはり、上昇トレンドに変調はありません。

　変調が表面化するのは、高値（C）から下落するプロセスです。前回の高

値（A）は「ブレイクされたレジスタンス転じてサポート」になるはずですが、この水準では下げ止まらず、前回の安値（B）より若干高いか、ほぼ同水準の位置まで下がって安値（D）をつけます。そこまで株価が下がるとなると、大方は、それまで継続してきた上昇トレンドのサポートラインをもブレイクします。これが、それまでの上昇トレンド継続に疑問符が打たれる重要な動きです。

もっとも、前章でも見たように、この段階でも、トレンドが減速しただけであって、上昇トレンド自体は継続している、という見方はできます。が、この安値（D）からの上昇が前回の高値（C）よりも低い水準（E）で止まると、高値が切り下がることになります。高値が切り下がる動きでは、もはや上昇トレンドが継続しているとは言えません。

この時点で、最初の高値（A）が左肩、最も高い真ん中の高値（C）が頭、3番目の高値（E）が右肩に相当する3つの山が形成されることになります。ただし、「真ん中が最も高い山が3つできた」というだけでは、ヘッド・アンド・ショルダー型の反転パターンだ、とは判定できません。というのは、この段階でのサポートラインは安値（B）と安値（D）を結んだ線ですが、これを割り込んではいないからです。

また、高値が切り下がっていることは確認されているものの、安値は切り下がっていません。つまり、この段階で言えることは、「それまでの上昇トレンドが減速して、トレンドレスの横ばい状態になりそうだ」ということだけで、それがトレンド反転になるのか、それとも一時的な調整なのかまでは判定できません。

これが一時的な調整ではなく、トレンド反転を示すヘッド・アンド・ショルダー型であると判定されるのは、安値（B）と安値（D）を結んだサポートラインを終値ベースで明らかに割り込む動きが出たときです。（B）（D）を結んだサポートラインは、ちょうど首の位置に相当することから「ネックライン」と呼ばれます。つまり、ネックラインをブレイクする下落が、ヘッド・アンド・ショルダー型のパターン完成のシグナルであり、これをもって、「上昇トレンドが下降トレンドに反転したことが確定した可能性が強く示唆

図3-2-1 ●「ヘッド・アンド・ショルダー」はこうして形成されていく

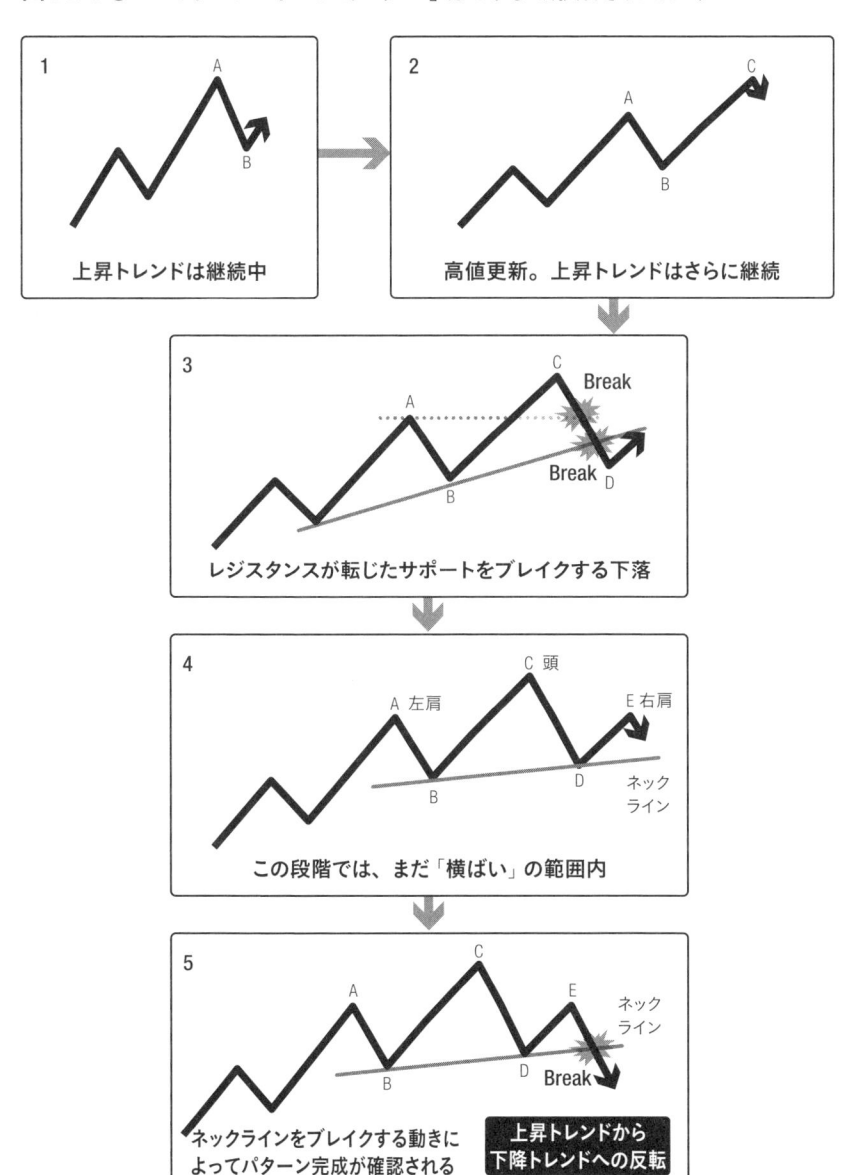

1. 上昇トレンドは継続中
2. 高値更新。上昇トレンドはさらに継続
3. レジスタンスが転じたサポートをブレイクする下落
4. この段階では、まだ「横ばい」の範囲内
5. ネックラインをブレイクする動きによってパターン完成が確認される — 上昇トレンドから下降トレンドへの反転

された」という予測になります。

　なお、ネックラインをわずかに割り込むだけで、すぐにネックライン上に株価が浮上した場合には、ヘッド・アンド・ショルダーとは見なされません。こうした"だまし"のような動きを排除するために、たとえば、「ネックラインを3％以上下回る下落」「3日以上ネックラインより下の株価水準にある」といったフィルターが使われることもあります。

●「ヘッド・アンド・ショルダー」が完成した後に予測される動き

　ネックラインを割り込んだ後に予測される動きについても、チャート・パターン分析が教えてくれます。

　まず、ネックラインをブレイクした株価がどこまで下がるか、その下値の予測値は、頭部分の高値（C）からネックラインに下ろした垂線の値幅分を、ネックラインをブレイクした株価水準からマイナスした位置とされます。

　ただし、もし、反転前の上昇トレンドの中で形成された安値など、強いサポート水準があるならば、この予測値よりも、そのサポート水準のほうが下値の目安として優先されます。そのサポート水準には需要と供給の力関係による背景があるのに加えて、チャート上にはっきり現れているサポートの株価水準は、市場参加者の意識が集まりやすい面があるからです。

　さらに、ネックラインをブレイクした株価が下げ止まった後のリバウンド

図3-2-2 ● ヘッド・アンド・ショルダー完成後の動きを予測

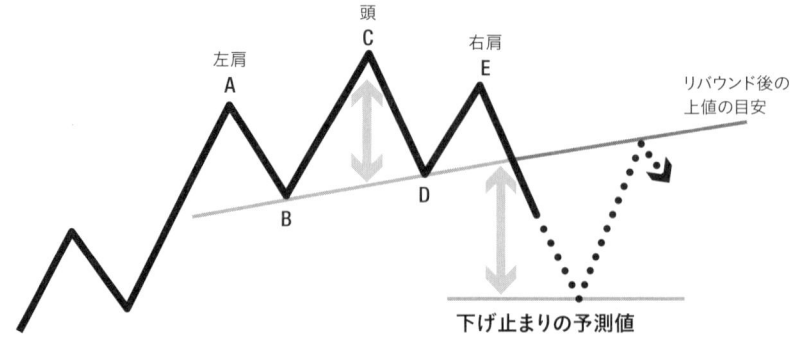

の上値を予測する方法もあります。ネックラインは、ブレイク前までサポートラインだったわけですから、ブレイク後は「転じてレジスタンスライン」。よって、前章で見たように、ネックラインの延長線上の株価水準が上値の目安になります。

●「逆ヘッド・アンド・ショルダー」には売買高激増が必須

　ヘッド・アンド・ショルダーの対称形「逆ヘッド・アンド・ショルダー」は、下降トレンドが上昇トレンドに反転する大底形成で観測されるパターンです。

　このパターンがチャート上に現れるプロセスは、先ほどのヘッド・アンド・ショルダーの形成プロセスの説明にあった「高」を「安」に、「上昇」を「下落」に全部入れ替えたものになります。

　まず、それまで下降トレンドが継続していることが大前提。安値（a）から株価がいったん上昇し、高値（b）をつけて再び下落。次の安値（c）は、(a)よりも低い位置にきます。この段階では、それまでの下降トレンドは継続中です。

　第一の注目点となるのは、安値（c）からの反転上昇です。この上昇で、(a)の「ブレイク後のサポート転じてレジスタンス」を超え、さらに、それまでのレジスタンスラインをも上回ります。この上昇では、（a）から（b）の上昇時よりも売買高が急増していることが重要な条件とされます。これが、天井形成のヘッド・アンド・ショルダー型とは大きく異なる点です。

　（c）からの上昇でつける高値（d）は、(b)よりも若干低いか、ほぼ同水準で、再び株価は下がります。その後につける安値（e）は、前回の安値（c）よりも高い位置で上昇に転じます。これによって、左肩・頭・右肩に相当する谷が3つ形成されます。

　逆ヘッド・アンド・ショルダーは、高値（b）と高値（d）を結んだレジスタンスライン、すなわち、ネックラインをブレイクすることによって、パターン完成となります。ここで、ことさら重要視されるのが、やはり売買高です。ネックラインをブレイクして上昇するときには、安値（c）からの上

図3-2-3① ●「逆ヘッド・アンド・ショルダー」の形成プロセス

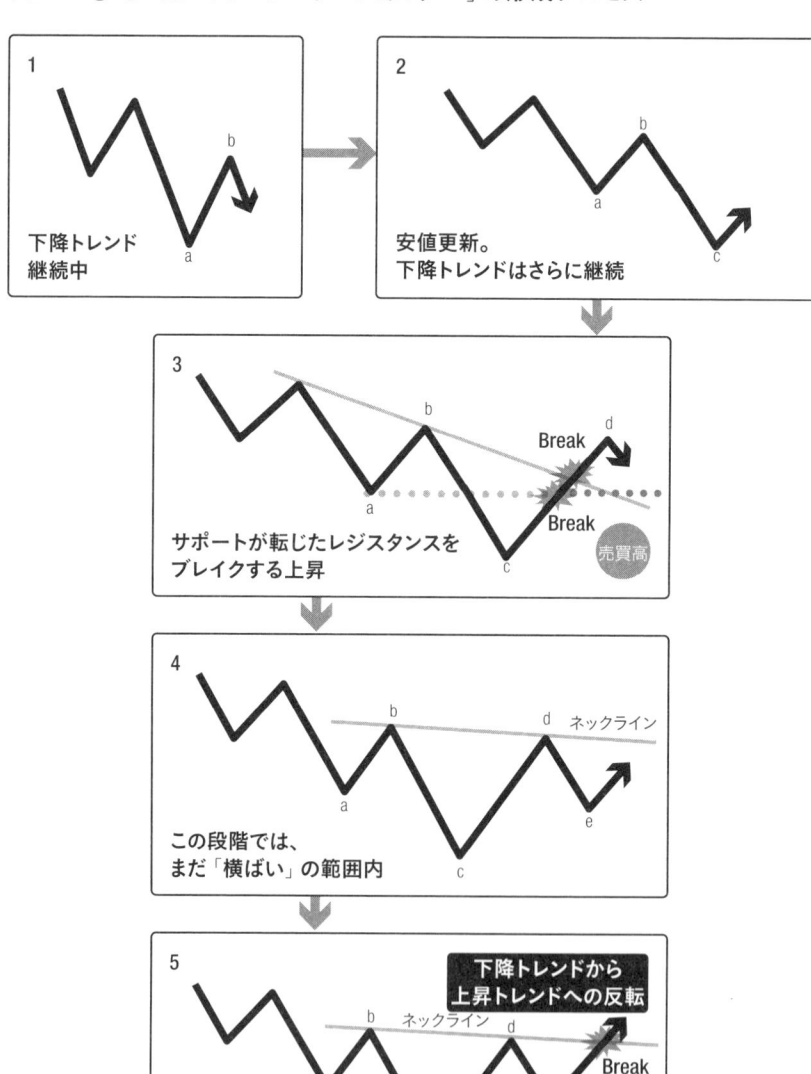

1 下降トレンド継続中

2 安値更新。下降トレンドはさらに継続

3 サポートが転じたレジスタンスをブレイクする上昇

4 この段階では、まだ「横ばい」の範囲内

5 ネックラインをブレイクする動きによってパターン完成が確認される

下降トレンドから上昇トレンドへの反転

図3-2-3② ● 逆ヘッド・アンド・ショルダー完成後の予測

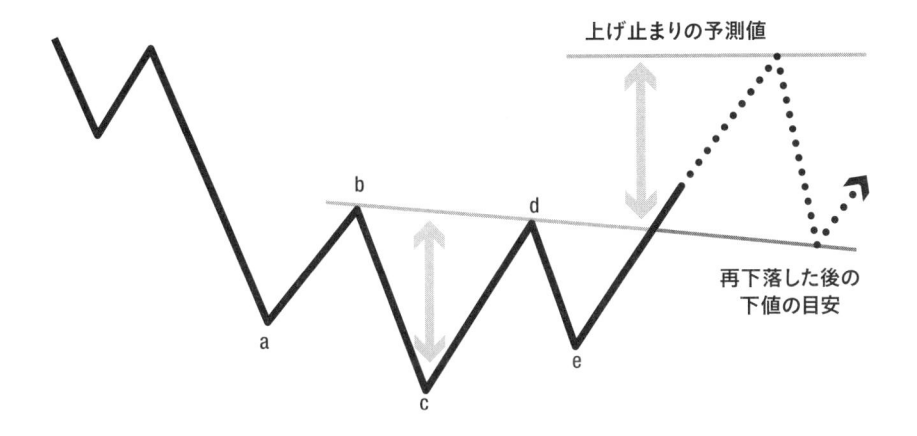

昇よりもさらなる売買高激増が要求されます。それが確認されなければ、ネックラインをブレイクしてパターンが完成したとしても、上昇トレンドに反転したとは判断されない、とするのが通常です。

パターン完成後の上値の予測値、その上値から反落したときの下値の目安についても、先のヘッド・アンド・ショルダーと考え方は同じです。違う点としては、ネックラインをブレイクした後に再びネックラインに向かって株価が戻す動きの強さがあります。ヘッド・アンド・ショルダー完成後の安値からのリバウンドでは、サポートライン転じてレジスタンスラインとなったネックラインまで株価が戻らずに再び反落するケースも多いのに対して、逆型では、レジスタンスライン転じてサポートラインとなったネックラインに向かっていったん下落する傾向が強い、という違いです。

●拙速な判定を起こしやすい「ダブル・トップ」「ダブル・ボトム」

「ダブル・トップ」、および、その対称形の「ダブル・ボトム」は、ヘッド・アンド・ショルダーと並んで市場でよく観測されるリバーサル・パターンです。

ダブル・トップは、天井圏で同じような高さの山が2つ形成されて、それ

までの上昇トレンドが下降トレンドに反転するパターン。ダブル・ボトムは、大底圏で同じような深さの谷が2つ形成されて、それまでの下降トレンドが上昇トレンドに反転するパターンです。

　基本的な捉え方は、ヘッド・アンド・ショルダーや逆ヘッド・アンド・ショルダーとほとんど変わりません。違いは、山や谷が2つであること。また、ネックラインは、ダブル・トップでは2つの山の間に形成された谷（安値）から水平に引いたサポートライン。ダブル・ボトムでは、2つの谷の間に形成された山（高値）から水平に引いたレジスタンスラインを採用します。

　ダブル・トップやダブル・ボトムは、形状としてはヘッド・アンド・ショルダーよりもシンプルで、パターンの形成途中でも「これはダブル・トップだ」「ダブル・ボトムが形成されつつある」と気づきやすいという特徴があります。そのため、早い段階でトレンド反転に備えることができるのですが、このあとで紹介するコンティニュエーション・パターンを見るとわかるように、パターン形成途中の形が同パターンと非常に似ているケースがある点は注意を要します。「山が2つできた」「谷が2つ形成された」というだけでは、それがトレンド反転に至るのか、それとも、それまでのトレンドが再開するのか、判定はできません。

　ダブル・トップやダブル・ボトムのパターンが完成して、トレンド反転が「ほぼ確定」と予測されるのは、やはりネックラインを終値ベースではっきりとブレイクしたときです。この動きが確認されない段階での「反転」判断はよほど慎重にする必要があります。

　ネックラインをブレイクして「トレンド反転が確定」となった後の予測については、これもヘッド・アンド・ショルダーと同様、ダブル・トップであれば、山とネックラインの値幅分をブレイクした株価水準からマイナスした位置がブレイク後の下値の予測値。レジスタンスに転じたネックラインの延長線上が、その後のリバウンドの上値の目安となります。ダブル・ボトムの場合は、パターン完成後の上値の予測値は、谷とネックラインの値幅分をブレイクした株価水準にプラスした位置。その後の下落は、サポートに転じたネックラインが下値の目安です。

このほか、同じ高さの山が3つできる「トリプル・トップ」、その対称形の「トリプル・ボトム」と呼ばれるリバーサル・パターンも比較的多く見られます。その解釈や目標値も、ヘッド・アンド・ショルダーやダブル・トップと同じように考えて差し支えありません。

図3-2-4 ●「ダブル・トップ」「ダブル・ボトム」完成後の予測方法

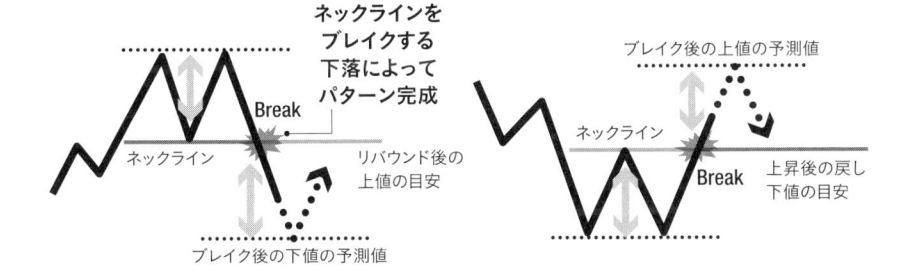

ダブル・トップ
天井圏から下降トレンドへの反転

ネックラインをブレイクする下落によってパターン完成
Break
ネックライン
リバウンド後の上値の目安
ブレイク後の下値の予測値

ダブル・ボトム
大底圏から上昇トレンドへの反転

ブレイク後の上値の予測値
ネックライン
Break
上昇後の戻し下値の目安

§3-3 後のトレンド再開を示唆する「コンティニュエーション・パターン」

形成された位置とその形状から予測される「強気」「弱気」

●頻出パターン「トライアングル」には3つのタイプがある

　トレンドの一時的な調整、"ひと休み"状態を示すコンティニュエーション（継続）・パターンはチャート上にちょくちょく出現します。

　最もよく出現するのは「トライアングル」と呼ばれるパターンです。日本では「三角保合い」と称されます。株価の上げ下げの動く値幅が収束していく結果、上値ラインと下値ラインが次第に接近して三角形を横に倒したような形を描きます。

　トライアングルは、上値ラインと下値ラインの方向によって3タイプに分類されます。ひとつは、上値ラインが右肩下がりで、下値ラインが右肩上がりの「シンメトリカル」。2つ目は、下値ラインが右肩上がりで上値ラインがほぼ水平の「アセンディング」。三角形はやや上を向いているような形になります。もうひとつは、上値ラインが右肩下がりで下値ラインはほぼ水平の「ディセンディング」です。こちらは、やや下向きの三角形を描きます。

　この3つは、それぞれ意味するところが異なります。

　シンメトリカル・トライアングルは、それまでのトレンドの一時的な休止状態を意味し、パターン終了後は同じ方向のトレンドが再開するという予測がメインシナリオとされます。パターン形成前に上昇トレンドであれば、いずれ上昇トレンドが再開する。パターン形成前に下降トレンドであれば、いずれ下降トレンドが再開する。「事前・事後とも方向性に変わりなし」というのが基本解釈です。

　パターンの終了は、トライアングルの上値ラインまたは下値ラインを株価がブレイクすることによって確認されます。つまり、パターン形成前が上昇トレンドであれば、株価は上値ラインをブレイクして上昇する。パターン形

図3-3-1 ●「トライアングル」には3種類がある

シンメトリカル・トライアングル（上下対称）：上値ラインは切り下がり、下値ラインは切り上がる

パターン完成後の予測シナリオ	パターン形成前と同じ方向のトレンドが再開（予測のメインシナリオは「中立」）

【上昇トレンド】　　　　　　　　【下降トレンド】

上値ライン
下値ライン

アセンディング・トライアングル（上向き）：上値ラインはほぼ水平、下値ラインは切り上がる

パターン完成後の予測シナリオ	上値ラインをブレイクする「強気」

【上昇トレンド】　　　　　　　　【下降トレンド（底値形成を示唆）】

ディセンディング・トライアングル（下向き）：上値ラインは切り下がり、下値ラインはほぼ水平

パターン完成後の予測シナリオ	下値ラインをブレイクする「弱気」

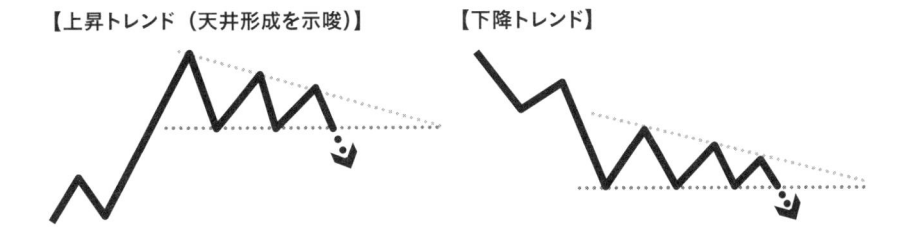

【上昇トレンド（天井形成を示唆）】　　　【下降トレンド】

成前が下降トレンドであれば、株価は下値ラインをブレイクして下落する、という予測になります。

アセンディング・トライアングルとディセンディング・トライアングルの解釈は、パターン形成前のトレンドの方向性とパターン終了後の方向性が必ずしも一致しません。先述したように、アセンディング・トライアングルは、上値ラインはほぼ水平で、下値ラインが右肩上がりです。下値が切り上がるということは、需要側が買値を切り上げていることを意味します。つまり、需要のほうが積極的になっていると考えることができ、よって、アセンディング・トライアングルは、それ以前のトレンドの方向性にかかわらず強気パターンとされます。

もっとも、そもそもが「強気」パターンですから、通常は上昇トレンドにある中で現れやすく、この場合にはシンメトリカルと同様、「事前・事後とも方向性に変わりなし」の予測となります。ただ、下降トレンドにある中で出現した場合でもやはり「強気」と解釈されます。下降トレンドが続いてきたところでアセンディング・トライアングルが出現し、その上値をブレイクした場合には、底打ち完了を示唆するシグナルと捉えられることもあります。

逆に、下値ラインがほぼ水平、上値ラインが切り下がるディセンディング・トライアングルは、供給側が売値を下げても売ろうとしていることを示しています。よって、通常は弱気パターンです。下降トレンドに現れやすいのですが、時に、上昇トレンドの天井圏で出現することもあります。この場合、株価が下値ラインをブレイクして下落する動きは、天井形成から反落に至る可能性を示唆する弱気シグナルとされます。

●トライアングルがブレイクされた後の動きを予測する

パターンをブレイクした後に株価がどこで上げ止まる、または下げ止まるかの予測の方法は、シンメトリカル・アセンディング・ディセンディング、いずれも共通です。

まず、上値ラインと下値ラインの最も幅の広い、三角形の底辺にあたるところに垂線を引いて、その値幅を計算します。株価が上値ラインをブレイク

した場合には、その値幅分をブレイクした株価にプラスする。株価が下値ラインをブレイクした場合には、その値幅分をブレイクした株価からマイナスします。

図3-3-2 ●「トライアングル」ブレイク後の上値・下値の目安

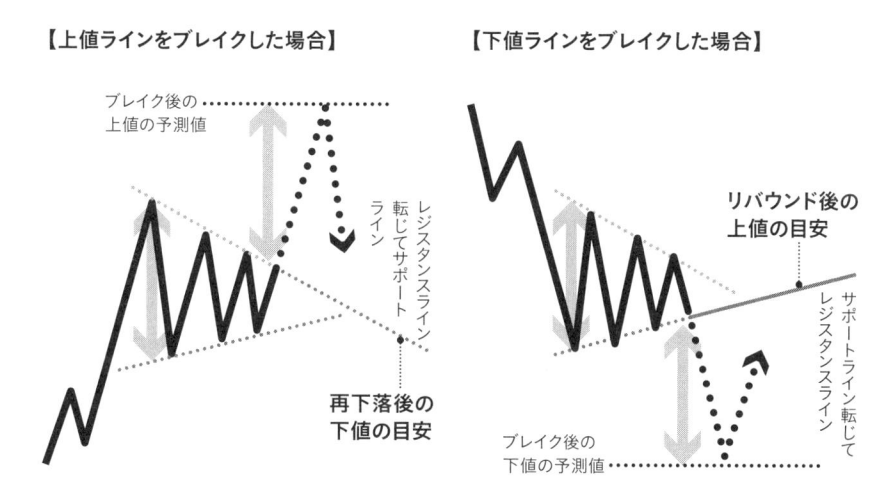

【上値ラインをブレイクした場合】　【下値ラインをブレイクした場合】

　さらに、ブレイク後の上げ止まり、下げ止まりを確認した後の戻しの目安もつけることができます。たとえば、上値ラインを株価がブレイクして、上昇トレンドが再開したとします。上値ラインをブレイクしたということは、そのトライアングルで形成されていたレジスタンスラインをブレイクしたことと同義です。前章で見たとおり、レジスタンスラインはブレイクされるとサポートラインに転じます。よって、トライアングルの上値ラインの延長線上の株価水準が、ブレイク後の株価が上げ止まって下落に転じたときの下値の目安です。

　下値ラインをブレイクして下降トレンドが再開した場合は逆に、サポートラインがブレイクされたわけですから、そのラインは一転してレジスタンスラインと化します。その延長線上が、ブレイク後の株価が下げ止まって上昇に転じたときの上値の目安となります。

なお、トライアングルでは、ブレイクするまでの時間について「最長でも三角形の頂点に相当するところに至るまで」というタイムリミットがある、とされます。つまり、トライアングル状態が続いたとしても、上値ラインと下値ラインが交差するまでにはどちらかにブレイクする、という考え方です。
　ただし、このタイムリミットはひとつのトライアングルについてであって、トレンドレス状態自体にタイムリミットがある、ということではありません。たとえば、株価がトライアングルをブレイクしたかに見えても、わずかに抜け出ただけで、その株価水準から再び上げ下げを繰り返す展開になることがあります。この場合、トライアングルは"パターン終了"となったとはいえ、依然としてトレンドレス状態のままです。
　こうした動きについては後に取り上げますが、これがトレンドレス状態の解釈を難しくする一面です。

●同じ値幅の中で上げ下げを繰り返す長方形型の「レクタングル」

　コンティニュエーション・パターンの中で一番捉えやすいのが、同じ値幅の中で株価が上げ下げを繰り返すレクタングルでしょう。上値ライン・下値ラインともにほぼ水平ですから、両ラインは平行線状態になります。
　基本解釈は、「トレンドの一時的調整であり、パターン完成後はパターン形成前と同じ方向のトレンドが継続する」。それ以前が上昇トレンドであれば、上値ラインをブレイクして上昇トレンド再開、それ以前が下降トレンドであれば、下値ラインをブレイクして下降トレンド再開、というのがメインシナリオです。
　ただし、レクタングル型の横ばい状態がトレンド反転になる可能性も考えておく必要があります。先に見たように、このパターンの形成途中では、ダブル・トップやダブル・ボトム、あるいはトリプル・トップ、トリプル・ボトムといったリバーサル・パターンにもなり得るからです。
　パターン形成前と同じ方向でブレイクした後の上げ止まり・下げ止まりの予測値は、上値ラインと下値ラインの値幅分をブレイクした株価水準にプラス、またはマイナスして計算します。

図3-3-3 ● レンジ内で上げ下げを繰り返す「レクタングル」

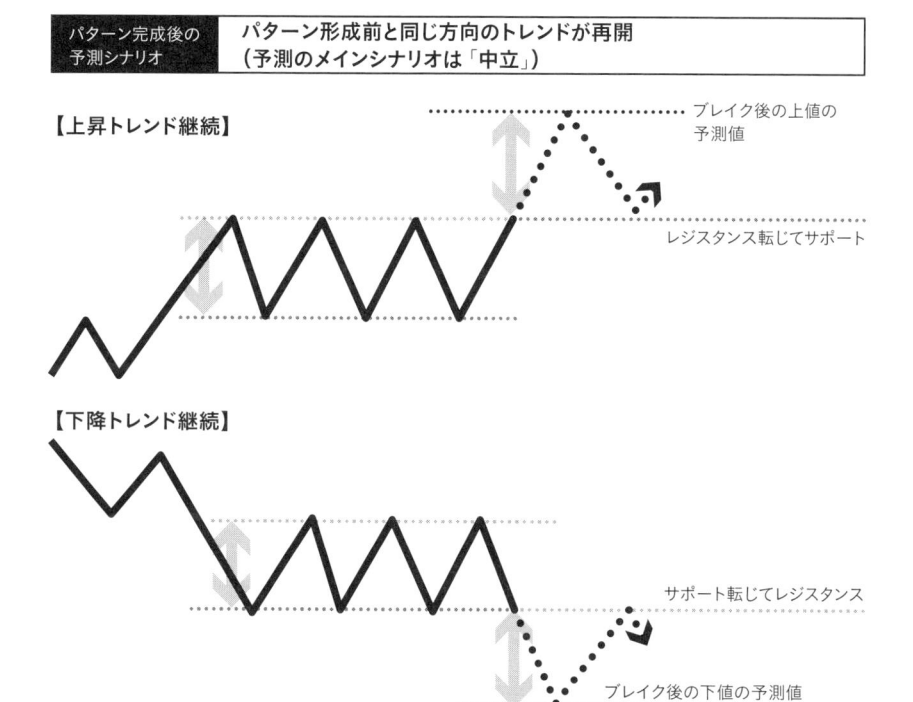

パターン完成後の予測シナリオ	パターン形成前と同じ方向のトレンドが再開 （予測のメインシナリオは「中立」）

【上昇トレンド継続】

ブレイク後の上値の予測値

レジスタンス転じてサポート

【下降トレンド継続】

サポート転じてレジスタンス

ブレイク後の下値の予測値

　上げ止まり・下げ止まりの後の戻しの目安は、これまで紹介してきたのと同様、上値ラインをブレイクして上昇し、上げ止まった後の下値の目安は、ブレイクした上値ライン。下値ラインをブレイクして下落し、下げ止まった後の上値の目安は、ブレイクした下値ラインです。

●鋭い値動きの後の短期調整パターン「フラッグ」「ペナント」

　「フラッグ」と「ペナント」は、株価が急上昇、または急落するという鋭く大きい動きが起きた後に形成されるパターンで、基本解釈は「パターン形成前とパターン終了後のトレンドの方向性は同じ」。この予測は、コンティニュエーション・パターンの中で最も確度が高いとも言われます。

フラッグは、それまでのトレンドとは逆向きに傾く平行四辺形型になります。株価が急上昇した後であれば、上値ライン・下値ラインともに右肩下がりの平行四辺形で、これが先行きの強気、すなわち「ブレイク後に再上昇」を示唆します。株価が急落した後であれば、上値ライン・下値ラインともに右肩上がりの平行四辺形で、先行きの予測は弱気、すなわち、「ブレイク後は再下落」です。
　一方、ペナントは、シンメトリカル・トライアングルを小型にしたような形で、上値ラインと下値ラインが接近する格好になります。
　いずれも、パターンがブレイクするまでの期間は非常に短く、一般的には1週間から長くとも3週間。急落後に形成された場合は、2週間以上続く例は滅多にないとされます。
　上値ラインまたは下値ラインをブレイクする動きをもってパターン終了。その後の上値・下値の予測の方法としては、まず、パターン形成前の急上昇や急落によってブレイクされた重要なトレンドラインの株価水準を確認します。その株価水準から、フラッグやペナントまでの値幅分を、今度はフラッグやペナントをブレイクした株価水準にプラスまたはマイナスします。

図3-3-4 ● 株価が大きく動いた後の一服状態「フラッグ」「ペナント」

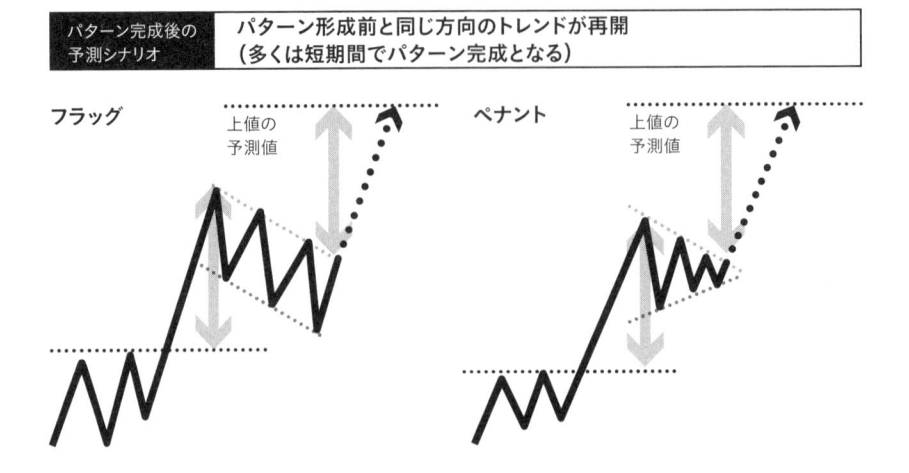

| パターン完成後の予測シナリオ | パターン形成前と同じ方向のトレンドが再開（多くは短期間でパターン完成となる） |

◉上下する値幅が拡大していくパターンは「弱気」

　トレンドレスの横ばい状態は、需要と供給の力が拮抗してせめぎ合っている状態ですから、動く値幅が縮小して上値ラインと下値ラインが近づくか、上値ラインと下値ラインが平行状態になるか、いずれかの形を描くのが通常です。

　しかし、時に、上値は切り上がり、下値は切り下がるという、動く値幅が拡大していく横ばいパターンが出現することがあります。ブロードニング・フォーメーションと呼ばれるパターンで、市場が常軌を逸して手のつけられない状態になっていることを示すとされます。

　このパターンの多くは、株価が天井圏にある局面で出現します。よって、基本解釈は「弱気」。先行きのメインシナリオは、「下値ラインをブレイクして、下降トレンドになる」です。

　とはいえ、このパターン形成以前は上昇トレンドであり、パターンが形成されている途中でも、高値が更新されています。しかも、このパターンは、その形成過程において、値動きが大きく、出来高が拡大していくという特徴があります。ともすれば、上昇トレンドがよりエキサイティングになって継続しているようにも見えてしまうパターンです。高値は更新されてはいるものの、安値も更新されているという、矛盾した動きになっていることを意識していないと、判断を誤りかねない点は注意しておく必要があります。

図3-3-5 ◉ 値幅が拡散する「ブロードニング」は弱気パターン

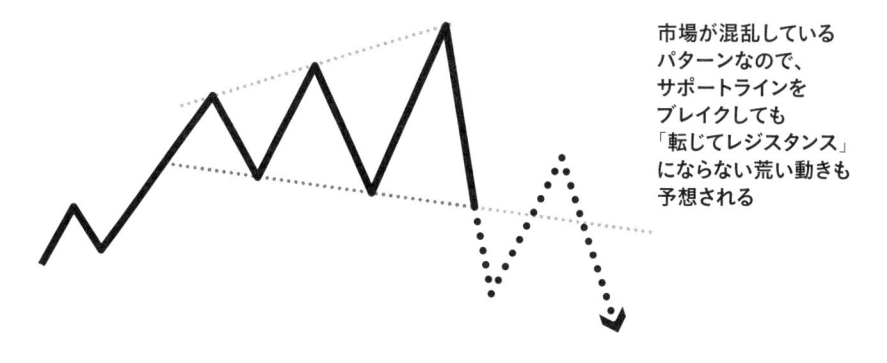

市場が混乱しているパターンなので、サポートラインをブレイクしても「転じてレジスタンス」にならない荒い動きも予想される

「継続」「反転」の判別が困難であるが故に生じるジレンマ

§3-4

継続しているトレンドに乗り続けることができない理由とは

● 「継続」「反転」のパターンはどこがどう違うのか

　コンティニュエーション・パターンとリバーサル・パターンの決定的な違いは、パターン完成後に、トレンドが継続するか、それともトレンドが反転するかという、「結果」の予測にあります。その予測がなされる前段階、すなわちパターン形成途中で先行きのメインシナリオを想定する方法として、パターンの形状や出現する位置などの研究が行われてきたことは、先に述べたとおりです。

　さらに、チャートの理論では、形状以外にも両パターンの違いを示しています。そのひとつが、形成にかかる時間の長短です。リバーサル・パターンは形成に長い時間がかかるのが一般的で、それに比べて、通常コンティニュエーション・パターンは期間が短いとされます。また、パターン形成途中の上下の値動きも、リバーサル・パターンは大きく、コンティニュエーション・パターンは比較的小幅である、という指摘もあります。

　実際のチャートを見ても、確かにこの研究成果はおおむね真実であることがわかります（**図3-4-1**参照）。時に、理論から外れるような動きもありますが、例外的な現象はどんな理論にも起こりうることです。「必ずこうなる」という厳密な法則性を見出すことが不可能である以上は、「通常であればこうなる」「大方はこうした結果になる」という予測で十分であり、その観点で言えば、チャート・パターン分析は「十分」と言える確度があります。

　であれば、継続するトレンドの中で着々と利益をあげることができるはずなのですが、この章の最初に述べたように、実際の売買ではそれがなかなかできません。その大きな理由は、理論の教えるとおりの売買ができなくなるようなジレンマが、実際の相場には存在するからだと考えられます。

図3-4-1 ● 横ばいパターン後の動きは「ほぼチャートの予測通り」
(日経平均株価：98年1月〜14年9月26日)

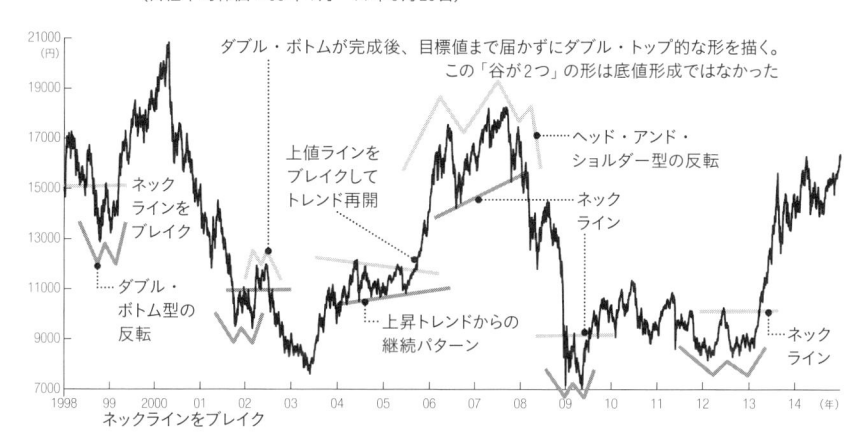

[図：日経平均株価チャート（1998年〜2014年）。以下の注釈が付されている。
- ネックラインをブレイク
- ダブル・ボトム型の反転
- ネックラインをブレイク
- 上値ラインをブレイクしてトレンド再開
- 上昇トレンドからの継続パターン
- ダブル・ボトムが完成後、目標値まで届かずにダブル・トップ的な形を描く。この「谷が2つ」の形は底値形成ではなかった
- ヘッド・アンド・ショルダー型の反転
- ネックライン
- ネックライン]

● 大きなトレンドでは半年、1年と続くトレンドレス状態が出現する

　そのジレンマをもたらす要因のひとつは、トレンドレスの横ばい状態が続く期間の長さです。チャートの理論の説明にあるとおり、過去のチャートを見れば、天井圏や大底圏ではパターン形成の期間は長く、それに比べるとトレンドの途中のコンティニュエーション・パターンは期間が短い、という傾向は読み取れます。しかし、現在進行形で横ばい状態が続いているときに、それが「長い」のか、「短い」の範疇に入るのか、その判断ができない状況が時に起こります。

　チャートの理論には、トライアングルやレクタングルなどのコンティニュエーション・パターンの期間は1週間から3週間程度である、という目安が示されています。実際、日々の値動きの中に生じる上げ下げの繰り返しであれば、その程度の期間のうちに終了し、再びトレンドは継続する動きになるものです。そのくらいの期間でパターンが終了するならば、理論通りに「これは継続のパターンだから、買った株は持ち続けてOKだろう」と判断して利益に結びつけることも不可能ではないかもしれません。

　ところが、大きなトレンドの途中では、トレンドレスの横ばい状態が数か月、場合によっては1年以上も続くことがあります。半年、1年という期間は、

「長い」と言ってよいのではないでしょうか。しかも、そのパターンが出現した時期が、たとえば上昇トレンドが始まって1年以上経過した後で、その形状がヘッド・アンド・ショルダーやダブル・トップにも似ていたとすれば、リバーサル・パターンの可能性が高いという予測にもなります。

1章で述べたように、個別銘柄を売買する場合でも、まず重要なのは市場全体の大トレンドですから、ここからは日経平均株価の大トレンドについて見ていきます。

まず、図3-4-1で見た日経平均株価の03年から05年5月末までの部分を拡大してみましょう（**図3-4-2**）。上昇トレンドが03年4月末からスタートした1年後の04年4月以降、株価の下値は切り下がらないものの上値は切り下がるトレンドレス状態を8か月も続けています。ただ、シンメトリカル・トライアングルに近い形状ですから、期間は長いとはいえ、この時点では「継続」をメインシナリオとすることができたかもしれません。

図3-4-2 ● 長期間におよぶ横ばい状態。これは「継続パターン」か？

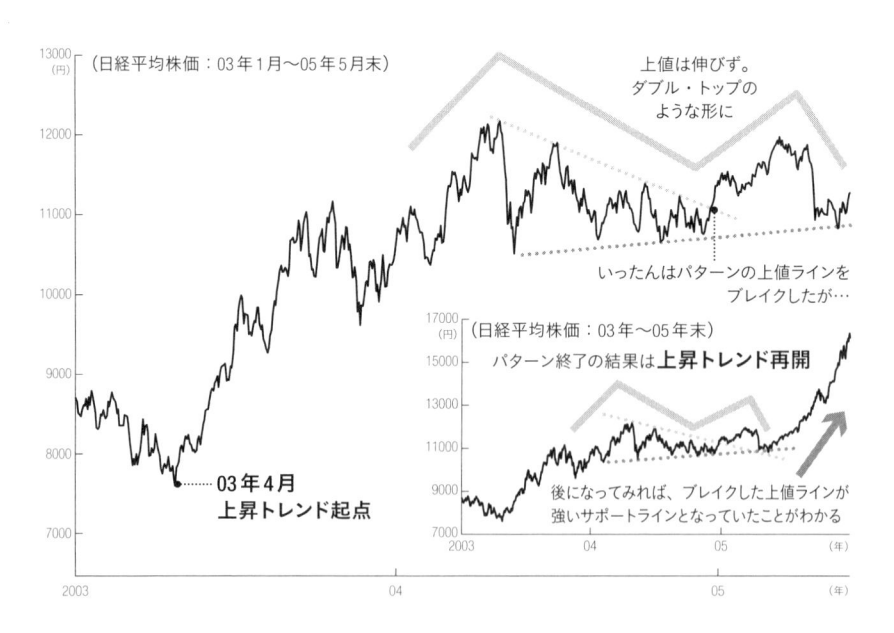

05年に入ると、このトライアングルの上値ラインをブレイクして上昇しています。が、上値は伸びず、05年3月を高値に株価は大きく下げています。このチャートでは「大きく」は見えないかもしれませんが、10日で1000円近く下げているのですから、かなりの大きさです。
　その結果、ダブル・トップにも似た形状が描かれるところとなりました。ネックラインを想定すれば、ここからダブル・トップが完成した場合には、ブレイクした株価水準から約1500円の下落が予測されます。このパターンが1年以上に及ぶ時間をかけて形成されていることを考えると、先行きの弱気を想定したスタンスになっても不思議ではありません。
　ところが、実際には、ネックラインのブレイク寸前まで行った後に、株価は反転上昇。それも、非常に強いトレンド再開となっています。
　後々になってみれば、05年1月にブレイクした上値ラインが転じてサポートになり、それが、保合いの下値を結んだサポートラインと同水準になったことで、この株価水準に極めて強いサポート力があった、という分析ができます。が、下値ラインめがけて株価が数回急落している中で、その見通しをもつことは、かなり難しいのではないでしょうか。

●日々縮小する売買高が弱気予測に拍車をかける

　先に、「トライアングル型のパターンにはタイムリミットがあるが、それはトレンドレスの横ばい状態のタイムリミットを意味するわけではない」と述べました。前ページの図3-4-2はその一例と言えます。
　トレンドレスの横ばいパターンの難所のひとつは、ここにあります。横ばいパターンは、継続してきたトレンドがストップする状態ですから、上昇トレンドで出現するとすれば、位置はその時点の高値圏です。その位置で、ひとつの横ばいパターンの上値をブレイクした直後に、また新たな横ばいパターンになってしまうと、大きく捉えた形状は反転パターンのようになります。
　そのうえ、これをひとつのパターンと捉えると、相当な時間をかけて形成されています。つまり、この状態になると、「反転」もあり得るし、「継続」もあり得るという、先行き予測のメインシナリオを立てることが不可能にな

る。チャート・パターンの理論からすれば、形成期間が長いが故に「反転」の可能性のほうが高いと予測するのではないでしょうか。

このような連続横ばいパターンは決して特異なものではありません。たとえば12年11月から鮮明になった上昇トレンドの中でも、これに似た現象が起きています。

図3-4-3を見ると、13年5月に高値をつけた日経平均株価は大きく下落した後、半年以上も上げ下げを繰り返し、やはりトライアングル的なパターンを形成しています。その上値ラインを11月にブレイクして、12月末に高値更新を達成すると、14年初から株価は急落。5月後半からようやく復調の兆しを見せますが、14年8月までの様相は、ヘッド・アンド・ショルダー型にも似た横ばいパターンです。

ということは、13年5月から14年8月まで、実に1年3か月もの間、横ばい状態の中にあったことになります。1年3か月という期間は、明らかに「長

図3-4-3 ● その長さは1年3か月。反転を予測しても不思議ではない

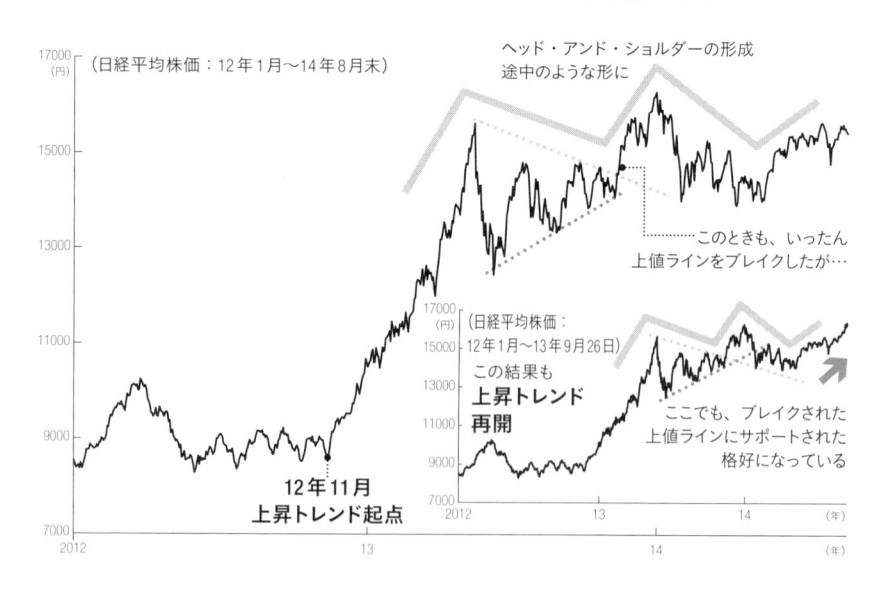

い」でしょう。しかも、このパターンがヘッド・アンド・ショルダーの完成で終了した場合には、株価の下値は1万2000円前半という水準が予測されます。となれば、売れるものは早く売っておいたほうがいい、という弱気スタンスに傾いたとしても、「それは拙速すぎる行動だ」とは言えません。

この弱気スタンスに拍車をかけるのが、トレンドレスの横ばい状態になると売買高が日々縮小し、需要が日々減衰していることを実感せざるを得ない取引状況です。

「コンティニュエーション・パターンの形成期間中は、取引高が減少する」ということ自体は、チャート・パターンの理論に示されています。確かにそのとおりなのですが、株価が数日上がったかと思えば大きく下げる。上値はどんどん切り下がり、下がった株価が下値ラインに突き刺さること数回。積極的に買おうとする需要がまったく見えない。そんな相場状況が数か月、さらには1年も続けば、少なくとも、「売買高が減少するのはコンティニュエーション・パターンの特徴だから、これはトレンド継続だな」などと余裕をもった捉え方はできないでしょう。チャートを真面目に見ていればいるほど、下値ラインがブレイクされて、下降トレンドに転換する、という弱気予測に傾くと思います。

となれば、パターンが完成する前段階、まだ「継続」の可能性が残されているにもかかわらず、反転に備えて「わずかでも利益があるうちに」と持ち株を売却する。積極的な人は、空売りをするかもしれません。

そして結局どうなるか、というと、先ほどの04年4月から05年5月にかけての横ばいパターンも、また、13年5月から14年8月に形成された横ばいパターンも、「上昇トレンド再開」で終了しています。

チャートの理論には「コンティニュエーション・パターンの形成期間が長くなると、それだけエネルギーが蓄積され、ブレイク後の動きも大きい」という教示も確かにありますが、足元の市場動向を見れば「明らかに弱い」。ということで、我慢に我慢を重ねて待っても上昇トレンドに復帰しそうもない。もう諦めて持ち株を売ったところが目先の底で、そこから株価が大反発した、という経験がある人もいるのではないでしょうか。あと2、3日待っ

ていれば、利益の額が何倍も違っていた、などという状況は、実に悔やまれるものです。

●完成しなければ判定できない。完成してからでは「時すでに遅し」

　冷静に考えれば、大きなトレンドの中で横ばいパターンが何度か出現したとき、それが「反転」に至るのは最後の最後、ただ1回だけです。その他はすべて「トレンド継続」でパターンが終了するのですから、「それまでのトレンドに沿ったポジションを持ち続ける」が、結果として正解となる確率が高いとも言えます。売買高が縮小して、需要が減衰していく相場がいかに続こうとも、弱気になる必要などありません。ただ1回、「反転」が確定したときだけ、それまでのポジションを全面転換すれば済むことです。

　と、言うのは簡単ですが、その「ただ1回」の反転が確定したときには、すでに相当な痛手を負っていることが予想されます。ピークの株価水準から2割、3割、あるいはそれ以上下落しているような状況も十分にあり得ます。となると、買値がいくらかにもよりますが、反転パターンが完成したときに全部持ち株を売れば、とんでもない額の損失にならないとも限りません。その損失確定が果たしてできるでしょうか。確定する損失の大きさにひるんでしまい、実行できなくなるのは無理からぬことです。

　ひとつの大トレンドの中で何度か訪れるトレンドレスの横ばい局面のうち、何度目が最後の最後の「反転」なのかはわかりません。それが「ほぼ確定」と予測されるのは、パターンが完成したときだけです。ところが、パターンが完成したときには「時すでに遅し」のような損益状態になっている。これもまた、理論の教える売買が実践できなくなる大きな要因でしょう。

●反転パターンの形成途中では、「パターンに気付かない」

　もうひとつ、非常に大きい問題は、反転パターンの値動きが非常に大きい場合、それがパターン形成の途上であること自体に気が付かない可能性があることです。

　前回の天井圏となった06年から08年にかけての日経平均株価を見ると、

ヘッド・アンド・ショルダーの左肩を形成した06年4月の高値から、そのあとの安値となった6月までの間、株価は終値ベースで20％近くも下落しています。ところが、その安値からの反発も大きく、07年に入って最高値を更新。左肩の安値から「頭」の高値までの値幅は実に4000円。30％近い上昇率です。この動きを、「06年4月からの下落は、上昇トレンドの中の二次的調整」であって、強い上昇トレンドは継続している」と解釈して間違いではありません。

　「頭」の形成された07年7月から再び株価は急落します。が、このときの安値（8月）は、左肩からの下落でつけた安値よりも高い水準です。そして、わずか2か月でまたもや2000円超、率にして15％近く戻しています。この10月の高値は7月の高値には届きませんでしたが、このとき、米国市場は高値を更新している、という状況がありました。また、日本市場の個別銘柄でも、当時エネルギー関連として注目を集めていた大手商社株は高値を更新しています。後々になってみれば、この10月の高値が「右肩」に相当していることがわかりますが、日米ともにまだ強気の要因が残っているさなか、こ

図3-4-4 ● 動きがダイナミックすぎて「下落こそチャンス」に映る天井圏のジレンマ
（日経平均株価：03年1月〜08年末）

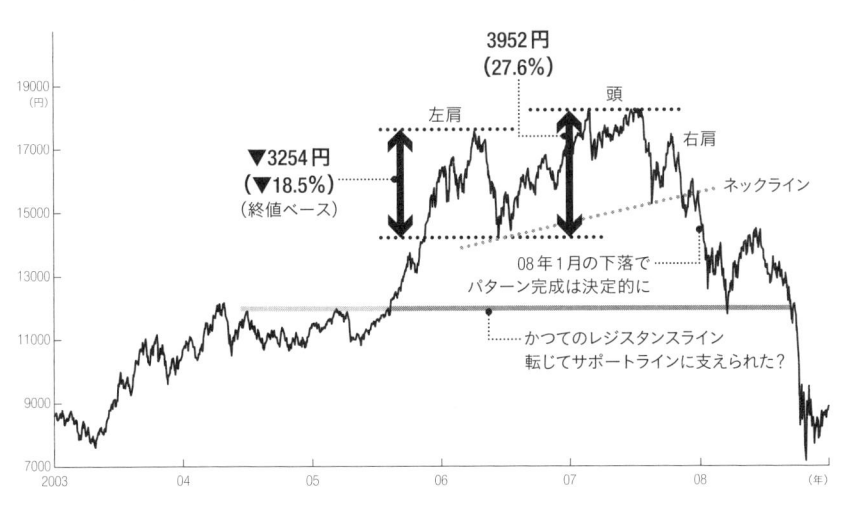

第3章 ● トレンドの合間に出現するチャート・パターンのしくみ　109

の時点で反転パターンの形成を意識することができるかどうか。微妙なところではないでしょうか。

　さらに悩ましいのがその後の動きです。株価は大きい上下を繰り返しながら上値・下値を切り下げ、ついに08年1月にネックラインを完全に割り込み、ヘッド・アンド・ショルダー型の反転パターンが完成します。ただ、このネックラインをブレイクした下落が下げ止まった3月の安値水準は、04年4月から1年以上にわたって続いていたコンティニュエーション・パターンの上値ラインとほぼ同じ。つまり、強いレジスタンスがブレイクされて転じた強いサポート水準に支えられた格好です。しかも、この安値は、07年7月につけた最高値からおよそ6500円、35％以上も低い水準ですから、「ここまで下げて、強いサポート水準に支えられたのだから、これで調整は完了だろう」という見方もできなくはありません。この見方をすれば、ここで弱気スタンスに切り替えるどころか、改めて強気スタンスを取ることになります。

　ましてや、それまで株価は、大きく下げれば大きく戻すダイナミックな動きの繰り返しで、「大きく下げたときこそ買い」という逆張りの強気スタンスが非常に有効だったという状況です。このネックラインを割り込む下落局面も、「安く買う絶好のチャンス」に映らないとも限りません。すでに下降トレンド転換が確定した可能性が濃厚になっているにもかかわらず、あろうことか、全力強気スタンスという、恐ろしい行動を取りかねないわけです。

　その先どうなるかは、もはや言うに及びません。継続してきた上昇トレンドの恩恵が全消滅する事態が生じる主因は、おそらくこれです。

●過去10年の値動きから考えるトレンドレス状態対応策

　ここまで、04年以降の日経平均株価の動きを振り返ってきました。わずか過去10年の中の値動きではありますが、トレンドレスの横ばい状態という難局面にどのような対処のしかたがあるのか、そのポイントが浮かび上がっていると思います。

　第一のポイントは、チャート・パターンの理論が指摘するように、パターンの形成途中で「継続」か、「反転」かを判定することは極めて難しい。パ

ターンが形成される期間は、確かに理論のとおり、リバーサル・パターンのほうが通常は長いものの、1年以上もの長期間トレンドレス状態が続いた後に「継続」でパターンが完了することもあります。この場合、パターン形成途中では弱気スタンスになるのも致し方ない値動きに終始しながらも、「トレンド再開」でパターンが終了し、その後は非常に強い動きとなる可能性があります。

　このことを踏まえると、まず、「継続か、反転か」に悩まされる局面に巻き込まれる前に手を打っておく策が考えられます。上昇トレンドを想定するならば、持ち株の一部を売却しておくことです。

　過去の状況を見ると、長いトレンドレス状態は市場全体の大きな下落に端を発しています。この「大きな下落」が起きる前、多くの場合、市場全体は非常に好調に上昇しています。その上昇している段階で持ち株を一部売却しておけば、大きな下落による影響と、万一トレンドが反転したときのダメージを抑えることができます。その下落がトレンドレス状態に進展したときには、「継続か、反転か」に悩まされる負担も減らせます。

　この売却は、継続しているトレンドからいったん降りることを意味しますが、そもそも買った株のすべてについて「継続するトレンドに乗り続ける」というスタンスにこだわることもありません。というよりも、それではリスクを抱えすぎた状態になってしまいます。市場全体のトレンドが継続するのであれば、再びトレンドに乗るチャンスは必ず訪れます。また、手元に残した持ち株もあるわけですから、「もう上昇トレンドの恩恵にはあずかれない」ということには決してなりません。

　第二のポイントは、非常にダイナミックな上げ下げを繰り返すと、パターン形成であることを意識できない可能性があることです。それが天井形成のパターンであった場合には、「手元に残した持ち株」が少なからぬダメージを受けることを予想せざるを得ません。

　このダメージを抑えるには、とにもかくにも、チャートで高値・安値の位置を冷静に確認し続ける以外にはありません。先に紹介したブロードニング・フォーメーションのようなパターンもありますから、高値が更新されて

いたとしても、安値を更新する動きが出たら警戒体制を取るに限ります。
　さらに、天井形成の反転パターン完成が確認された場合には、少しでも有利な値段で持ち株を売却するよう、最初の戻り高値を捉えることです。パターンが完成したときに売却できなかったとしても、「この値段なら売ってもいい」と判断できるチャンスが訪れる可能性は低くはありません。その売却タイミングは、チャートが教えてくれます。
　これらの売買についての具体的な実践の考え方は、改めて6章、7章で見ていきますが、相場には、チャートを丹念に見ていれば予測できることと、いくら丹念にチャートを見てもその時点では予測できないことがあります。長いトレンドレスの横ばい状態がどういう形で終了するのかが、まさに後者でしょう。後になってみればチャートの理論の予測通りになっていても、その予測は「いま」の売買には活用できません。ならば、それを前提に、「それなら、どうするか」を考えるまでです。この「それなら、こうする」を実践するときに、やはりチャートが必要不可欠な存在になります。

第4章

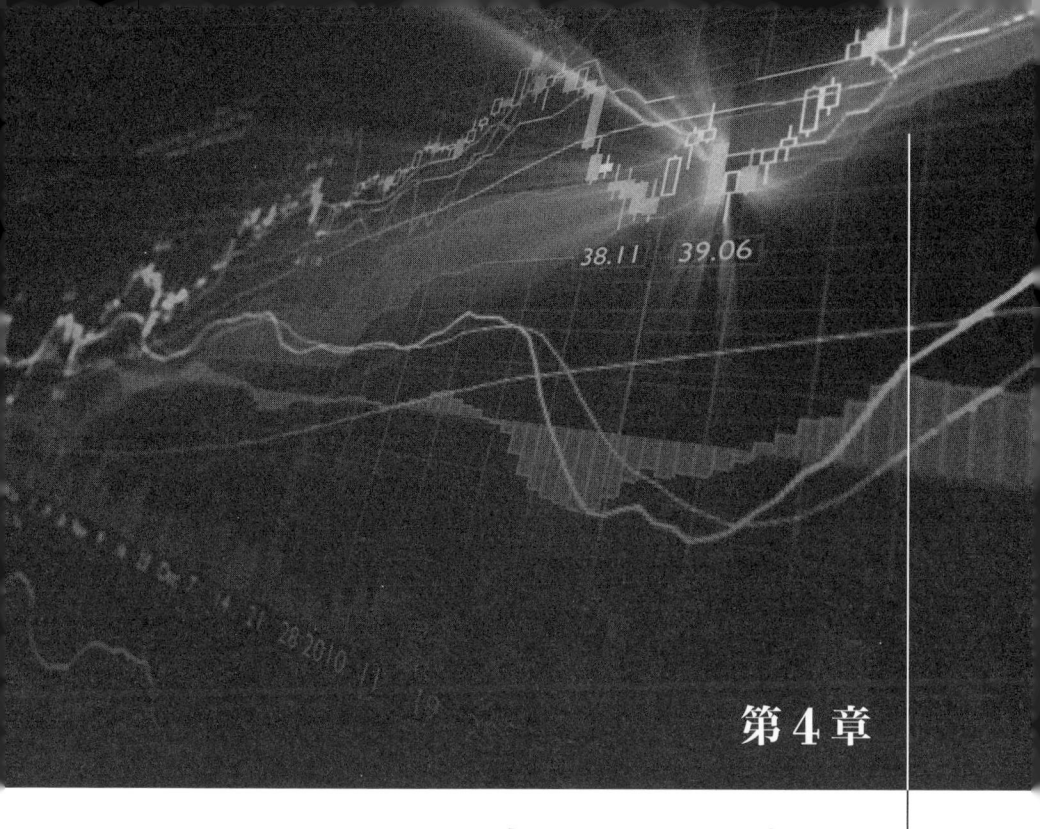

日本のスタンダード「ローソク足チャート」のしくみ

§4-1 ローソク足チャートは ここが優れている

ローソク足でなければわからない重要情報

● 1本のローソク足で様々な値動きが読み取れる

　前章までに出てきたチャートは、いずれも終値をグラフ化した線グラフチャートでしたが、日本で日頃から目にしているチャートと言えば、ローソク足チャートです。

　市場価格の推移を表すチャートにはいろいろな種類があります。線グラフチャートのほかに、米国では高値・安値・終値の3本値から成るバーチャートがよく用いられますし、横軸に時間を取らずに価格の動きだけを捉える非時系列チャートもあります。そうした数あるチャートの中で、日本のスタンダード「ローソク足チャート」ならではの際立った特徴は、その優れた視覚性と、シンプルでありながらも多くの情報を発信する点にあります。

　たとえば、1日の取引時間内にはいろいろな価格が形成されますが、そのうち、その日の始値・高値・安値・終値の4本値を採用し、始値と終値は四角形で、高値と安値は四角形の上辺および下辺から線を引いて、ローソクの

図4-1-1 ● ローソク足はその日の値動きを端的に表す

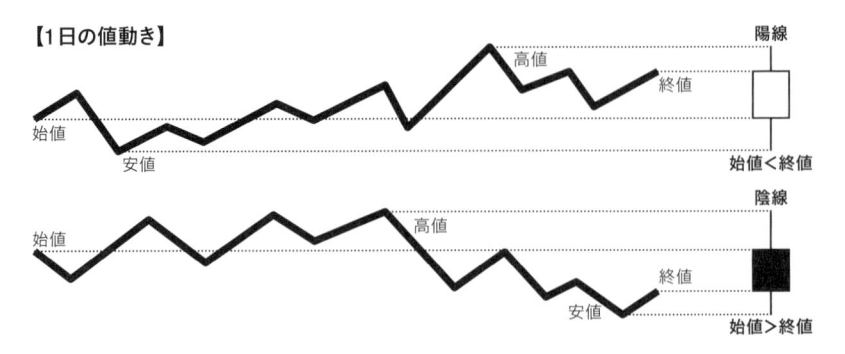

【1日の値動き】

図4-1-2 ● 隣り合うローソク足の連なり方でより詳しい値動きがわかる

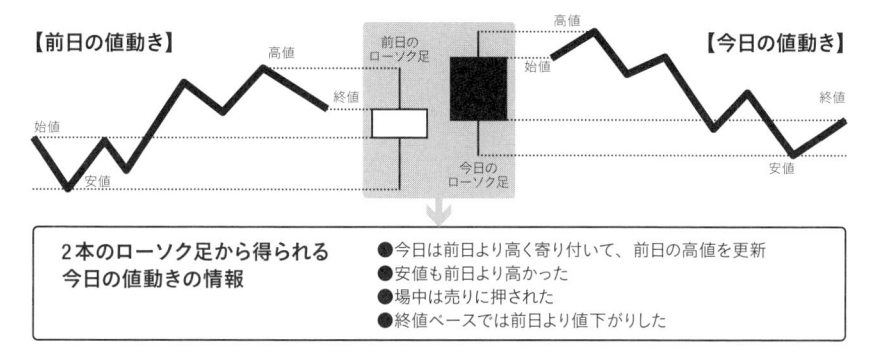

【前日の値動き】　　　　　　　　　　　　　　　　　　　　【今日の値動き】

2本のローソク足から得られる今日の値動きの情報
- 今日は前日より高く寄り付いて、前日の高値を更新
- 安値も前日より高かった
- 場中は売りに押された
- 終値ベースでは前日より値下がりした

ような形をつくります。四角形部分は、始値よりも終値が高いか、安いかによって色を塗り分けます。これで、どんな複雑な値動きでもシンプルに表現できます。その日の値動きを四六時中見ていなくても、「今日は場中に買われて株価が上昇した」「場中にだいぶ高いところまで買われたものの、結局は売りに押されて始値より安く引けた」等々、ローソク足を一見しただけでその日の取引の様子を知ることができるのですから、実に優れています。

　隣り合うローソク足と併せて見ると、より詳細に値動きの様子を読み取ることができます。終値だけの線グラフチャートでは、「前日より上がった」「前日より下がった」ということしかわかりませんが、ローソク足チャートなら、どういう寄り付き方をしたか、場中に動いた値幅はどのくらいだったか、前日の高値を更新しているかなどの情報も得られます。「今日は前日の終値より高く寄り付いたのに、場中に値下がりして、結局前日よりも安く引けた」「今日は前日よりも値下がりしてはいるけれども、場中の動きは買いが優勢で、前日の高値も更新している」といった具合です。

　なお、ローソク足のパーツの名称ですが、高値と安値を示す線の部分は通常使われているとおり「ヒゲ」、始値と終値の四角形部分については、ここでは「本体」と呼ぶことにします。

●視覚的効果絶大のローソク足チャートだからわかる「値動きの傾向」

さらに、日々の動きを示すローソク足を連ねてチャートにしてみると、その銘柄独特の挙動が表れていたり、同じような値動きのパターンが繰り返されていたり、「こういう値動きになりやすい」という値動きの傾向、言うなれば、その銘柄の値動きの個性のようなものを捉えることができます。

たとえば、**図4-1-3**の東京エレクトロン（8035）は、ローソク足の間に空間ができている日がやたらと目立ちます。後に詳しく紹介しますが、隣り合うローソク足の間にできる空間「ギャップ」は、株価の居所が飛び跳ねるように変わったことを表します。つまり、この銘柄の値動きは、株価の居所がその日その日で変わりやすい、という性格です。

図4-1-3 ● ローソク足が飛び飛びになりやすいのが"個性"の銘柄
（8035東京エレクトロン：日足14年5月〜10月7日）

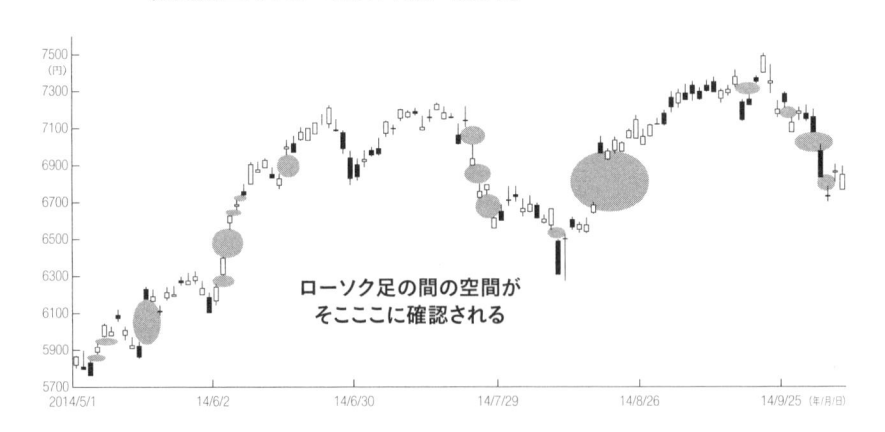

ローソク足の間の空間がそこここに確認される

また、**図4-1-4**のジオスター（5282）は、陽線が出ると陽線が連続する、陰線が出ると陰線が連続するという傾向が読み取れると思います。

同じような値動きを繰り返す傾向が強い銘柄であれば、その銘柄にどんな売買が有効なのか、どのようなタイミングで売買出動すると有利に約定できそうかなど、極めて具体的な売買シナリオをつくることができます。ジオスターのような銘柄で言えば、買うなら「陰線続きが陽線に変わった日」、売

るなら「陽線続きが陰線に変わった日」という判断になるでしょう。

　こうした値動きの傾向を捉えることが、チャートの目的の第三です。厳密に値動きの傾向を分析する場合には、時系列データで検証する必要がありますが、視覚性に富んだローソク足チャートは、その銘柄の値動きにどんな傾向がありそうか、その目星をつけるうえで有益な情報を提供してくれます。これはローソク足チャートでなければ得られない情報と言えます。

　1章で「チャートをはじめとするテクニカル分析の理論のほとんどは株価指数などインデックスを対象としている」と述べましたが、この「値動きの傾向を捉えることができる」という点は、むしろ個別銘柄の売買において非常に活用価値のあるローソク足チャートの特性です。

図4-1-4 ●「陽線・陰線が連続しやすい」性格の銘柄
（5282ジオスター：日足14年5月～14年10月7日）

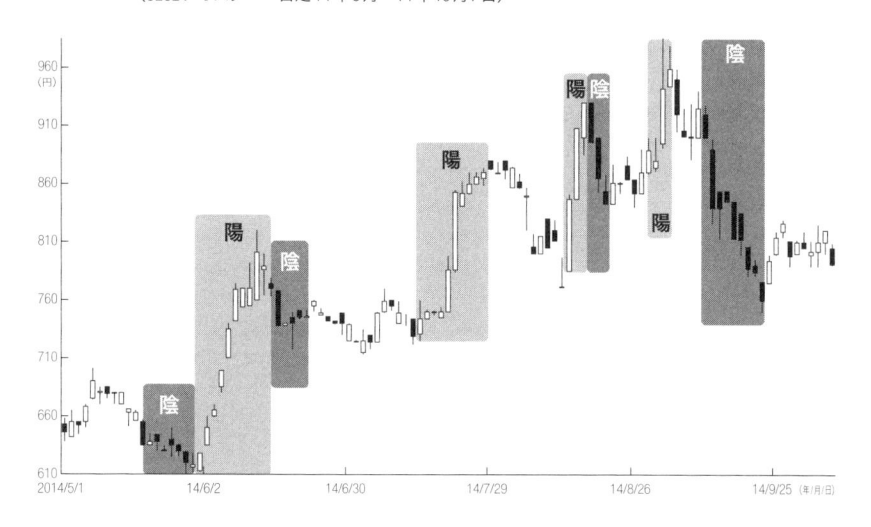

●足元の値動きは「日足チャート」、中長期は「週足」「月足」で

　ローソク足は相場の短期観測を目的に開発されたもので、旧来からあるローソク足の分析は、1日の値動きを示す日足のローソク足を基本として、その形状や組み合わせパターンの研究に主眼が置かれています（ちなみに、ロ

ーソク足や日足の「足」は、「足取り」に由来します)。

　だからといって、中長期のトレンド分析に向かないということはありません。高値・安値をヒゲで表現するローソク足チャートは、市場価格の動きに付きものの"ふれ"も考慮することができますから、中長期においてもより細かいトレンド分析が可能です。

　ただ難点は、ローソク足は株価を"絵"として表現するため、期間が長くなるとかなりのスペースが必要になることです。日足のローソク足チャートでは、5か月分程度。6か月以上の期間となると、かなり大きな用紙でないと、ローソク足の形状も見えづらくなってしまいます。

　そこで、より長い期間のトレンドを見るときには、1週間の4本値で構成される週足チャートや、1か月の4本値で構成される月足チャートが用いられます。週足チャートはおおむね2年～3年弱、月足チャートならば10年程度の長期間の推移でも表示できます。

　同じ銘柄でも、日足、週足、月足と期間を変えてみると、分析や予測の幅がより拡がります。

　たとえば、**図4-1-5**は、東証1部の14年9月の月間上昇率ランキングで高位にランクインしたSUMCO（3436）のローソク足チャートです。日足チャートを見ると、8月半ば以降の値動きは極めて好調で、目下のところ「レジスタンスなし」。とはいえ、10月に入って軟調な動きになっています。そこで、週足チャートを見てみると、13年5月につけた高値が目前に迫っていることがわかります。これがこの時点でのレジスタンスになっている格好です。

　では、このレジスタンスをブレイクすれば、障害となるレジスタンスはなくなり、上値が軽く伸びていきそうか、というと、月足チャートが示しているとおり、その先にはいくつものレジスタンスが待ち受けています。これを見ておくだけで13年5月のレジスタンスをブレイクして上昇した場合にはどのあたりで上げ止まりそうかの目測をつけることができます。

　日足・週足・月足のいずれのチャートをメインに使うかは、どの大きさの

図4-1-5① ● 8月後半から好調なトレンドが、10月に入り軟調に
(3436 SUMCO：日足14年5月〜10月7日)

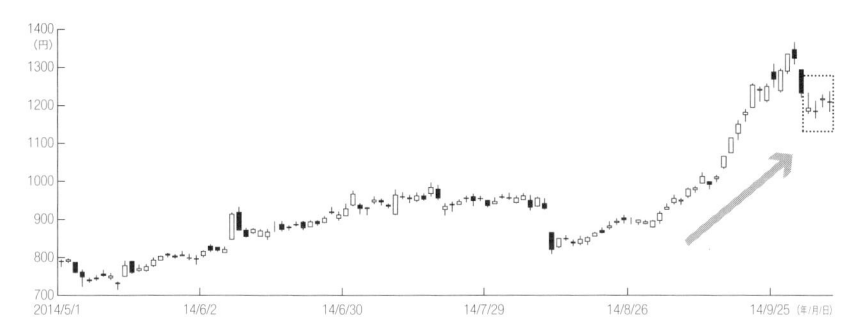

図4-1-5② ● 13年5月につけた高値水準がレジスタンスに
(3436 SUMCO：週足12年10月〜14年10月7日)

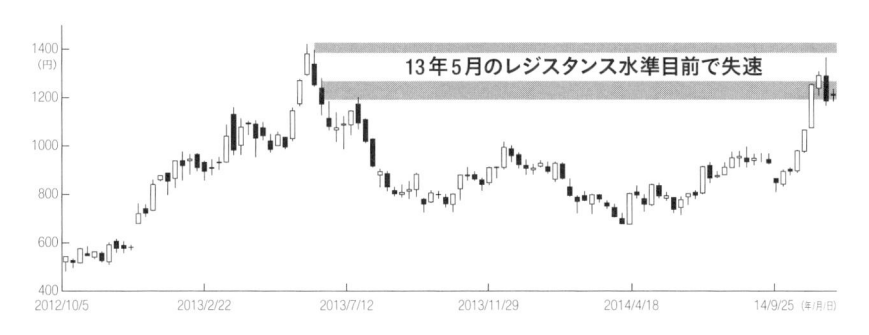

図4-1-5③ ● ここから先にはレジスタンスが続々と待ち受けている
(3436 SUMCO：月足06年1月〜14年10月7日)

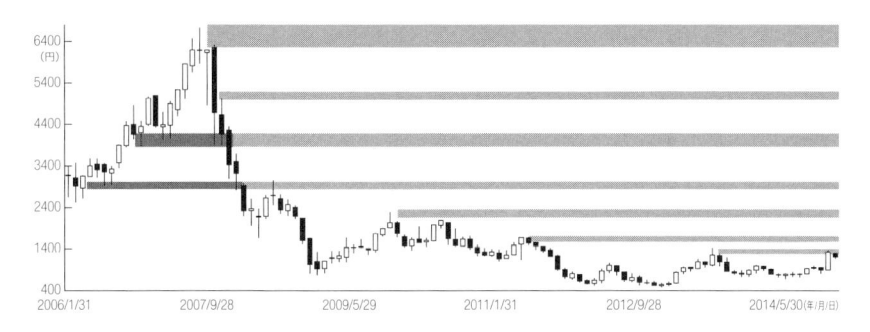

第4章 ● 日本のスタンダード「ローソク足チャート」のしくみ

トレンドに注目して売買するかによりますが、デイトレードのような超短期は別として、短期で売買するつもりでも週足や月足で中長期のトレンドを捉え、サポートやレジスタンスの位置を把握しておくことは不可欠です。また、中長期のトレンドを狙う人も、実際に売買出動する株価水準を明確にするためには、日足チャートで目先・足元の値動きを捉えておく必要があります。

§4-2 ローソク足「強気」「弱気」解釈の注意点

その色と形状が示す需給の背景を考える

● 1本のローソク足の色と形状が示す「強気」と「弱気」

相場の動きを端的に表すローソク足は、わずか1本の色と形状だけで相場の強弱をうかがう手掛かりにすることができます。

たとえば、日足の陽線は、場中に買われて寄り付きよりも高く引けたわけですから、明るい相場状況をイメージさせます。さらに、始値から終値までの値上がりが大きければ、ローソク足の本体部分は大きくなります。本体部分が他のローソク足と比べて大きい大陽線は「非常に強い」。始値から終値の値下がり幅が大きく、本体部分が大きい大陰線は、「非常に弱い」と解釈されます。

一方、本体の上辺と高値の差、本体の下辺と安値の差は上下のヒゲの長さとなって表れます。上ヒゲが長いローソク足は、「場中にだいぶ高いところまで買われながらも、結局、押し戻された」という意味ですから「弱い」。

図4-2-1 ● ローソク足の呼び方と解釈例

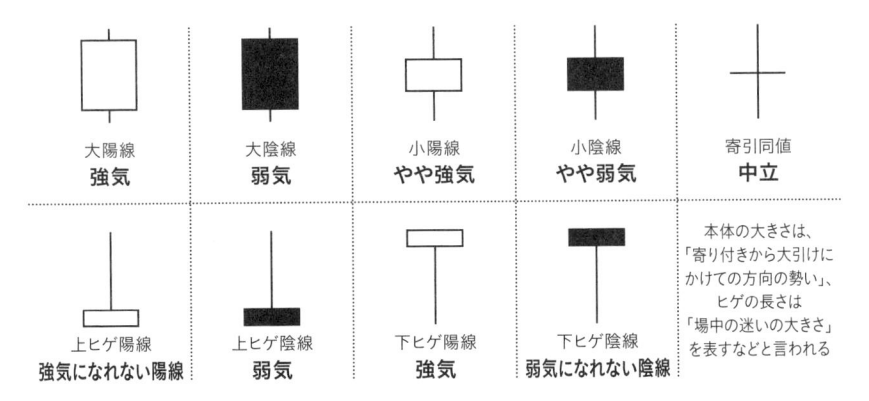

大陽線 強気	大陰線 弱気	小陽線 やや強気	小陰線 やや弱気	寄引同値 中立

上ヒゲ陽線 強気になれない陽線	上ヒゲ陰線 弱気	下ヒゲ陽線 強気	下ヒゲ陰線 弱気になれない陰線	本体の大きさは、「寄り付きから大引けにかけての方向の勢い」、ヒゲの長さは「場中の迷いの大きさ」を表すなどと言われる

下ヒゲの長いローソク足は「場中にかなり売り込まれたけれども、大きく戻した」ことを示すので、「強い」。

　始値が安値で、終値が高値となった場合には、上下のヒゲがない陽線になります。「寄り付きから迷うことなく値上がりして高値で引けた」ことを意味するこの陽線は、陽の丸坊主と呼ばれ、「非常に強い」相場を示します。逆に始値が高値で、終値が安値となって、上下のヒゲのない陰線は、陰の丸坊主と呼ばれ、「非常に弱い」相場を示すローソク足とされます。

● 「長いヒゲ」は株価の先行き予測に使えるのか

　こうした1本のローソク足の色と形状による相場の強弱解釈は、これから株価の進む方向の「強気」「弱気」のシグナルとして使われることもあります。よく知られているのは、長い下ヒゲのローソク足は「強気」（買い）、長い上ヒゲのローソク足は「弱気」（売り）という、長いヒゲが出た方向と逆に株価が動くと予測する逆張り型の売買判断シグナルでしょう。

　確かに、ローソク足チャートを見ると、高値圏で長い上ヒゲのローソク足が描かれ、そこから株価が下落していたり、安値圏で長い下ヒゲのローソク足が出現していて、そこから株価が反発していたりする例は観測されます。しかし、長い下ヒゲや長い上ヒゲのローソク足は、トレンドの途中でもごく当たり前のように出現します。また、値動きの傾向として「ヒゲを描きやすい」という銘柄もありますし、解釈としては「強い」はずの下ヒゲを連続して描きながら下落していく、逆に、「弱い」はずの上ヒゲを描きながら上昇していく、というように、長いヒゲの方向に株価が進んでいく例もそう希ではありません。

　そもそも長い下ヒゲを描くのはなぜかといえば、需要より先に、「安くてもいいから売りたい」という積極的な供給があったからです。その売りによって株価が下がったのを見て、「そのくらい安ければ」と買う人がやってきたのですから、需要のほうが受け身的と考えることもできます。そうした積極的な売りが毎日寄り付き直後に出たとすれば、下ヒゲを描きながら株価は下がっていくでしょう。

図4-2-2 ● これも"個性"。ヒゲを描きやすい銘柄
(4719アルファシステムズ：日足14年5月〜10月7日)

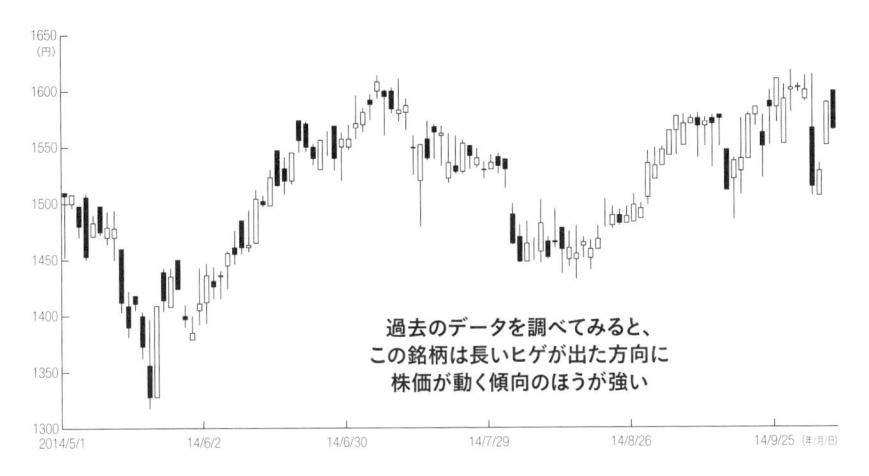

過去のデータを調べてみると、この銘柄は長いヒゲが出た方向に株価が動く傾向のほうが強い

　逆に、とにかくまとまった株数を買いたいという積極的な需要が、毎日寄り付き直後から買い上げて、その上昇を見てから「そのくらい高いなら売ってもいい」という供給がやってきたとすれば、その銘柄は毎日上ヒゲを描きながら上昇することになります。

　長い下ヒゲが強気予測のシグナルとして有効性を発揮するのは、下降トレンドの最後、需要を上回る供給の最後の1人が売りに出た底局面。逆に、長い上ヒゲは、上昇トレンドの最後、供給を上回る需要の最後の1人が買った天井局面です。今日描かれたローソク足に長い上ヒゲや下ヒゲが出ても、それが"最後の1人"によるものなのかどうか、その時点で知ることはできません。ですから、「長い下ヒゲが出たから買いだ」と一概に決めつける強気判断は控えたほうがよいでしょう。

●大陽線・大陰線が「逆方向の動き」を示唆することもある

　一方、大陽線が「強気」、大陰線は「弱気」という解釈は、予測される株価の方向性が、「始値→終値」の動きの方向と同じ、すなわち順張り型のシグナルを意味しますが、これもやはり、どんな局面で出現したか、その位置

が重要です。

　たとえば、強固と見られたレジスタンスをブレイクする、あるいは長らく続いた横ばいパターンの上値をブレイクする局面で大陽線が描かれていれば、これは確かに「先行き強気」のシグナルと言えます。トレンド反転が確定するような重要局面においては、大陽線は非常に心強いサインです。

　ただし、後述しますが、この局面では売買高の増加が確認される必要があるというのが注意点の第一。もうひとつ重要な注意点は、大陽線が上昇トレンドの最後に出現する、大陰線が下降トレンドの最後に出現するという、先行きの方向が「始値→終値」の方向と逆になることもある、ということです。

　これは、先ほどの天井での長い上ヒゲ、底での長い下ヒゲと同様の状況で、たとえば、上昇トレンドの果てに、とにかく買わせてくれ、という巨大な需要が出れば大陽線を描くでしょう。しかし、それが最後の需要ならば、その先は供給が上回ることになります。その大陽線を打ち消すような陰線が次に出現したときには、それが下降トレンドに反転することを示唆する最初のシグナルになる可能性があります。

　大陽線の次に大陰線が出現することと、長い上ヒゲのローソク足が出現することとは、最後の需要がいつ出たかの違いだけで、意味は変わりません。最後の需要が大引けに出れば大陽線、最後の需要が場の途中で尽きて、以後は供給が上回る状況になれば長い上ヒゲです。もし、寄り付き時点で最後の需要が一気に噴出して、その直後からは供給が上回る状況になると、ローソク足は「前日よりも大幅に高く寄り付いて大陰線」となります。

　下降トレンドの果てに、最後の投げ売りが出て、その投げ売りが大引けまで続けば大陰線を描いて、それが底。次のローソク足が、その大陰線を打ち消すような大陽線である場合には、それが底打ちを示唆する最初のシグナルかもしれません。

図4-2-3 ●「最後の需要」「最後の供給」トレンド最終局面のローソク足

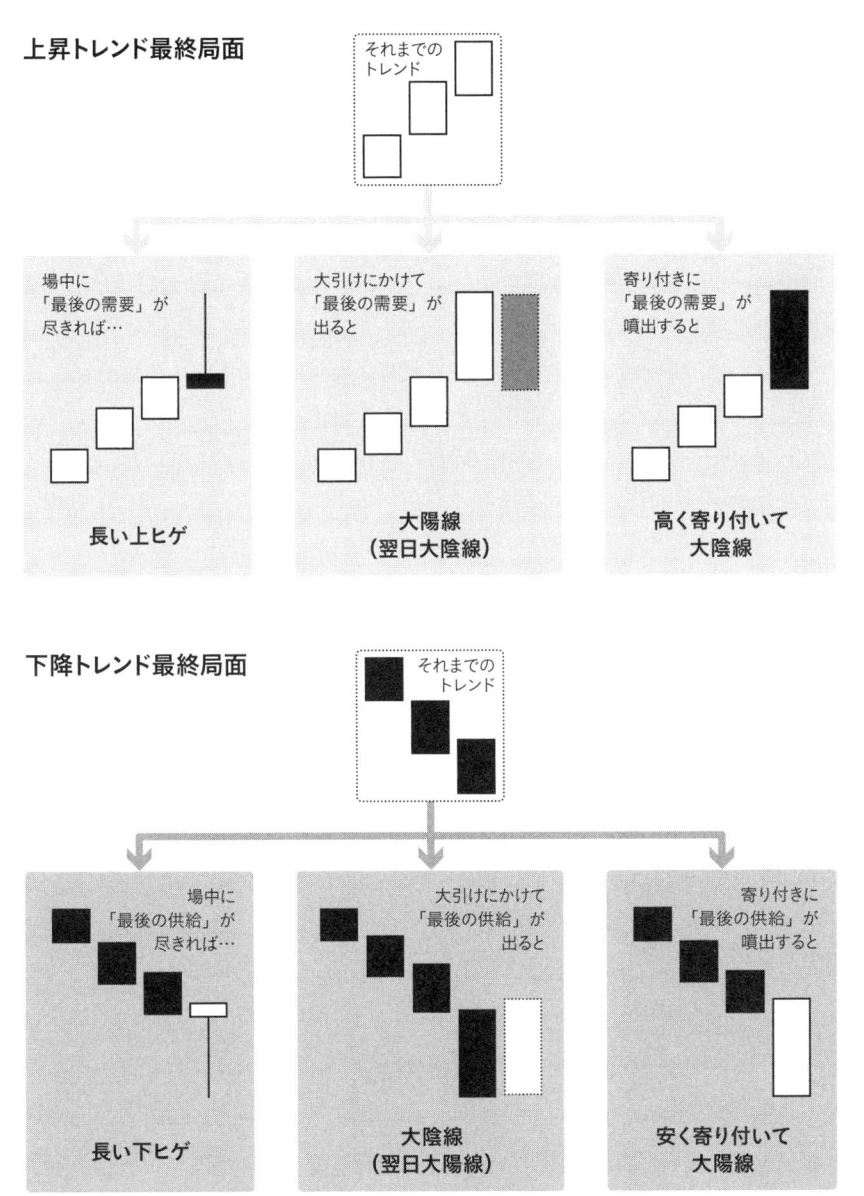

上昇トレンド最終局面

それまでのトレンド

- 場中に「最後の需要」が尽きれば…
  長い上ヒゲ
- 大引けにかけて「最後の需要」が出ると
  大陽線（翌日大陰線）
- 寄り付きに「最後の需要」が噴出すると
  高く寄り付いて大陰線

下降トレンド最終局面

それまでのトレンド

- 場中に「最後の供給」が尽きれば…
  長い下ヒゲ
- 大引けにかけて「最後の供給」が出ると
  大陰線（翌日大陽線）
- 寄り付きに「最後の供給」が噴出すると
  安く寄り付いて大陽線

●大陽線と長い上ヒゲ、大陰線と長い下ヒゲが紙一重の銘柄もある

　上下のヒゲを含めた陽線・陰線の大きさは、その銘柄が1日（または週、月）に動いた値幅の大きさを示します。たとえば、始値がその日の安値で1010円だったとします。終値1100円がその日の高値で大陽線が形成されるのと、場中に1100円の高値をつけて、終値は1020円となって長い上ヒゲができるのとでは、動いた値幅は同じです。これらのローソク足の解釈としては、前者は陽の丸坊主で「非常に強気」、後者は長い上ヒゲの小陽線で「若干弱気」となるわけですが、銘柄によっては、こうした解釈自体が意味をなさない場合もあります。

　たとえば、大引け近くの板の状況が**図4-2-4**のようになっていたとしましょう。このあと取引が成立せず、このまま大引けとなったとすれば、この銘柄は大陽線です。しかし、大引け直前に300株の成行の売り注文が入ったとすれば、この日の終値は1020円となり、ローソク足は長い上ヒゲになります。この場合、少なくとも、前者が「非常に強気」で、後者は「若干弱気」という解釈にはならないでしょう。

図4-2-4 ● 大陽線と長い上ヒゲは"紙一重"？

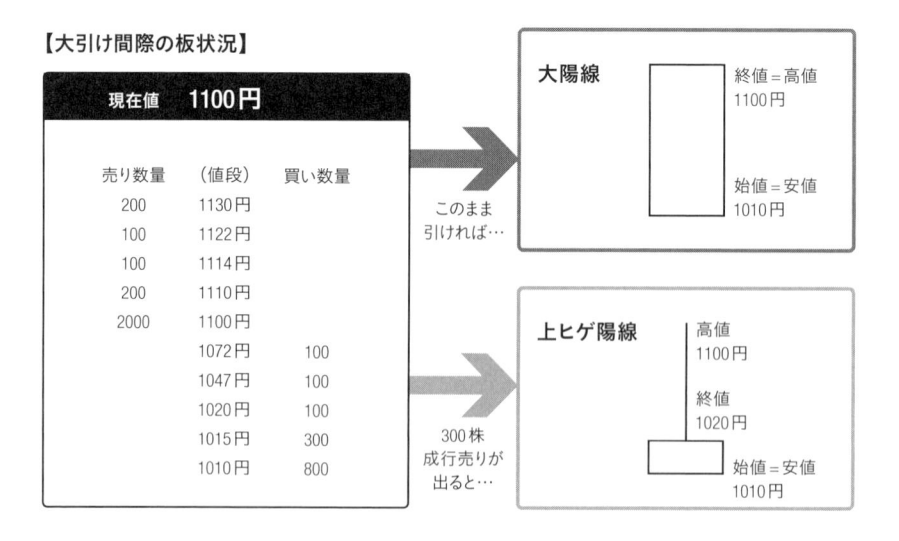

【大引け間際の板状況】

売り数量	（値段）	買い数量
200	1130円	
100	1122円	
100	1114円	
200	1110円	
2000	1100円	
	1072円	100
	1047円	100
	1020円	100
	1015円	300
	1010円	800

現在値 1100円

このまま引ければ…
→ **大陽線**　終値＝高値 1100円／始値＝安値 1010円

300株成行売りが出ると…
→ **上ヒゲ陽線**　高値 1100円／終値 1020円／始値＝安値 1010円

これは極端な例ではありますが、新興株や小型株の中には、板が薄いために、これに近い状況になっている銘柄が時折見られます。取引がどういう状況でなされていて、どのくらいの売買高のもとで大陽線が形成されたのか、ローソク足の形状とともに取引の状況も確認しておくことが必要です。

　まったく別の見方をすれば、板が薄く、上下のヒゲを含めたローソク足の大きさが恒常的に大きい銘柄は、値動きが軽く、1日の取引時間内でも大きな値幅が期待できる。と同時に、大きな値幅のロスもあり得る、株価変動が大きいハイリスク・ハイリターンの銘柄と解釈されます。この「ローソク足全体が恒常的に大きい」というのもまた、その銘柄がもつ値動きの個性、値動きの傾向と言ってよいでしょう。ハイリスク・ハイリターン型の銘柄を売買対象にしたい場合には、この傾向に注目するのも一策です。
　ローソク足全体の大きさは、株価の目盛りの取り方によってだいぶ見え方が違います。実際に売買する対象を探すときには、過去の株価データをもとに、始値に対する「終値－始値」の比率を出してみると傾向がわかります。ある程度の期間の平均値を出しておけば、取引時間内に期待できる損益の目安をつけることもできます。この比率が4％以上の銘柄は「1日内の動きがかなり大きい」と言えます。

§4-3 ローソク足の"連なり方"に着目する

前日終値→本日始値→本日終値の値動きの方向性

●前日の終値に対する始値の位置と、今日のローソク足の色を見る

　先述したように、隣り合う2本のローソク足を見ると、まず、「前日の終値よりも高く寄り付いたか、安く寄り付いたか」がわかります。さらに、その日のローソク足は陽線だったか、陰線だったかで、その日株価の動いた方向が表されます。つまり、これで「前日の終値→今日の始値→今日の終値」の方向性がどうなったかを把握することができます。

　こうした隣り合うローソク足の組み合わせパターンを相場の強弱を推し測る手立てとする分析法もあります。「出会い線」「かぶせ線」「切り込み線」などと呼ばれるパターンがその一例です。

図4-3-1 ● 隣り合うローソク足の代表的な組み合わせパターン

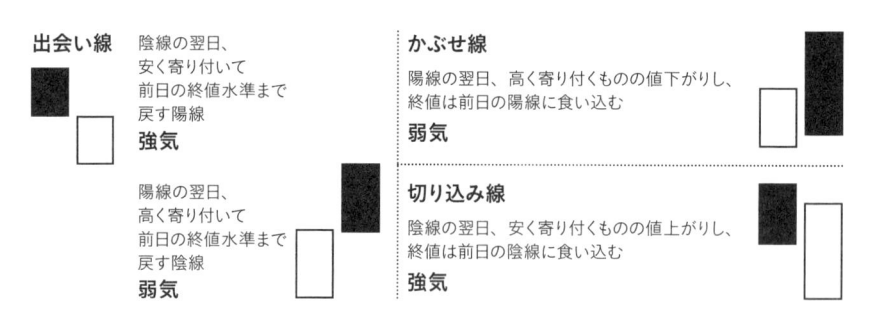

出会い線
陰線の翌日、安く寄り付いて前日の終値水準まで戻す陽線
強気

陽線の翌日、高く寄り付いて前日の終値水準まで戻す陰線
弱気

かぶせ線
陽線の翌日、高く寄り付くものの値下がりし、終値は前日の陽線に食い込む
弱気

切り込み線
陰線の翌日、安く寄り付くものの値上がりし、終値は前日の陰線に食い込む
強気

　ただ、個別銘柄のチャートを見ると、相場の強弱はさておき、「前日より高く寄り付くと、始値よりも終値が安く陰線になりやすい」「前日より安く寄り付くと、始値より終値が高く陽線になりやすい」という動きが、あたかも習性となっているかのような銘柄に遭遇することがあります。

図4-3-2 ●「寄り付き方」と陽線・陰線の組み合わせに注目

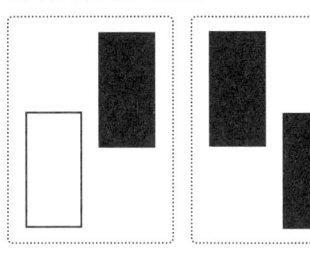

高く寄り付くと「陰線」　　　　　　　安く寄り付くと「陽線」

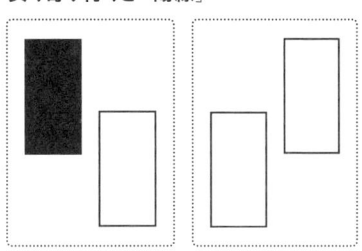

　次ページ**図4-3-3**の鳥越製粉（2009）がその例です。「いつも必ずそうなる」というわけではもちろんありませんが、図4-3-3のチャートを見ると、確かに、「高く寄り付くと陰線、安く寄り付くと陽線」の傾向があることがわかると思います。

　実際にその傾向がどのくらい強いのかは、始値と終値の時系列データがあれば「Excel」で簡単に調べることができます。手順は、（1）各日の始値に対してその日の終値が何％上昇（または下落）したか、「始値→終値の上昇下落率」を計算する。（2）その隣のセルに、その日の始値が前日の終値より安かったら「1」、高かったら「−1」（同値なら「0」）を入れる（「Sign関数」を使うと簡単です）。（3）各日の「始値→終値の上昇下落率」に（2）の「1」または「−1」（または「0」）を掛ける。（4）その結果を累積する、という流れです。この累積した結果をグラフ化して、それが右肩上がりを描くようであれば、その銘柄は、「高く寄り付くと陰線、安く寄り付くと陽線」という値動きの傾向が（少なくとも、過去においては）確かに強い、と解釈できます。

　この値動きの傾向の強さは、たとえば、その銘柄を買うならば「前日の終値よりも安い値段に寄付指値注文を入れておく」、その銘柄を売るならば「前日の終値よりも高い値段に寄付指値注文を入れておく」といった売買の注文方法に活用することができます。

図4-3-3① ●「高く寄り付くと陰線」「安く寄り付くと陽線」は習性か？
(2009鳥越製粉：日足14年5月〜10月7日)

図4-3-3② ● データで検証した結果は「確かにその習性がある」
(データ検証期間：11年4月〜14年10月7日)

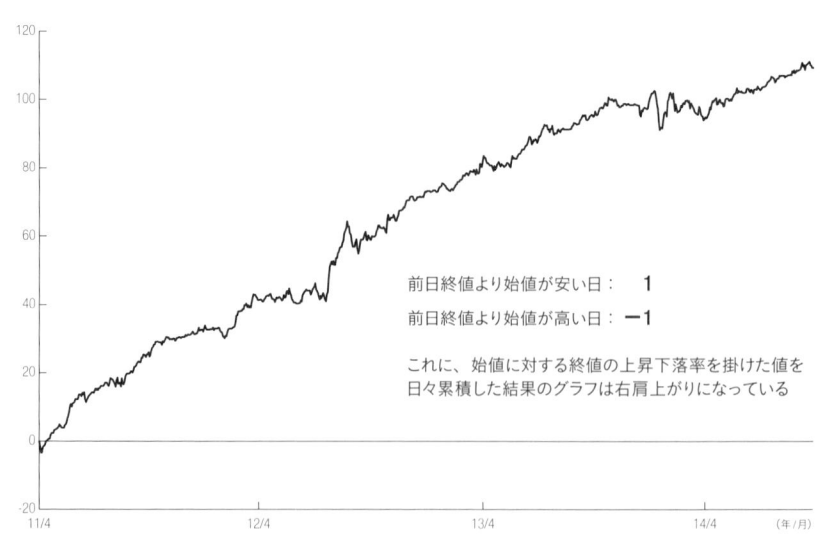

前日終値より始値が安い日： 1
前日終値より始値が高い日：−1

これに、始値に対する終値の上昇下落率を掛けた値を
日々累積した結果のグラフは右肩上がりになっている

§4-4 ローソク足の間にできる「ギャップ」が重視される理由

そこが重要なサポート・レジスタンス水準になる

●ローソク足の間の空間が形成されるプロセスと「勢い」

　ローソク足はその連なり方がいろいろな情報を提供してくれますが、連なっていないローソク足、すなわち、ローソク足の間に形成される空間「ギャップ」は、また違う意味で極めて重要な情報を提供してくれます。日本では、ギャップのことを「窓」と言いますが、その昔は「穴」と呼んでいました。ただ、「足取り」という表現と同様、「穴」という言葉も「穴をあける」「穴を埋める」など、縁起がよくないイメージがあります。そこで、「穴」はやめて、「窓」になったようです。

　ギャップは、あるローソク足の上方に形成される場合と、下方に形成される場合とがあります。まず、ギャップがいかにして形成されるかを見ていきましょう。

　上方にできるギャップは、前日の高値よりも高く寄り付き、その日の安値も前日の高値までは下がらずに引けることで形成されます。前日の高値よりも高く寄り付いても、場中に株価が押し下がり、安値が前日高値以下になれば、ギャップは消滅してしまいます。

　下方にできるギャップは、前日の安値よりも安く寄り付いて、その日の高値も前日の安値に届かずに引けることによって形成されます。こちらも同様、前日安値より始値が安くても、場中に株価が戻して、高値が前日安値を超えると、ギャップはできません。つまり、ギャップは、前日の終値から次の日の寄り付き時点までに大きく動いた方向性が保たれたことを表しています。

　そのため、ギャップは通常、「非常に勢いのある上昇」「非常に勢いのある下落」を示すとされるのですが、「ギャップ＝勢い」の証とは言えないケースもあります。

第4章 ● 日本のスタンダード「ローソク足チャート」のしくみ　131

図4-4-1 ●「ギャップ」が形成されるプロセス

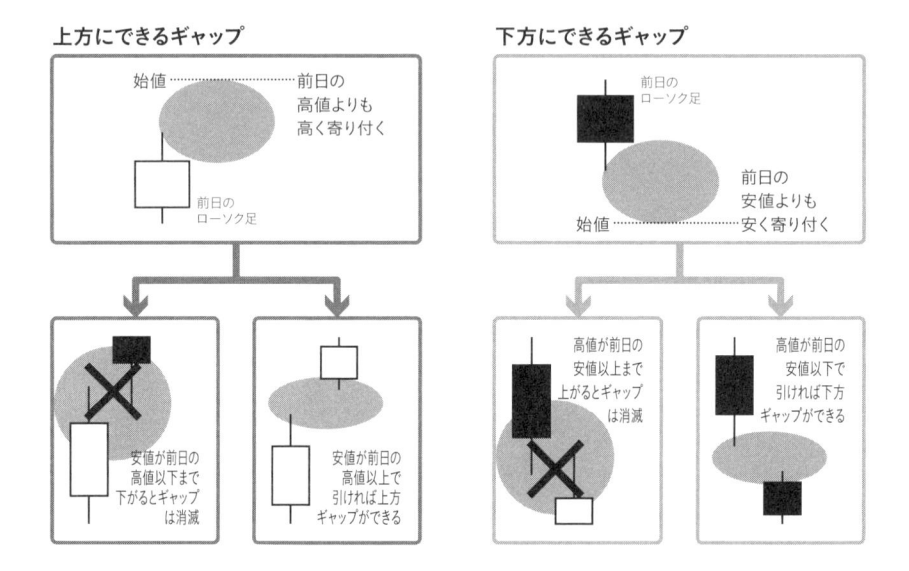

上方にできるギャップ
- 始値：前日の高値よりも高く寄り付く
- 前日のローソク足
- 安値が前日の高値以下まで下がるとギャップは消滅
- 安値が前日の高値以上で引ければ上方ギャップができる

下方にできるギャップ
- 前日のローソク足
- 始値：前日の安値よりも安く寄り付く
- 高値が前日の安値以上まで上がるとギャップは消滅
- 高値が前日の安値以下で引ければ下方ギャップができる

　たとえば、この章の最初で紹介した東京エレクトロン（8035）のように、ギャップを形成するのが日課のようになっている銘柄もあります。この銘柄の場合、米国のアプライドマテリアル社と経営統合するため、日本時間の早朝に確定する米国市場の動向が、その日の株価に大きく影響する面があります。米国市場が上昇して引ければ、この銘柄も高く寄り付き、上方向の動きが大引けまで維持されて上方ギャップを描く。米国が下落して引ければ、この銘柄も安く寄り付いて、下方向の動きが大引けまで維持されて下方ギャップを描く、という動きがよく見られます。

　また、流動性に欠ける銘柄の中にも、前日の株価水準をまったく気にしていないようにギャップを描いては株価水準を切り上げたり、切り下げたりする例があります。

　勢いの結果としてのギャップは、たとえば、日本の取引時間が引けた後に需給の力関係を大きく左右する材料が出たときに形成されます。個別銘柄では、大引け後に業績の大幅な上方修正があったり、予想だにしなかった大規

模な自社株買いが発表されたりしたときに、そのサプライズが上方ギャップとなって表れる例がしばしば見られます。

　日経平均株価でも、欧米の株式市場が急落すれば下方ギャップを描く、欧米の株式市場が急上昇し、また円安が急伸すると、上方ギャップを描くことがあります。その状況のとき、日経平均株価に連れる形でギャップを描く個別銘柄は少なくありません。

　このようなケースでは、ギャップが形成された日には売買高も急増します。勢いの結果とは言い切れないギャップの場合には、売買高はいつもとさほど変わらないのが通常です。ただ、だからといって、売買高を伴う勢いの結果としてのギャップは重要で、売買高を伴わないギャップはまったく重要ではなく無視してよい、とまでは言い切れません。というのは、経緯はどうあれ、ギャップが形成された株価水準は、その後のサポートやレジスタンスの水準になる、あるいは、サポートやレジスタンスとして意識されやすくなるからです。そのギャップが、売買高を伴って形成された場合には、より強いサポート・レジスタンス機能をもつ。そのギャップによって、それまでのサポートやレジスタンスをブレイクした場合には、より一層強固なサポート・レジスタンス機能をもつ可能性があります。

●ギャップがサポートやレジスタンスになる理由

　なぜギャップが形成された株価水準がサポートやレジスタンスになるのか。ギャップが形成されずに陽線で株価が上昇するケースと、上方ギャップで株価が上昇するケースを考えてみます。

　たとえば、前日の高値が510円、次の日の始値が505円で、安値500円をつけてから株価が上昇し、高値550円が終値となったとします。この場合、前日にこの銘柄を空売りしていた人のうち、前日の高値510円とこの日の安値500円の間の値段で空売りをした人は、この日の始値から安値に至る間に買い戻せば利益が確保できます。また、多少の損は仕方がないと諦めれば、株価が前日高値を超えて上昇して陽線を描く途中で買い戻しをするチャンスはあります。

図4-4-2 ●「ふつうの上昇」と「ギャップで上昇」の違いは何か

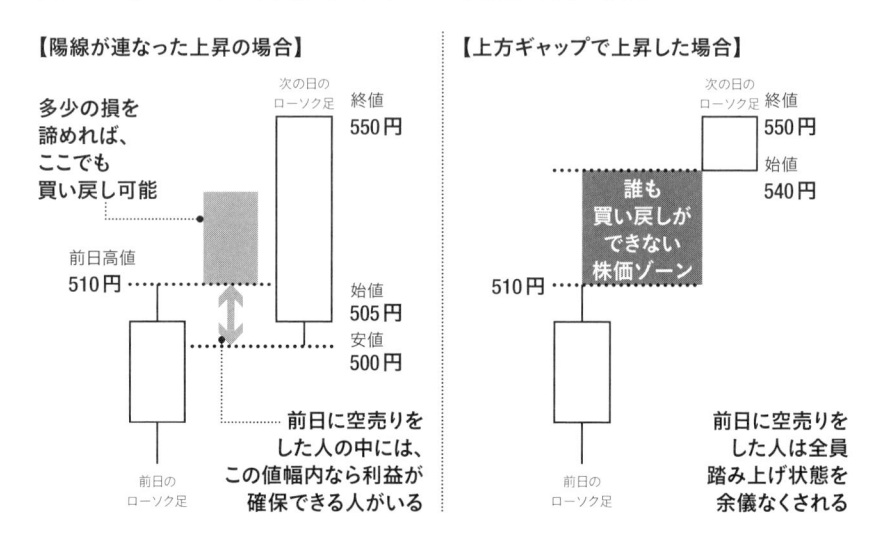

【陽線が連なった上昇の場合】

多少の損を
諦めれば、
ここでも
買い戻し可能

前日高値
510円

次の日の
ローソク足
終値 550円
始値 505円
安値 500円

前日の
ローソク足

前日に空売りを
した人の中には、
この値幅内なら利益が
確保できる人がいる

【上方ギャップで上昇した場合】

次の日の
ローソク足
終値 550円
始値 540円

誰も
買い戻しが
できない
株価ゾーン

510円

前日の
ローソク足

前日に空売りを
した人は全員
踏み上げ状態を
余儀なくされる

　ところが、始値が540円で、これが安値となり、終値が高値の550円という上方ギャップが形成された場合には、前日にその銘柄を空売りしていた人は、寄り付き時点で全員踏み上げの状態です。ギャップとなっている値幅30円の間では誰一人として買い戻しができません。言わば、何もすることができない"見えない陽線"が、夜寝ている間に形成されていたのです。前日の高値で空売りをした人ですら、場が開いたときには既に30円分の損失。他の空売り組は全員、それ以上の損失を負っていることになります。

　もし、ギャップとなっているゾーンまで株価が下がってきて、そこで買い戻せば、ギャップが形成された日に買い戻すよりは損失を少なくすることができます。となれば、そのゾーンまで株価が戻るのを待ち望むことでしょう。つまり、ギャップとなっている株価ゾーンには買い戻し需要が集まるということです。

　前日の株価がそれまでのレジスタンス水準であった場合には、「ここが上値だろう」と見て空売りをする人はより多いと考えられます。そのレジスタンスをギャップによってブレイクしたら、その分だけ買い戻し需要も増える

だろうことは十分予想されるところでしょう。

　さらに、2章で紹介した前回の安値や高値がサポート・レジスタンスになる背景と同じように、ギャップが形成された時点で空売りをしていない人でも、チャートを見れば、「この株価水準に買い戻し需要がありそうだ」とわかります。となれば、株価がギャップを形成して上昇した後に空売りした人の中には、その株価水準で手仕舞うことを考える人もいれば、他方、これからその銘柄を買おうとしている人の中にも「この株価水準あたりで下げ止まりそうだから、そこで買いを入れよう」と考える人もいます。上方ギャップが形成されたという事実が確定したことで、より需要が集まりやすくなる。かくして、強いサポートになるという構図です。

　下方ギャップによって株価が下落した場合は逆に、前日買った人は寄り付き時点で全員含み損状態です。もし、株価がギャップの水準まで戻したところで売却すれば、ギャップが形成された日よりは損失を少なくできますから、そこまで株価が戻るのを待ち望むでしょう。よって、ギャップとなっているゾーンに売りの供給圧力が集まります。前日の株価がそれまでのサポート水準で、「ここが下値だろう」と買った人が多ければ、なおさら供給圧力は大きくなると考えられます。

　と同時に、株価がいったん下げ止まってから買った人は、「そこに供給圧力がありそうだ」と予想して、ギャップの水準を売りの目標値に設定する。これから空売りをしようとしている人は、ギャップの水準まで上がったところで売り注文を入れようと考える。といった具合に、新たな供給も呼び起こす要因になり、強いレジスタンスになります。

●「埋まるギャップ」と「埋まらないギャップ」

　ギャップに関しては、「埋まるギャップは重要ではなく、埋まらないギャップが重要だ」と言われることがあります。この「重要」という意味を考えてみましょう。

　「ギャップが埋まる」というのは、上方ギャップが形成されて株価が上昇

した後、ギャップの下値（ギャップを形成する前日の高値）以下まで株価が下がる。下方ギャップで株価が下落した場合ならば、ギャップの上値（ギャップを形成する前日の安値）以上まで株価が上昇する動きを指します。これによって、ギャップの空間が埋まる格好になります。

　重要でないとされるギャップは、たとえば下方ギャップによってレジスタンスとなるはずの株価水準を、その直後に株価が上昇して簡単に埋めてしまうケースです。これはレジスタンスがブレイクされたことを意味しますから、もはやその株価水準はレジスタンスではなくなります。

　また、あっさりブレイクされたということは、そこは強いレジスタンスではなかったことになります。レジスタンスはブレイクされるとサポートになりますが、強くないレジスタンスをブレイクしても、強いサポートにならない可能性が大きいと考えられます。よって、このギャップはあまり重要視されません。

　このようなギャップは、平常の株価の"ふれ"によって生じることが多く、「コモン・ギャップ」と呼ばれます。この動きは、たとえば、前日の安値よりも安く寄り付いたものの、場中に買われて前日の安値より値を上げた結果、ギャップが形成されなかったパターンとほぼ同じと考えてよいでしょう。

　ギャップが埋まったとしても、それが「重要ではなくなった」とまでは言えないケースもあります。たとえば、下方ギャップで下がった株価が反転上昇したときに、ギャップは埋まったものの、そこで上げ止まって再び下落するようなケースです。この場合、ギャップの株価水準はレジスタンスとしてひとまず機能したと見ることができます。

　上昇ギャップを形成して上昇した場合ならば、株価が下落したときにそのギャップを埋めたとしても、そこからすぐに株価が反転上昇したとすれば、その株価水準はサポートとして機能したと言えます。

　こうした一時的にわずかに埋まったギャップの水準は、いったんは機能したサポート・レジスタンス水準として、意識しておくべきポイントになります。次に株価が下がったときに再びそのサポートで下げ止まるか、次に株価

が上がったときに再びそのレジスタンスで押し戻されるかが、その先の注目点です。

　実際の相場を見ると、たとえばレジスタンスとなっているギャップ水準をわずかながらでも埋める上昇があった場合には、株価がいったん下落した後に再び株価が上昇したときには、その株価水準をしっかりブレイクする例がよくあります。わずかであってもギャップを埋める上昇があれば、それだけ供給圧力が減って、レジスタンスとしての機能が弱くなると考えれば、さもありなん、ではないでしょうか。

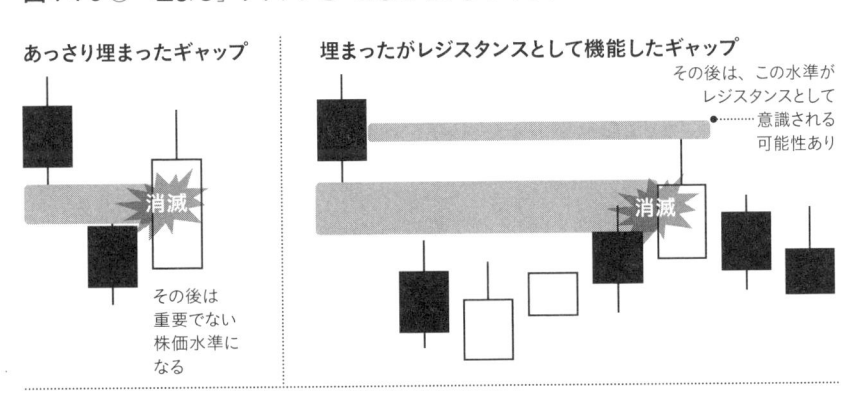

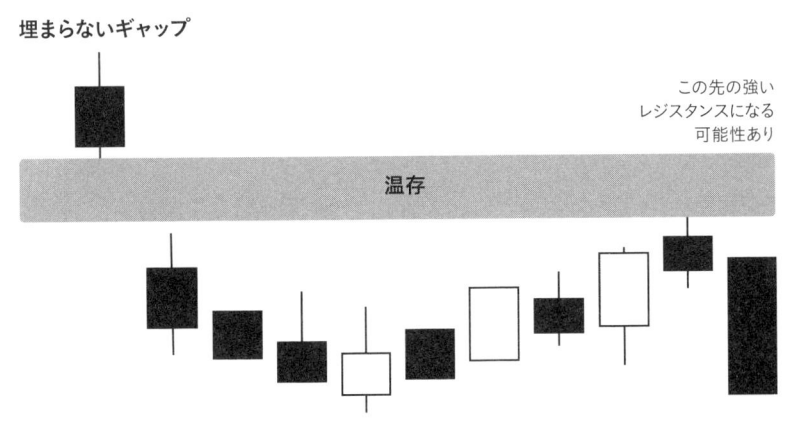

図4-4-3 ●「埋まる」ギャップと「埋まらない」ギャップ

あっさり埋まったギャップ

消滅

その後は重要でない株価水準になる

埋まったがレジスタンスとして機能したギャップ

その後は、この水準がレジスタンスとして意識される可能性あり

消滅

埋まらないギャップ

温存

この先の強いレジスタンスになる可能性あり

図4-4-4 ● 埋まるギャップと埋まらないギャップの例
（8604 野村HD：日足 14年5月〜10月7日）

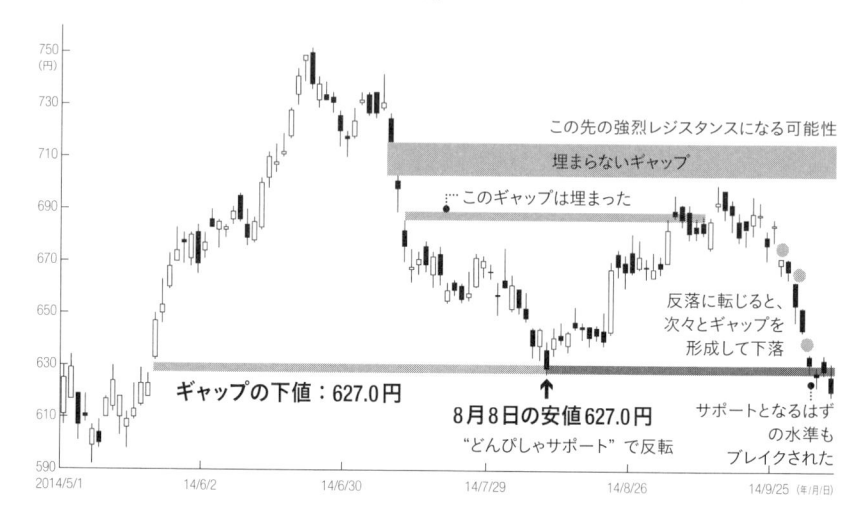

 「埋まらないギャップ」が重要だとする意味は、そこにあります。たとえば、レジスタンスになっているギャップの下値（ギャップが形成される前日の高値。ローソク足の上ヒゲの先端）近辺までしか株価が上がらず、ギャップがまるまる温存されたとすると、ギャップ形成の前日に買った人は損失状態が改善されません。供給圧力はそのまま残っているわけですから、レジスタンスの強さは変わらないことになります。

 サポートとなっているギャップもやはり、その空間がまるまる温存されている間は、買い戻しの需要が減らず、よって、サポートの強さも変わらないと考えることができます。

 ギャップのゾーンの値幅が大きいほど、ギャップが埋まるのを待ち望んでいる人たちの抱えている損失度合いは大きく、それを上回る大きな力がなければその値幅の空間領域は埋まりません。そこは、非常に重要視すべきレジスタンス・サポートになります。

●トレンドの「初期」「途中」「最終局面」に出現するギャップの解釈

　チャートを見ると、いろいろなところでギャップが形成されていますが、とくに重要と見られるギャップについては出現したトレンドの局面によって3種類の分類があります。

　まず、それまでトレンドを維持してきた強いレジスタンスやサポート水準をブレイクし、それを機にトレンドが反転するような局面で出現するギャップです。これは「ブレイク・アウェイ・ギャップ」と呼ばれ、反転後のトレンドの強いサポート・強いレジスタンスになります。

　トレンドの途中で価格が急に飛んで形成されるギャップは「ラン・アウェイ・ギャップ」と呼ばれます。これは、市場が順調に動いている場合に観測され、上昇トレンドの途中に出現する上方ギャップは基調の強さの象徴。下降トレンドの途中に出現する下方ギャップは基調の弱さの象徴、と解釈されます。上昇トレンドの調整局面では、このギャップの水準が強いサポートと

図4-4-5 ● トレンド反転と「ブレイク・アウェイ・ギャップ」

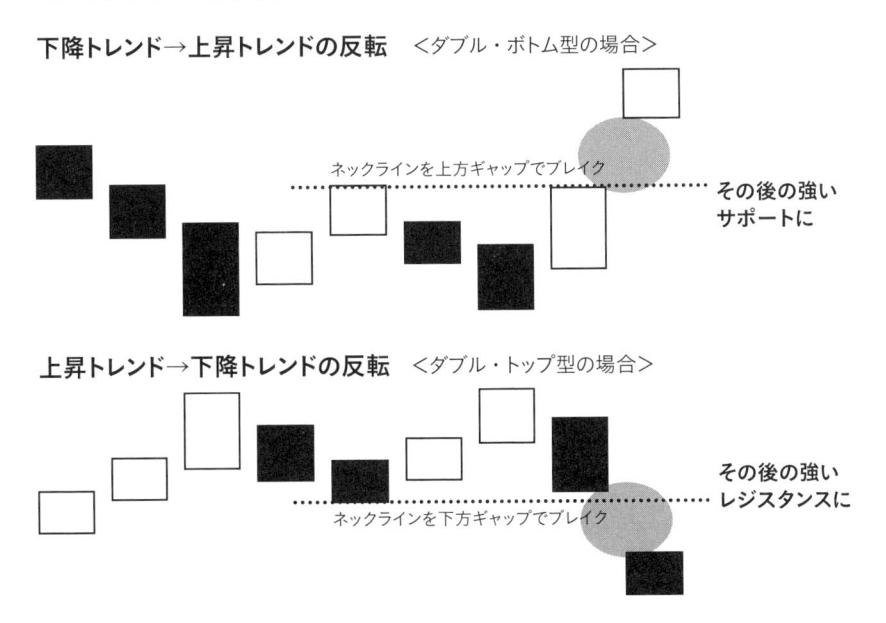

下降トレンド→上昇トレンドの反転　　＜ダブル・ボトム型の場合＞

ネックラインを上方ギャップでブレイク

その後の強いサポートに

上昇トレンド→下降トレンドの反転　　＜ダブル・トップ型の場合＞

ネックラインを下方ギャップでブレイク

その後の強いレジスタンスに

なるケースがよく見られます。

　この2つは、ギャップが出た方向に株価が進む"順張り型"のパターンですが、ギャップには、トレンドの最終局面で反転を示唆する"逆張り型"のパターンもあります。エグゾーション・ギャップと呼ばれるパターンで、上昇トレンドの最後に大きく飛び跳ねる上方ギャップを形成します。が、そこで力尽きたかのように勢いを失い、数日後には下落してしまいます。最後の需要が噴出する上昇トレンド最後の大陽線と共通する動きと言えます。

　このエグゾーション・ギャップが形成された後、しばらく狭いレンジ内の上げ下げがあり、そこから今度は下方ギャップを形成して株価が下落することもあります。大きく飛び上がったギャップと、その後の下方ギャップの間にあるローソク足の一群があたかも離れ小島のような形を描くことから、このパターンはアイランド・リバーサルと呼ばれます。このパターンは、強いサポートとなっている上方ギャップの水準を、下方ギャップでブレイクしたことになりますから、この下方ギャップの水準は一転して非常に強いレジスタンスになると考えられます。

　アイランド・リバーサルはトレンド反転に至る確率が高い弱気パターンとされますが、反転に至るか否かの信頼性は、相対的に見てパターンがトレンドのどの位置に出現したかによって違ってきます。

　注意を要するのは、それまで続いてきた上昇トレンドの最高値圏でこのパ

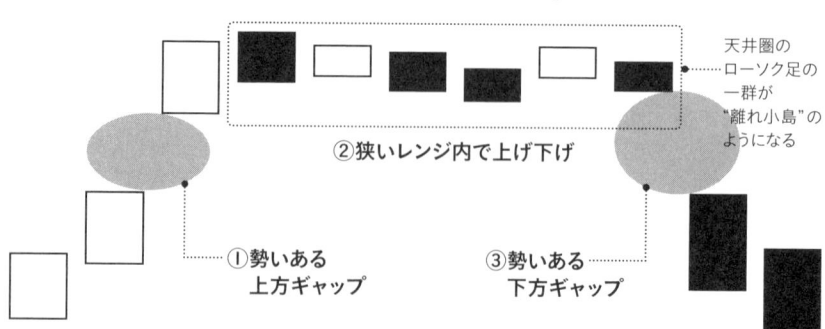

図4-4-6 ● 天井圏に現れる「アイランド・リバーサル」

①勢いある上方ギャップ
②狭いレンジ内で上げ下げ
③勢いある下方ギャップ

天井圏のローソク足の一群が"離れ小島"のようになる

ターンが出現した局面です。そのときに見ておくべきポイントは、まず、下方ギャップを形成して下落した株価がどこで下げ止まるか、です。その下落が、その時点までの強いサポート水準で下げ止まり、そこからの反転上昇で早々に下方ギャップを埋めれば、ひとまず下降トレンド転換の可能性は薄まったと解釈することができます。

　強いだろうと思われていたサポート水準をもブレイクして株価が下落し続ける場合には、トレンド転換の可能性が示唆されることになります。上昇トレンドが下降トレンドに転換することを視野に入れたスタンスを検討することも必要になってきます。

図4-4-7 ● 日経平均株価にアイランド・リバーサルに似たパターンが出現
（日経平均株価：日足14年8月～10月7日）

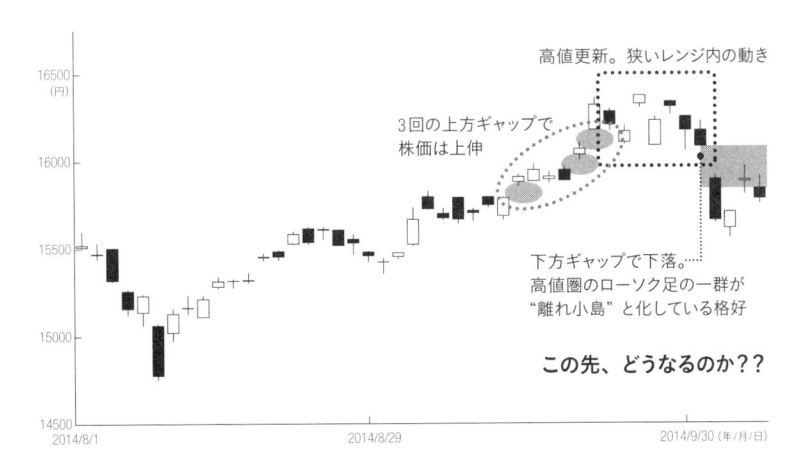

[チャート図：2014/8/1～2014/9/30の日経平均株価日足チャート。「3回の上方ギャップで株価は上伸」「高値更新。狭いレンジ内の動き」「下方ギャップで下落。高値圏のローソク足の一群が"離れ小島"と化している格好」「この先、どうなるのか？？」の注釈あり]

●チャート上でとにかく目立つ。だからギャップを重要視する必要がある

　繰り返しになってしまいますが、ギャップがサポートやレジスタンスの機能をもつ需給的な背景は、過去の安値や高値がサポート・レジスタンスになることとほとんど変わりません。ただ、ギャップは、ローソク足チャート上でとにかく目立つという特徴があります。値幅の大きなギャップともなれば、否応なく目に入ってくるでしょう。その銘柄をすでに買っている人、空売り

している人でなくても、その水準は非常に意識しやすくなります。

　この点は6章で詳述しますが、「そこで下げ止まるだろう」「そこで上げ止まるだろう」と考えて行動する人が多くなればなるほど、実際にその株価水準で下げ止まったり、上げ止まったりする可能性は高まります。

　さらに、「ギャップは本当にサポートやレジスタンスになりやすい」という認識が拡がれば、値幅が大きい、あるいは、売買高を伴うなど、理論的に"重要"とされるギャップでなくとも、「そこにギャップがある」というだけでサポートやレジスタンスの機能をもつことも起こります。「売買高を伴わないギャップはまったく重要でない、とまでは言い切れない」と述べた理由は、この点にあります。

　実際、1日内の値動きでも、たとえば前日の高値よりも高く寄り付いて、寄り付き時点でギャップが生じた場合、寄り付き後に前日の高値か終値近辺まで下がり、ギャップをわずかに埋めたところで株価が再び上昇するようなケースは珍しくありません。これは、1日内という超短期間でも、ギャップを埋める株価水準がサポートとして意識されている可能性を示しています。

　もっとも、その動きによって前日のローソク足と今日のローソク足の間のギャップは消滅しますから、そのあとは、その株価水準はギャップとして意識されなくなる。つまり、サポートやレジスタンスとして重要視される要素がなくなります。先に「ギャップがわずかに埋まってレジスタンスやサポートとなった場合、次に株価が上昇または下落したときには、その水準はブレイクされる例が多い」と述べましたが、それも結局、実際の需要や供給もさることながら、わずかながらでも埋まったギャップはもはや市場参加者から意識されなくなる、という背景も多分にあると考えられます。

　多くの市場参加者に意識されやすい、すなわち、サポートやレジスタンスになるであろうという予測を多くの人がもちやすいギャップは、先行き予測の大きなヒントになります。これは実践の売買で大いに活用できます。

Exercise

ローソク足チャートにトレンドラインを引いてみる

　ローソク足チャートにトレンドラインを引いてトレンド分析をするときには、進行しているトレンド（または、過去に進行していたトレンド）の2つのローソク足の高値または安値を選んで線を引きます。上昇トレンドのサポートラインであれば、その延長線上に複数のローソク足の下ヒゲがひっかかっていたり、ローソク本体の下辺がタッチしたりしている場合には、その上昇トレンドは同じペースで進行していると解釈します。

　株価が横ばいパターンになっている局面では、2つの上ヒゲまたはローソク本体の上辺と、2つの下ヒゲまたはローソク本体の下辺を選び、上値ラインと下値ラインを引きます。

　実例として、トヨタ自動車（7203）の週足チャートにトレンドラインを引いてみましょう。期間は、12年10月から14年10月第2週までの2年間で、この間のトレンドと、ここから先の注目ポイントを考えてみます。

● **現状までのトレンド**

　12年11月から上昇トレンドが本格化し、しばらくはサポートラインBに下値を支えられながらトレンドが継続しています。途中、下値Cと上値Dのレクタングル的な保合い状態となった局面でサポートラインBを割り込みましたが、短期で値を戻し、13年4月第2週の大陽線で保合い状態をブレイク。上昇トレンド再開となっています。

　サポートラインBは13年5月まで機能していたものの、6月第1週の大陰線によってブレイクされ、Bは転じてレジスタンスラインに。その後の反転上昇の上値を抑えつける形になっていたことがわかります。

　13年7月以降は、下値Fと上値Gに挟まれたトライアングル的な保合い状態が14年1月まで延々と続きます。このトライアングルは下値Fがブレイクされたことで終了。さらに、14年4月第2週には13年6月の安値をもブレイク。

「もはやこれまでか」と思われたところが、サポート水準Eに救われた、といったところでしょうか。Eの水準のわずか15円上で下げ止まり、ここを起点に新たな上昇トレンドとなっています。

その後はサポートラインHが上昇トレンドの下値となっていますが、10月第2週はサポートラインHに肉薄した水準で引けています。

● **この先の注目ポイント**

ここから先は、とにもかくにもサポートラインHの水準で下げ止まるか否かが焦点です。この時点では、極めてきわどい。ただ、足元の株価は、7月につけた高値水準Iをブレイクしたことによる"転じてサポート"水準にあります。このサポート機能がサポートラインHの下支えに加われば、このあたりが押し目となることもなきにしも非ず、です。

このダブルサポートが機能しなかった場合、足元のトレンドの前回の安値水準、またはJのサポートが次の下値目処になります。その水準で下げ止まらず、さらにEのサポート水準を割り込むと、大きく捉えれば、ダブル・トップ型の反転パターンに近い形が描かれます。Eの水準が、12年10月からの上昇トレンドを維持する最後のサポートかもしれません。

図4-5 ● 週足チャートにトレンドラインを引いてみる
（7203トヨタ自動車：週足12年10月～14年10月10日）

A：12年10月当初のサポートライン
B：12年11月～13年5月のサポートライン
C：13年2月～4月のレクタングルの下値ライン
D：レクタングルの上値ライン
E：レクタングルをブレイクした後のサポート
F：13年7月～14年1月のトライアングル下値ライン
G：トライアングル上値ライン
H：14年4月以降、現状のサポートライン
I：14年7月の高値・レジスタンス転じてサポート水準
J：14年6月のサポート水準

第 5 章

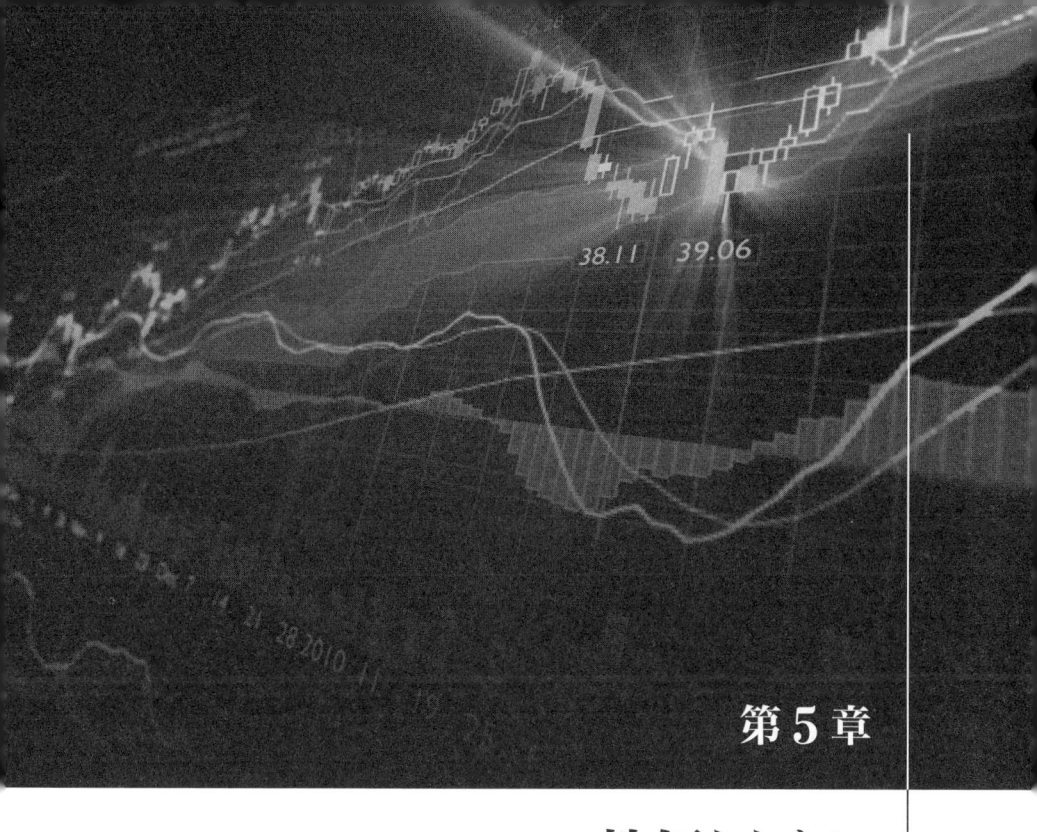

株価とともに
チャート上に描かれている
移動平均線のしくみ

§5-1 トレンドフォロー型テクニカル指標の代表「移動平均線」

トレンドラインに勝る？　移動平均線という"トレンドライン"

●「平均」をグラフ化した線がトレンドを追いかける

　前章でローソク足チャートを見てきましたが、日頃見ているローソク足チャートには必ずと言っていいほど、株価とともになだらかな曲線が描かれていると思います。移動平均線と呼ばれる線です。

　移動平均は、予め平均を取るデータの個数を決め、新たなデータが加わると平均を取るデータの範囲をひとつずつずらして、順番に一定個数のデータを平滑化していく計算方法です。統計・確率の分野では従来から使われていましたが、米国のジョセフ・E・グランビルが1960年に出版した"A Strategy of Daily Stock Market Timing for Maximun Profit"の中で、これを株式の売買に活用する手法を提唱しました。これを機に、市場の分析手法として一般に広まったと言われています。その翻訳本は、日本でも昭和30年代に『グランビルの投資法則』という邦題で発売されています。

　移動平均線の考え方自体は、グランビルからさらに遡ること25年前の昭和10年代、日本の株式市場で「からみ足」と呼ばれ、相場の分析手法として利用されていました。ただ、「からみ足」は一般にはあまり知られていなかったのでしょう。『グランビルの投資法則』によって、移動平均線は米国発の市場分析法のように受け止められて脚光を浴び、広く認知されるところとなったようです。

　さて、移動平均線を利用すると一体何がわかるのか。平均を取る期間が「5日」の5日移動平均を例に、この点から考えていきましょう。

　まず、移動平均を算出したい日の終値を含めて過去5日分の終値の平均を出します。これによって、過去5日の株価の上げ下げの"ふれ"が均されます。

言うなれば、「5日分の株価をひとつの数字で表現するならば、こうなる」というのが、この平均値です。

図5-1-1 ● 株価と移動平均の「上下関係」に注目

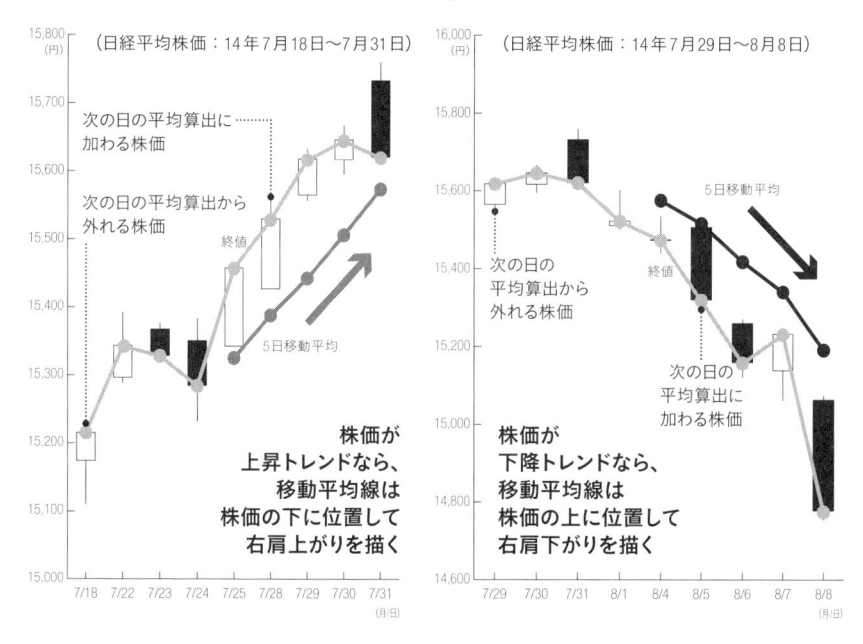

（日経平均株価：14年7月18日〜7月31日）

次の日の平均算出に加わる株価
次の日の平均算出から外れる株価
終値
5日移動平均

株価が上昇トレンドなら、移動平均線は株価の下に位置して右肩上がりを描く

（日経平均株価：14年7月29日〜8月8日）

5日移動平均
次の日の平均算出から外れる株価
終値
次の日の平均算出に加わる株価

株価が下降トレンドなら、移動平均線は株価の上に位置して右肩下がりを描く

　その日の終値が5日間の平均値より高ければ、平均値はその日の株価の下に位置します。この「その日の終値」と「5日分を平均した株価」の位置関係が非常に重要で、この場合は「終値＞平均値」です。

　次の日は、前日の平均を算出した株価のうち一番古いデータを外し、最新の株価を加えて平均を出します。この新たな5日分の平均値は、この日の終値が前日比で値上がりしたか、値下がりしたかにかかわらず、外れたデータよりもこの日の終値が高ければ、前日時点の平均よりも高くなります。

　新たな株価が加わるごとに次々に計算されていく5日分の平均値を結んだ線が5日移動平均線です。株価が基調として上向きの状態が続いている、すなわち、上昇トレンドにあるならば、移動平均線は株価の下に位置して右肩

第5章 ● 株価とともにチャート上に描かれている移動平均線のしくみ　147

上がりを描くことになります。株価の上昇を追いかけるように後ろからついていく格好です。

逆に、株価が5日間の平均値より安ければ、平均値はその日の株価よりも上に位置します。「終値＜平均値」です。また、次の日の平均算出から外れる株価よりも新たに加わる株価のほうが安ければ、新たな平均値は前日の平均値よりも低下します。株価が基調として下向きの状態が続いている、すなわち、下降トレンドにあるならば、各日の平均値を結んだ移動平均線は株価の上に位置して、株価の下落を追いかけるように右肩下がりを描くことになります。

つまり、株価と移動平均線のどちらが上か下かという位置関係と、移動平均線が右肩上がりか右肩下がりかの方向性を見ることによって、日々の株価のふれを排除しながらトレンドを捉えることができる、というのが、移動平均線の基本効能です。

●移動平均線の傾き度合いはトレンドの勢いを表している

移動平均線で株価のトレンドを捉える場合、株価との位置関係、移動平均線の方向性に加えてもうひとつ、移動平均線の傾き度合いも大切です。

たとえば、移動平均線が方向性としては右肩上がりでも、傾き度合いが急な局面もあれば、なだらかな局面もあります。この傾き度合いは、隣り合う2つの平均値を結んだ極々短い（点に近いような）線の傾きの積み重ねによって形成されます。この極々短い線の傾きは、隣り合う平均値の変化率を表しています。

たとえば、株価（終値）が**図5-1-2**のようになっているとします。5日移動平均であれば、A5の日の平均値は、A1からA5までの株価を足して5で割って算出します。その翌日、A6の日の平均値は、A2からA6までの株価を用います。このA5とA6の平均値を結んだ線の傾き（変化率）は「（A6の平均値－A5の平均値）／1日」です。この値は、図で示してあるように、A1の日と、5営業日後のA6の日の終値の差を5で割った値と一致します。これは、「A1の終値からA6の終値まで、平均すると1日あたりこの値幅の

ペースで上昇した」という意味ですから、5営業日間の値動きの「1日あたりの平均速度」を表しています。

図5-1-2 ● 移動平均線の傾きも「平均速度」を表している

【5日移動平均の場合】

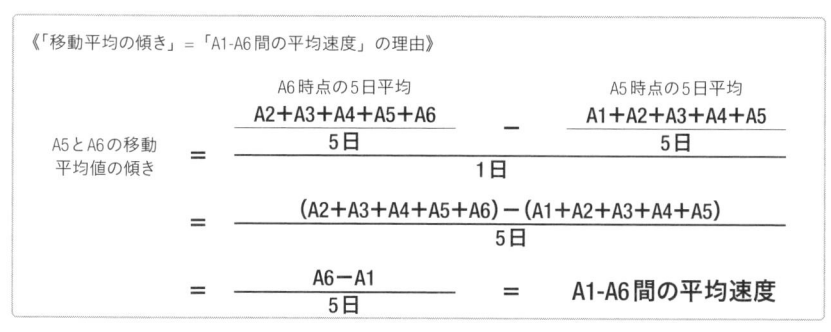

日付	終値	5日移動平均
A1	515	
A2	508	
A3	520	
A4	518	
A5	528	517.8
A6	530	520.8
A7	533	525.8

A5とA6の移動平均値の傾き
$$\frac{520.8 - 517.8}{1 日} = 3（円/日）$$

A1-A6間の平均速度
$$\frac{530 - 515}{（経過日数）5営業日} = 3（円/日）$$

《「移動平均の傾き」＝「A1-A6間の平均速度」の理由》

A5とA6の移動平均値の傾き
$$= \frac{\overbrace{\frac{A2+A3+A4+A5+A6}{5日}}^{A6時点の5日平均} - \overbrace{\frac{A1+A2+A3+A4+A5}{5日}}^{A5時点の5日平均}}{1日}$$

$$= \frac{(A2+A3+A4+A5+A6) - (A1+A2+A3+A4+A5)}{5日}$$

$$= \frac{A6 - A1}{5日} = \text{A1-A6間の平均速度}$$

ここで、2章で紹介したトレンドラインを思い出すと、サポートラインの傾きは2つの安値の間の平均速度、レジスタンスラインの傾きは2つの高値の間の平均速度で、トレンドの勢いを表すものでした。移動平均線は、隣り合う2つの平均値の傾きが、平均を取る期間、5日移動平均ならば「5営業日間」、25日移動平均ならば「25営業日間」における1日あたりの平均速度です。この値が大きい状態が続けば移動平均線の傾きは急勾配を描きます。これは、トレンドに勢いがあることを示します。逆に、株価の動く値幅が小さい状態が続けば、移動平均線の傾きはなだらかになり、トレンドの勢いが鈍い状態を示します。ですから、移動平均線もサポートラインやレジスタンスラインと同じように、トレンドの勢いを表すトレンドラインの一種と考えることができます。

●サポートライン・レジスタンスラインと移動平均線の相違点

　2章で述べたように、トレンドは加速したり、減速したり、あるいはトレンドレスの横ばい状態になったり、チャートはその時々で様々な形状を描きます。サポートラインやレジスタンスラインは、それに応じて、新たなラインを引かなくてはなりません。古いラインも後々に役立つことがありますから、それも残しておかなければならないのは、先述したとおり。そうこうしているうちに、チャート上に何本ものトレンドラインが錯綜する、という状況にもなってしまいます。

　移動平均線には、こうした煩雑さがありません。トレンドが加速すれば平均値が大きくなり、自動的に線の傾きが急勾配になる。トレンドが減速すれば平均値は小さくなり、自動的に線の傾きがなだらかになっていくからです。移動平均線は、トレンドの速度変化に応じて自ら傾きが変化するため、1本のラインの形状を見ていれば、トレンドの変化の様子を捉えることができます。これは、サポートラインやレジスタンスラインに勝る特性です。

　しかも、移動平均線は株価が上昇トレンドにある局面では、サポートラインのように株価の下に位置し、株価が下降トレンドになると、自動的に、レジスタンスラインのように株価の上に位置が逆転します。トレンドの向きに応じて線を引き分ける作業がないという点では、移動平均線はサポートラインやレジスタンスラインよりも便利なトレンドラインと言ってもよいでしょう。

　もうひとつ、サポートラインやレジスタンスラインは「どの2つの安値を選ぶか」「どの高値を選ぶか」で人それぞれの選び方があり、それによって線の形状も、またトレンドの解釈も違ってくるのに対して、移動平均線は平均を取る期間が同じであれば、誰が作成しても同じ形状を描きます。同じ期間の移動平均線を見ている人は、同じようなトレンド解釈をするはずです。となれば、同じような株価水準が意識されやすくなります。

図5-1-3 ● 移動平均線は株価との位置関係が自動的に切り替わる
（日経平均株価・5日移動平均線：14年7月25～8月8日）

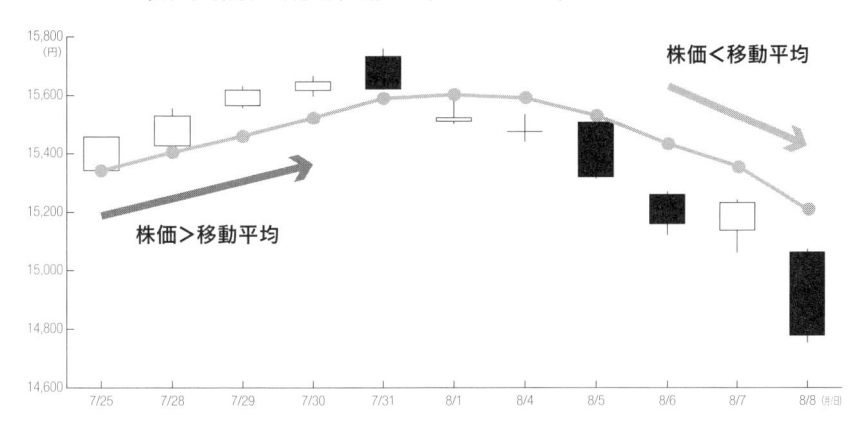

　もっとも、平均を取る期間をどう設定するかは人によりけりで、この点は後述しますが、それによってトレンドの解釈のしかたも異なってきます。ただ、既製のローソク足チャートに描かれている移動平均線には定番化している期間があります。日足チャートであれば、5日、20日または25日。週足チャートであれば、13週と26週などです。その移動平均線は、多くの人が見ていると考えて間違いありません。多くの人が同じ移動平均線を見ているということは、多くの人が同じようなトレンド解釈をする。多くの人が同じような株価水準を意識しやすくなると考えられます。

　前章のギャップのところでもふれたように、多くの人から意識されやすい株価水準は自分自身の売買にとって大きな意味をもちます。この点においては、移動平均線はトレンドラインを上回る重要性があると言っても過言ではありません。

§5-2 株価と移動平均線の関係で判定する「強気」「弱気」

解釈の基本中の基本「グランビルの法則」を再確認

●基本解釈は「株価が移動平均より上か、下か」

　株価と移動平均線の位置関係、および、移動平均線の向きと傾き度合いは、足元のトレンドを捉えることもさることながら、先行きの「強気」「弱気」を予測する、売買シグナルとしての側面が各所で取り上げられます。これを非常にわかりやすい形で類型化し、移動平均線の使い方の基本となっているのが、先述した『グランビルの投資法則』の中で提唱されている「グランビルの8法則」です。

　法則の"基本中の基本"の考え方は、「移動平均線が右肩上がりで、株価の下に位置している」というパターンは先行き強気、「移動平均線が右肩下がりで、株価の上に位置している」というパターンは先行き弱気という予測です。先に見たように、これは、前者は株価が上昇トレンドにある、後者は株価が下降トレンドにあるという解釈に基づきます。

　この法則を起点として、実践の売買で移動平均線をどのように活用するのが有効なのかを考えていきたいと思います。まず、法則1から6までを**図5-2-1①**に示しました。

　順序が逆になってしまいますが、基本中の基本は、法則3・4・5・6のトレンド継続を示すパターンです。法則3と法則5は、上昇トレンド継続の強気シグナルで、移動平均線がサポートラインとして機能している状況を示します。法則5は、移動平均線を下にブレイクしていますが、移動平均線の推移が右肩上がりを維持しているうちに移動平均線の上に浮上するという動きをもって、上昇トレンド継続。よって「強気」シグナルになっています。

法則4と法則6は、下降トレンド継続の弱気パターン。移動平均線がレジスタンスラインとして機能している状態です。

図5-2-1① ● 移動平均線の使い方の基本「グランビルの法則（1〜6）」

法則1：トレンド反転（下降→上昇）
移動平均線が横ばいか
上向いてきたところで、株価が
移動平均線を上に抜ける

法則3：上昇トレンド継続①
移動平均線が上昇しているとき、
株価が移動平均線に向かって下がるも、
移動平均線より上で再上昇

法則5：上昇トレンド継続②
移動平均線が上昇しているとき、
株価が移動平均線以下になったが、
すぐ移動平均線より上に浮上

法則2：トレンド反転（上昇→下降）
移動平均線が横ばいか
下向いてきたところで、株価が
移動平均線を下に抜ける

法則4：下降トレンド継続①
移動平均線が下降しているとき、
株価が移動平均線に向かって上がるも、
移動平均線より下で再下落

法則6：下降トレンド継続②
移動平均線が下降しているとき、
株価が移動平均線以上になったが、
すぐ移動平均線より下に下落

　トレンドが減速すると、まず、移動平均線の傾き度合いがなだらかになり、次第に横ばい状態に近づいていきます。そして、それまでのトレンドが反転するとき、下降トレンドから上昇トレンドへの転換であれば、株価の上に位置していた移動平均線を株価が上に抜け、移動平均線が株価の下に来るという位置の逆転現象が必ず起こります。これが法則1の下降トレンドから上昇トレンドへの転換を示唆する強気シグナルです。この法則1では、「移動平均線を株価が上に抜ける」という動きの前提として、「移動平均線が横ばいになるか、上向きになったところで」という条件がついています。ここが、移動平均線を上にブレイクしても「弱気継続」とする法則6と異なるところです。

上昇トレンドから下降トレンドへの転換は逆のパターンで、株価の下に位置していた移動平均線を株価が下に抜けて、移動平均線が株価の上に来るという逆転現象が必ず起こります。これが法則2の弱気シグナルで、「移動平均線が横ばいになるか、下向きになったところで」という前提条件がつきます。

　この法則の強気シグナルの1・3・5、弱気シグナルの2・4・6を併せて考えると、たとえば、法則1で上昇トレンドへの転換が示唆された後、株価がいったん下がっても、下に位置している移動平均線より上で下げ止まる。もしくは、移動平均線を割り込んでもすぐに株価が移動平均線の上に浮上するという法則3・5に当てはまる動きが確認されれば、「上昇トレンド継続」という判断になります。これは、下降トレンドにあったときのレジスタンスラインがブレイクされた後にサポートラインの機能に逆転するのと同じ状況を意味します。

　上昇トレンドから下降トレンドへの転換が示唆された後ならば、株価がいったん上昇しても、上に位置するところとなった移動平均線近辺で上げ止まる。もしくは、移動平均線を上に抜けてもすぐに株価が移動平均線の下に落ちる。この動きは、ブレイクされたサポートラインがレジスタンスラインの機能に一転するのと同じ状況です。これらは、トレンド転換の可能性をより

図5-2-1②トレンド反転の可能性をより強く示唆するパターン

下降トレンド→上昇トレンド
「法則1」が出現した後、
株価がいったん下がったときに、
移動平均線がサポートラインとして機能

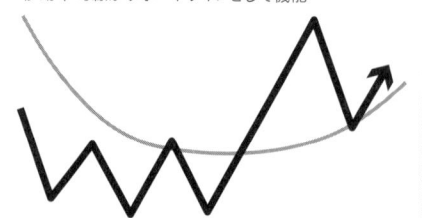

上昇トレンド→下降トレンド
「法則2」が出現した後、
株価がいったん上がったときに、
移動平均線がレジスタンスラインとして機能

強く示唆する動きと解釈されます。

●株価が移動平均線とどのくらい乖離すると"行き過ぎ"なのか

　株価のトレンドを追いかける移動平均線は、トレンドの方向に沿ったポジションを取ることを第一の目的とする順張り型のテクニカル指標で、上昇トレンドが継続していれば「強気」、下降トレンドが継続していれば「弱気」が基本です。

　とはいえ、上昇トレンドにあっても、株価が急騰すればその反動で大きく下げたり、下降トレンドにある中でも、株価が急落すれば自律反発的な上昇が起こったりします。こうしたトレンドが継続している中で株価が行き過ぎたときに起きる反動に対する警告が、法則7と法則8です。

　法則7は、移動平均線は右肩上がりで、株価の下に位置していても、株価が急上昇して移動平均線との乖離が拡大した場合には、目先反動による大きな下落が予測されることから「短期弱気」。法則8は、移動平均線は右肩下がりで、株価の上に位置していても、株価が急落して移動平均線とのマイナス乖離が拡大した場合は、目先反発が予測されることから「短期強気」。本来的には順張り型の性格をもつ移動平均線を、トレンドに逆らう逆張り型として使うシグナルです。

図5-2-2 ● 法則7・8は株価の"行き過ぎ"に対する警告

法則7：上昇トレンド中の「短気弱気」
移動平均線が上昇しているとき、
株価が急上昇して移動平均線との乖離が大幅に拡大

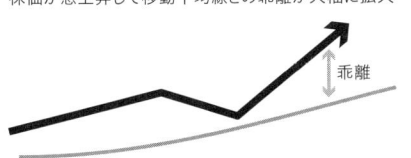

法則8：下降トレンド中の「短期強気」
移動平均線が下降しているとき、
株価が急落して移動平均線との乖離が大幅に拡大

　ここで問題は、株価と移動平均線の乖離が拡大していること自体はチャートを見ればわかりますが、具体的にどのくらいの乖離をもって、この法則7

や法則8に当てはまる「拡大」と判定するか、です。先に、「平均を取る期間が異なれば、トレンドの解釈も違ってくる」と述べましたが、それは、平均を取る期間が異なれば、平均値も異なるため、移動平均線の形状が違ってくることによります。そうすると、平均を取る期間が異なる移動平均線は、同じ日の終値に対する乖離率も違ってきます。これは、どう捉えればよいのか。「××日移動平均線は±△％の乖離率を『拡大』とみなす」というような基準を、どう考えればよいのでしょうか。

●平均を取る期間によって移動平均線の形状はこうも違う

まず、平均を取る期間によって、移動平均線と株価の位置がどう違うのかを具体例で見てみます。

図5-2-3は、日経平均株価の日足チャートと、5日移動平均線・25日移動平均線・75日移動平均線です。一見してわかるとおり、平均を取る期間が短いほどその推移は株価に近く、平均を取る期間が長くなると、その形状はなだらかになっています。これは、5日移動平均が平均を算出するのに用い

図5-2-3 ● 平均を取る期間によって乖離率は異なる
（日経平均株価：日足 14年9月1日〜10月20日）

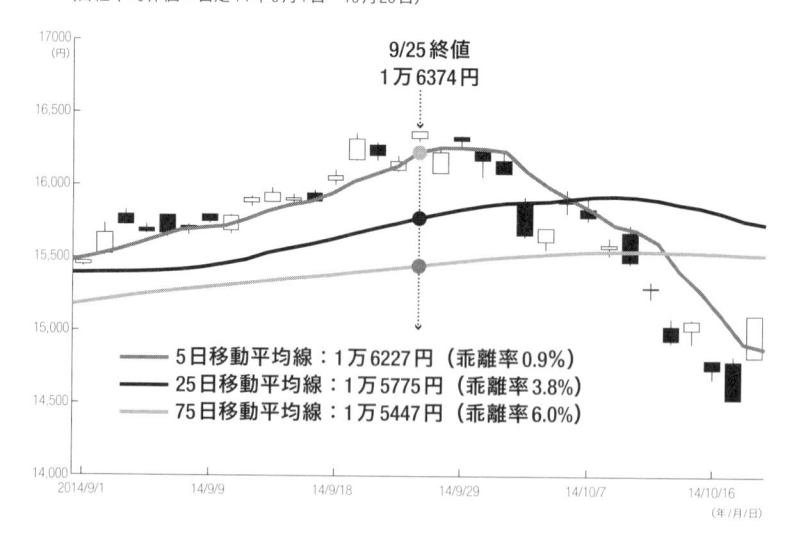

9/25 終値
1万6374円

5日移動平均線：1万6227円（乖離率0.9％）
25日移動平均線：1万5775円（乖離率3.8％）
75日移動平均線：1万5447円（乖離率6.0％）

る5日分の株価のうち、4日分が翌日の平均算出に用いられるのに対して、75日移動平均は75日分の株価のうちの74日分が翌日の平均算出に用いられることによります。つまり、平均を取る期間が長くなると、前日と次の日と同じ株価が用いられる数が多い分だけ、前日の平均値と次の日の平均値の差がつきにくくなるということです。

その結果、同じ日の株価と各移動平均線の乖離率には差が生じます。たとえば、14年9月25日の日経平均株価の終値は1万6374円。この日の5日移動平均値は1万6227円、25日移動平均値が1万5775円、75日移動平均値は1万5447円です。株価との乖離率はそれぞれ、5日移動平均＝0.9％、25日移動平均＝3.8％、75日移動平均＝6.0％と計算されます。どの移動平均線も株価の下に位置している場合、平均を取る期間の長いほうが、乖離率は大きくなるのが通常です。

何日移動平均線が何％株価と乖離していると「拡大」と解釈して逆張りの売買をするのがいいのかは、グランビルの投資法則の中にも示されてはいません。これを厳密に求めるとすれば、膨大な株価データを検証することが必要になりますが、おおよそであれば、過去1年程度の終値のデータで目安をつけることは可能です。

まず、終値のデータで1日あたりのボラティリティーを求めます。1日あたりのボラティリティーとは、要するに、各日の前日比上昇下落率の標準偏差で、株価の場合、通常は自然対数を取ります。これは、「Excel」の関数機能を使えば簡単に出すことができます。

次に、平均を取る日数分のボラティリティーを求めます。「ボラティリティーは日数（時間）の平方根に比例する」という近似計算の考え方に基づけば、知りたい日数分のボラティリティーは「1日あたりのボラティリティー×日数の平方根」となります。

09年4月以降のデータで日経平均株価のボラティリティーを求めてみたところ、1日あたり約±1.3％でした。そうすると、5日分のボラティリティーは「$1.3\% \times \sqrt{5}$」で±2.9％となります。

この値は、統計学で言うところの「1標準偏差」（1σ）で、統計学では「デ

ータの約68％は、5日分の値動きが±2.9％以内に収まる」という解釈をします。平たく言えば、「5日の間に3％程度の上下はあっても不思議ではない」といったところです。

　これが「3標準偏差＝1標準偏差×3」（3σ）となると、データの99.73％は、5日分の値動きが「±2.9％×3＝±8.7％」以内に収まる、という解釈になります。言い換えれば、日経平均株価が5日の間に±8.7％を超える値動きが起きることは滅多にない、ということです。滅多に起きないような大きな値動きがあるとすれば、その反動も起きるという予想は可能でしょう。ということで、この「5日相当の株価のボラティリティーの3倍」を株価と移動平均の"拡大乖離"の目安にする、という考え方ができます。

　もっとも、これはアバウトな目安であって、「乖離率がそれ以上に拡大したら、ほぼ確実に反対方向の動きが出る」というわけではありません。株式という有価証券は、時に、統計学では考えられないような突拍子もない値動きをすることがあります。ですから、この"拡大乖離"を目印に、急騰している銘柄を空売りする、急落している銘柄を全力買いするという新規の逆張り売買はよほど慎重にする必要があります。あくまでも、買い持ちの株が急騰した、あるいは、すでに空売りをしている株が急落したときにポジションを手仕舞う目安にしておくほうがよいと思います。

§5-3 「値動きの性格」を測る ツールとしての移動平均

その銘柄は、値上がりした翌日「上がりやすい」か「下がりやすい」か

◉株価は本当にグランビルの法則に従って動くのか？

いろいろな個別銘柄のチャートで株価と移動平均線の関係を見てみると、確かに、グランビルの法則の「強気」「弱気」シグナルのとおりに株価は動いています。トレンドが反転するときには、必ず法則1や法則2のパターンが出現していますし、上昇トレンドが継続している局面では、法則3と法則5、下降トレンドが継続している局面では法則4と法則6が確認されます。

図5-3-1はセコム（9735）の週足チャートと13週移動平均線です。一時的に株価が移動平均線をブレイクするところもたまにありますが、全体としてみれば、グランビルの法則はトレンドの先行きをかなり捉えている、という印象ではないでしょうか。

図5-3-1 ◉ 株価は確かに法則に従って動いている
（9735セコム：12年7月～14年10月16日）

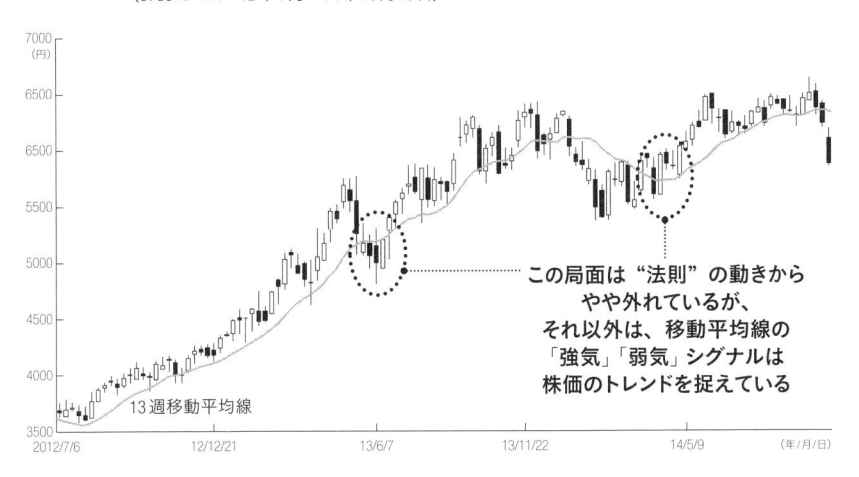

この局面は"法則"の動きからやや外れているが、それ以外は、移動平均線の「強気」「弱気」シグナルは株価のトレンドを捉えている

ということは、たとえば「移動平均線が株価より下にある（終値＞移動平均）」なら先行き強気シグナルとして「買い」、「移動平均線が株価より上にある（終値＜移動平均）」なら先行き弱気シグナルとして「売り」という売買をすればいいのではないでしょうか。法則7や法則8は考慮しなくとも、このチャートと移動平均線を見る限り、この単純な売買を繰り返すだけで利益がどんどん積み上がりそうな感じがします。

　そこで、「株価（終値）がその日の65日移動平均（1週を5営業日として13週移動平均に相当）より高ければ、その日の大引けで買う」「株価がその日の65日移動平均よりも安ければ買い玉を手仕舞って、空売りする」という売買をしたらどうなるかを、09年4月以降のデータで検証してみました。

　図5-3-2①のグラフは、この売買の累積損益の推移です。なんと、まるで利益があがらない。むしろ損失が出るという結果です。

　もっとも、このシミュレーションでは、株価が移動平均よりも安くなれば「売り」になりますから、法則5に反することになってしまいます。ただ、その直後に株価が移動平均線の上に浮上すれば、再び「買い」になるので、多少は利益が減るとしても、その影響は大きくはないはずです。

　また、法則1や法則2の「移動平均線が横ばいになるか、上向いて（下向いて）きたところで」という前提条件も加味されていませんが、この点にしても、株価が移動平均線をブレイクした方向に進めば利益は上がり、株価が移動平均線をブレイクした後に、すぐにブレイクをキャンセルする逆の動きが出れば、売り買いも逆になるはずですから、それがこの累積損益を大きく左右する要因になるとは考えられません。

　もうひとつ、法則7と法則8の"行き過ぎ"のときの逆張り売買を取り入れれば、もっと数字がよくなる可能性はあります。ただ、"行き過ぎ"の局面もトレンドが継続している状況であることに変わりはありません。株価と移動平均線の位置関係で「トレンド継続」「トレンド反転」を捉えることができていれば、"行き過ぎ"を考慮しなくとも、累積の損益がプラスになっておかしくありません。

図5-3-2① ● 売買をデータ検証してみると、累積損益は「マイナス」
（9735セコム：65日移動平均シグナルの順張り売買09年4月～14年10月16日）

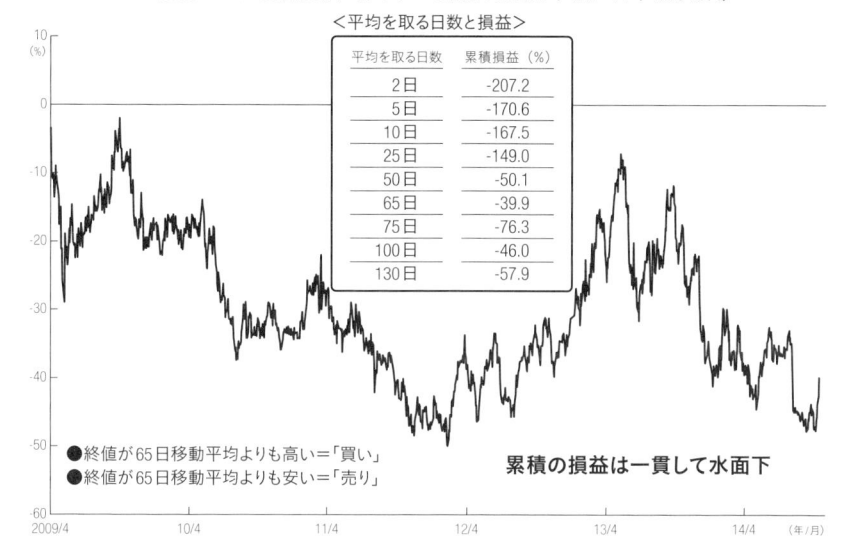

〈平均を取る日数と損益〉

平均を取る日数	累積損益（％）
2日	-207.2
5日	-170.6
10日	-167.5
25日	-149.0
50日	-50.1
65日	-39.9
75日	-76.3
100日	-46.0
130日	-57.9

●終値が65日移動平均よりも高い＝「買い」
●終値が65日移動平均よりも安い＝「売り」

累積の損益は一貫して水面下

　「65日という平均を取る期間に問題があるのではないか」と思った人もいるのではないでしょうか。ところが、超短期の「2日」から「130日」まで、平均を取る期間を変えて試してみても、どんどん利益があがる、という結果は出てきません。「65日」が悪いどころか、これが最も良好な結果です。最短の「2日」の移動平均を売買のシグナルにしたシミュレーションは、累積損益がマイナス200％超にもなっています。

図5-3-2② ●「2日移動平均」のシグナルを使うと…

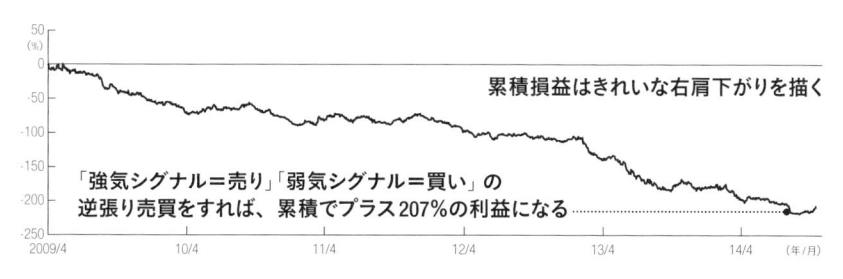

累積損益はきれいな右肩下がりを描く

「強気シグナル＝売り」「弱気シグナル＝買い」の
逆張り売買をすれば、累積でプラス207％の利益になる

第5章 ● 株価とともにチャート上に描かれている移動平均線のしくみ

累積損益がマイナスということは、これと正反対の売買をしたら累積損益は同額のプラスになることを意味します。つまり、グランビルの法則には全面的に逆らって、「株価が移動平均線よりも上にある＝強気シグナル」のときは売り、「株価が移動平均線よりも下にある＝弱気シグナル」のときは買いが利益になるということです。

●移動平均線のシグナルが有効か否かは「銘柄によりけり」

　チャートを見ればうまくいきそうな移動平均線の「強気」「弱気」シグナルの売買がいい成果をもたらさないのはなぜか。09年4月以降のデータがある全上場銘柄について調べてみた結果、移動平均というテクニカル指標を実践の売買に活用するうえでのポイントが4つ浮上してきました。

　第一は、平均を取る期間はさておき、「終値がその日の移動平均よりも高ければ強気＝買い」「終値がその日の移動平均よりも安ければ弱気＝売り」という順張り型の売買を繰り返した場合に、累積損益が右肩上がりで増えていく銘柄もあれば、逆に、累積損益のマイナスがかさんでいく銘柄もある。また、あるときは右肩上がりに増えるものの、あるときは右肩下がりのマイナスが続き、トータルしてみれば移動平均のシグナルが有効であるとも、有効でないとも言えない銘柄もある。要は、移動平均線のシグナルが有効か、有効でないかは「銘柄によりけり」だということです。これは、移動平均に限らず、おそらくどのテクニカル指標にも言えることです。
　いったい個別銘柄の何によりけりなのか、というと、その銘柄がもつ値動きの性格と言うほかはありません。移動平均の場合であれば、その性格とは、「値上がりした日の翌日も上がりやすい」「値下がりした日の翌日も下がりやすい」という、前日の上昇・下落が次の日に継承しやすいか否かです。
　この性格が強い銘柄は、まず、2日移動平均をシグナルにした売買シミュレーションで好結果が出ます。2日移動平均のシグナルとは、「今日の終値が前日よりも高い＝2日の平均値よりも終値が高い」ということで買い、「今日の終値が前日より安い＝2日の平均値よりも終値が安い」ということで売

り。要は、前日比上昇なら「買い」、前日比下落なら「売り」という単純なシグナルです。この単純な売買シミュレーションで累積損益の推移が右肩上がりを描く銘柄は、平均を取る期間が何日でも、大方は移動平均をシグナルとした順張り売買のシミュレーションで累積損益がプラスになります。

図5-3-3 ● 移動平均シグナルが効果的「順張り型銘柄」の例
（2712スターバックス コーヒー：検証期間09年4月〜14年9月24日）

2日移動平均シグナルの順張り売買
- 終値が前日比上昇＝買い
- 終値が前日比下落＝売り

＜平均を取る日数と損益＞

平均を取る日数	累積損益（％）
2日	218.9
5日	172.6
10日	100.2
25日	142.6
50日	111.1
65日	119.9
75日	107.1
100日	89.8
130日	114.3

どの移動平均シグナルも累積損益はプラス

累積損益の推移

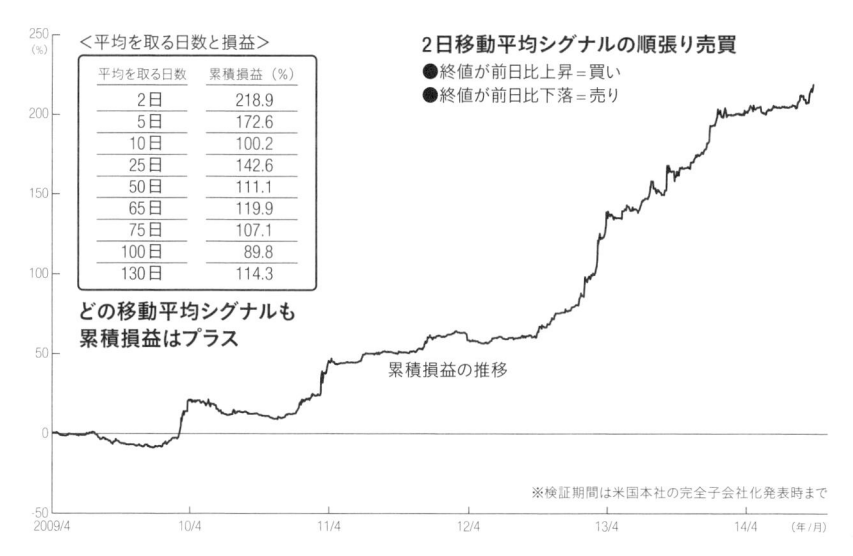

※検証期間は米国本社の完全子会社化発表時まで

　上場廃止が予定されている銘柄ですが、**図5-3-3**のスターバックス コーヒー ジャパン（2712）がその一例です。この銘柄のように、2日移動平均をシグナルとした順張り売買で累積損益が右肩上がりになる銘柄を「順張り型銘柄」と称すことにします。

　逆に、この2日移動平均をシグナルにした売買シミュレーションの累積損益の推移が右肩下がりのマイナスを描く銘柄は、平均を取る期間が何日であっても順張り売買の累積損益はほとんどマイナスです。先ほどのセコムがその例で、移動平均のシグナルに逆らった逆張り売買のほうが明らかに有効、という結果になります。つまり、このタイプの銘柄（「逆張り型銘柄」と呼

ぶことにします）は、値上がりした翌日は値下がりする、値下がりした翌日は値上がりする傾向が強いということです。

　この順張り型銘柄と逆張り型銘柄の性格は、そのまま売買に活かすことができます。たとえば、順張り型銘柄は、「買うなら、前日比で値上がりした日」「売るなら、前日比で値下がりした日」。逆張り型銘柄の場合は、「買うなら、前日比で値下がりした日」「売るなら、前日比で値上がりした日」といった使い方です。

　移動平均線というと、「強気」「弱気」の売買シグナルのことが真っ先に頭に浮かびますが、移動平均の使い途は"シグナル"ばかりではありません。このように、移動平均をシグナルにした売買が有効か、有効でないかという観点から、個別銘柄の値動きの性格をカテゴリー分けするツールとして使うことができます。算出方法がシンプルな移動平均というテクニカル指標だからできる使い方、と言ってもよいでしょう。とくに、最もシンプルな２日移動平均は、すぐに使える"値動きの性格のモノサシ"になります。これが、移動平均を実践の売買に活用するポイントの第二です。

　注目している銘柄が、順張り型なのか、逆張り型なのか、それとも、どちらにも属さないのか。この"モノサシ"を使って調べる方法は、前章で紹介した「高く寄り付くと陰線、安く寄り付くと陽線」の傾向を調べる方法よりもさらに簡単です。

　用意するのは、終値のデータだけで、（１）各日の前日比上昇下落率を終値の隣の列に出しておく。（２）その隣の列に、各日の終値が前日比上昇なら「１」、前日比下落ならば「－１」、前日終値と同値なら「０」を表示させる。（３）各日の「１」「－１」「０」に、次の日の前日比上昇下落率を掛ける。たとえば、10月20日の終値が前日比上昇ならマークは「１」、10月21日の前日比で1.5％上昇したとすると、「１×1.5％」。（４）各日ごとに算出した（３）の数値を累積する、という手順です。これをグラフ化して、その推移が右肩上がりになれば順張り型、右肩下がりなら逆張り型。右肩上がりでも、右肩下がりでもないならば、「どちらにも属さない」型という判定になります。

§5-4 どの期間の移動平均線が売買に最適なのか

実践に役立つ移動平均線を見つける方法

◉移動平均線の順張り売買は株価の上げ下げに弱い

　全上場銘柄の値動きの性格を09年4月以降のデータで調べてみると、順張り型の銘柄数は約1100、逆張り型の銘柄数は約1000。それ以外は、順張り型とも逆張り型とも言えないタイプに属します。先にもふれたように、移動平均をシグナルにした順張り売買のシミュレーションの累積損益が、右肩上がりで伸びるでもなく、右肩下がりになるでもない。期間中の累積損益はほとんどゼロ、という銘柄です。

　そもそも、なぜ移動平均のシグナルによる順張り売買のシミュレーション結果が「累積損益ゼロ」になるのかというと、その多くは、ある局面では移動平均のシグナルが有効性を発揮して利益を伸ばすものの、別の局面ではシグナルが逆効果になって損失を出し、トータルすると損益がチャラになることが原因です。

　次ページ**図5-4-1**はデンソー（6902）の09年4月以降の終値の推移と、2日移動平均をシグナルにした順張り売買シミュレーションの累積損益です。両者を照らし合わせてみると、株価が上がるにしても、下がるにしても、トレンドにスカッとした勢いのある局面では利益が伸びています。ところが、トレンドとしては上向き・下向きがはっきりしていても、株価が上下にふれながらトレンドの方向に進んでいる局面では損益がマイナスになる。株価が横ばい状態のときは、損益も横ばい、または、損失になっています。

　トレンドを捉えているように見える移動平均線のシグナルに沿った売買をしても成果が出ない原因はここにあります。トレンドは出ていても、株価が上下にふれながら動けば、それがノイズと化して移動平均のシグナルを攪乱するのです。また、株価が上げ下げを繰り返すトレンドレスの横ばい状態で

も、同様のことが起こります。これが、移動平均線を実践で使ううえで考えなければならないポイントの第三です。

図5-4-1 ● 株価と順張り売買の損益を照らし合わせてみる
(6902デンソー：09年4月〜14年10月16日)

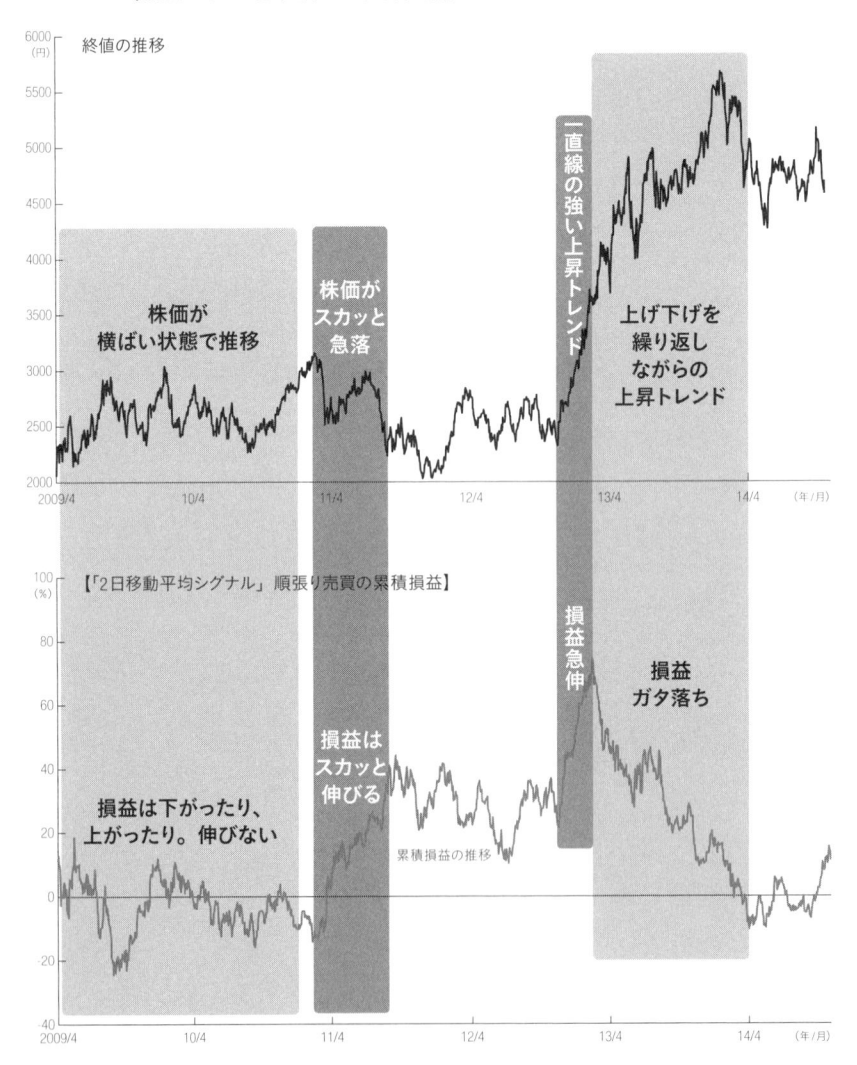

終値の推移

- 株価が横ばい状態で推移
- 株価がスカッと急落
- 一直線の強い上昇トレンド
- 上げ下げを繰り返しながらの上昇トレンド

【「2日移動平均シグナル」順張り売買の累積損益】

- 損益は下がったり、上がったり。伸びない
- 損益はスカッと伸びる
- 損益急伸
- 損益ガタ落ち

累積損益の推移

改めて、株価と移動平均の位置関係をシグナルにした順張り売買について考えてみると、先に見た順張り型銘柄とは、要するに、株価が上昇トレンドにあるときにはスカッと上がりやすい。株価が下降トレンドにあるときにはスカッと下がりやすい。よって、「株価が移動平均より上＝買い」「株価が移動平均より下＝売り」という素直な順張り売買が奏功する傾向が強く出てきます。一方、逆張り型銘柄は、株価が上昇トレンドにあるときも、下降トレンドにあるときも、やたらと上げ下げを繰り返しながらトレンドの方向に進みやすい。その結果、「株価が移動平均より上＝売り」「株価が移動平均より下＝買い」という逆張りの売買が奏功しやすくなります。

　"どちらにも属さない"型の銘柄は、あるときはトレンドの方向にスカッと動いたかと思えば、途端に上げ下げを繰り返しながら動くようになる、かと思えば、またスカッと動いてみたりする。あるときは順張り売買がよく、あるときは逆張り売買がよい、ということですから、これでは移動平均をシグナルとした順張り売買で「トータルの累積損益ゼロ」になってしまいます。

　結局のところ、株価がトレンドの方向にスカッと勢いよく動いている局面では、順張り型銘柄に限らず、どの銘柄でも、短期の移動平均線をシグナルにした単純な順張りの売買が効果をあげます。「上がったら買う。買った後にまた上がる」「下がったら売る。売った後にまた下がる」という値動きなのですから、当然といえば当然です。

　ただし、大方の銘柄は、そのスカッとした勢いのある動きは長くは続きません。そこでパフォーマンスを落としてしまいます。順張り型銘柄にしても、いつでもスカッとした勢いのある動きをしているわけではなく、上げ下げを繰り返すノイズのような動きにはまることはもちろんあります。その局面では、やはりパフォーマンスを落とします。ただ、順張り型銘柄は、スカッと勢いのある動きになるほうが多い。あるいは、そのときに稼ぐ利益が大きいため、結果として、累積損益の推移が右肩上がりを描きます。

●平均する期間を長くすれば"上げ下げ"の影響は排除可能だが…

　もし、このノイズのような株価の上げ下げによる悪影響を排除できるとす

れば、移動平均線をシグナルにした順張り売買はもはや敵無し、と言っても過言ではありません。これは、移動平均というトレンドフォロー型のテクニカル指標の研究においてかねてから提起されている非常に大きなテーマでもあります。

このノイズ排除に対する有力なアイディアのひとつは、平均を取る期間を長くすることです。前にも見たように、平均を取る期間の長い移動平均線はなだらかで、株価と位置関係がそう簡単には変わりません。よって、小さな株価の上げ下げでシグナルが頻繁に出ることはありません。勢いよくトレンドの方向に進んでいるときはもちろんのこと、上げ下げしながらトレンドの方向に株価が進んでいく局面でも、そのままポジションは維持され、トレンドに乗り続けていくことができます。

ただし、トレンドが反転した場合、あるいは、反転に至らなくても大きい二次的調整の動きがあった場合には、この利点は一転して欠点になってしまいます。株価と移動平均線の位置関係がなかなか変わらないために、しばらく経ってからでないと逆方向のシグナルが現れない。その結果、逆方向のシグナルが出たときには、それまでのトレンドで稼いできた利益の相当部分が失われている。場合によっては、損失になってしまうことも起こります。

図5-4-2 ● 平均を取る期間によってシグナルの出方が異なる

【トレンドの途中】
期間の長い移動平均線のほうが株価の上げ下げに対する反応が鈍い。シグナルが出にくい

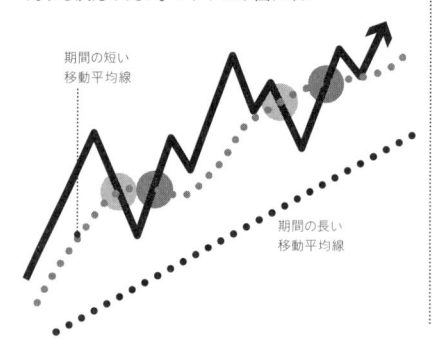

【トレンドの反転】
期間の長い移動平均線はトレンド反転に対しても反応が鈍い

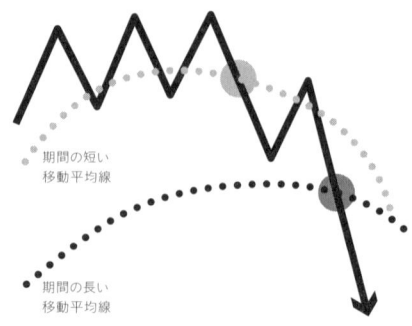

図5-4-3 ● 2本の移動平均線の交差をシグナルにする代表例

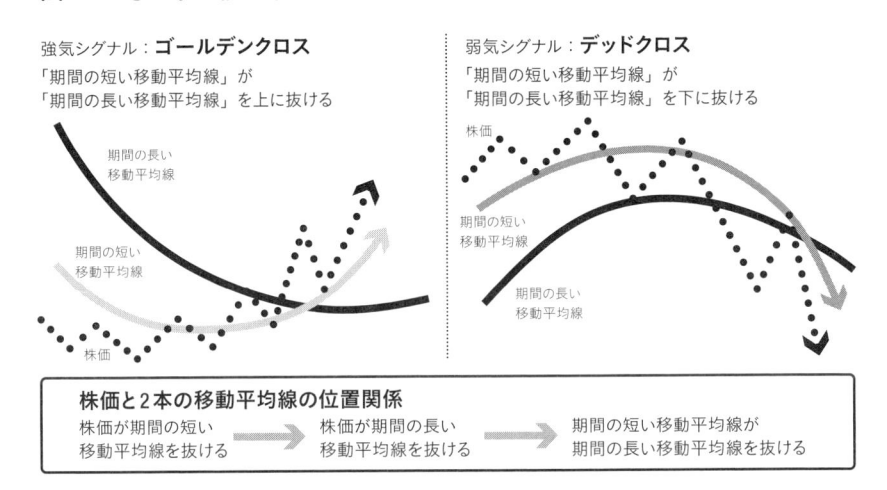

強気シグナル：ゴールデンクロス
「期間の短い移動平均線」が
「期間の長い移動平均線」を上に抜ける

弱気シグナル：デッドクロス
「期間の短い移動平均線」が
「期間の長い移動平均線」を下に抜ける

株価と2本の移動平均線の位置関係

株価が期間の短い移動平均線を抜ける → 株価が期間の長い移動平均線を抜ける → 期間の短い移動平均線が期間の長い移動平均線を抜ける

　この点は、平均を取る期間の異なる2本の移動平均線を用いて、両者が交差したところを「強気」「弱気」の売買シグナルにする、いわゆる「ゴールデンクロス」「デッドクロス」も同じです。2本の移動平均線の交差は、1本の移動平均線と株価の位置関係が変わるよりもさらに出現する時期が遅れます。これによって、ノイズ的な株価の動き、"だまし"と呼ばれる逆方向の動きを排除する効果が見込めます。そのトレンドが長く続くものであれば、効果は絶大でしょう。

　しかし、その代償として、トレンドが反転したときにもなかなかシグナルが出ません。そのトレンドが長続きしなければ、株価が天井圏に来てようやく強気シグナルが出る。弱気シグナルが出る頃には、株価は大きく下がっている、ということにもなりかねません。

　平均を取る期間の短い移動平均線ならば、すぐに株価と移動平均線の位置関係が変わりますから、トレンド反転や大きい二次的調整の動きに際しての対応も迅速にできます。が、トレンドが継続している途中の上げ下げする局面でやられてしまいます。

　結局、平均を取る期間はどのくらいが最適なのかは、その時々の株価の動

き方によりけり、と言わざるを得ないのが実際のところです。

　たとえば、**図5-4-4①**はKDDI（9433）について、超短期の2日移動平均、長期の100日移動平均、そして65日移動平均と130日移動平均（それぞれ13週と26週に相当）のクロスをシグナルにした順張り売買の検証結果です。この銘柄の大トレンドは、10年11月から上昇トレンドに転換しているのですが、その当初は2日移動平均をシグナルにした順張り売買が成果をあげているのに対して、シグナルの出方が遅い他の2つのシグナルはまるでパフォーマンスがあがりません。ところが、トレンドの方向性がはっきりしてきた13年後半以降は、100日移動平均のシグナル、65日と130日の移動平均のクロスのシグナル、ともに大きくパフォーマンスを伸ばしています。この局面では、2日移動平均シグナルはまったく伸びていません。小さい"上げ下げ"にひっかかってしまうからです。

図5-4-4① ●「どのシグナルが有効か」は相場局面によりけり
（9433 KDDI：11年4月〜14年10月20日）

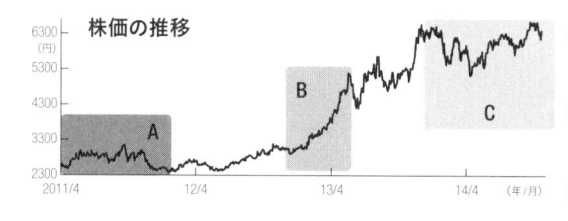

【株価の推移】

A：数か月単位で切り替わるトレンドの局面では短期の移動平均シグナルが有効

B：小さい上げ下げを繰り返しつつも大きなトレンドが出る局面はシグナルが出にくいほうが有効

C：派手な上げ下げで横ばい状態に近い動きはどれも有効でない

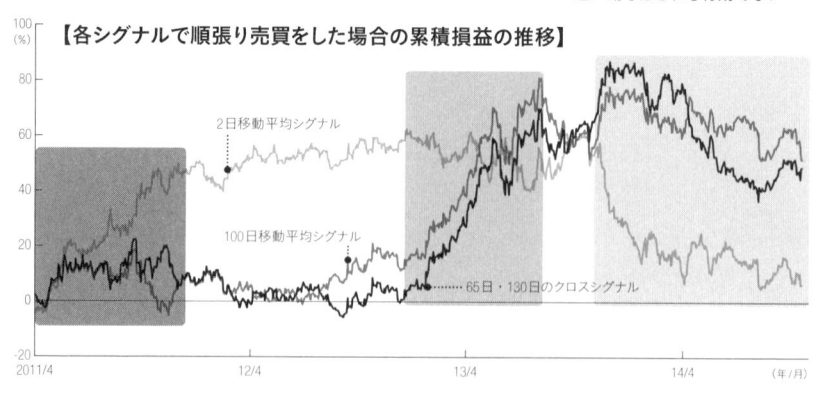

【各シグナルで順張り売買をした場合の累積損益の推移】

おそらく、12年11月から市場全体が強い上昇トレンドとなって以降、多くの銘柄がこの銘柄と同様、短期の移動平均線よりも、シグナルの出方が遅い長期の移動平均線や2本の移動平均線のクロスを使ったほうが高いパフォーマンスが出ていると思います。ただ、それは「平均を取る期間の長い移動平均線のほうが優れている」「2本の移動平均線のクロスをシグナルにするのが有効だ」ということではありません。小さい上げ下げがありながらも大きなトレンドが出た局面だったからたまたまそういう結果になった、というだけです。

　ですから、同じ時期に大きなトレンドが出なかった銘柄は、100日移動平均のシグナルも、65日と130日の移動平均のクロスをシグナルにしても、まったく効果があがらない、という結果が出てきます。図5-4-4②の日本CMK（6958）がその例です。

図5-4-4② ● この値動きでは移動平均シグナルの順張り売買が機能しない
（6958 日本CMK：11年4月〜14年10月20日）

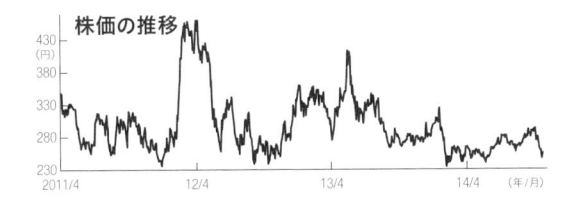

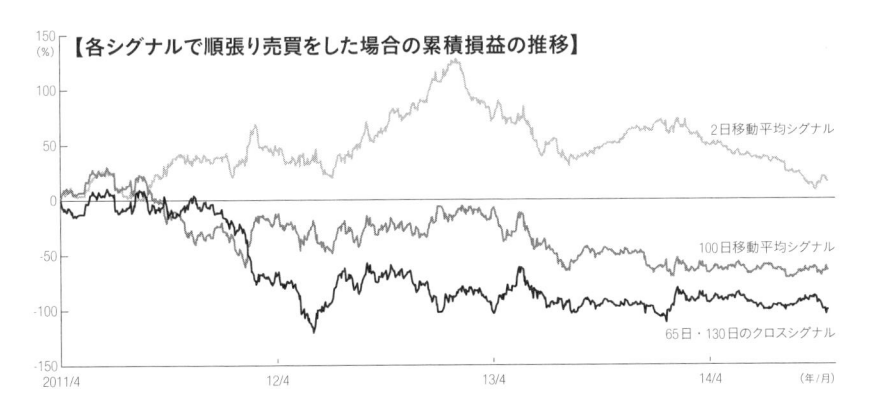

【株価の推移】

【各シグナルで順張り売買をした場合の累積損益の推移】

2日移動平均シグナル
100日移動平均シグナル
65日・130日のクロスシグナル

●「どんな移動平均線をどう活用すればいいのか」。
実はチャートが教えてくれている

　いま現在のトレンドがどちらの方向にあるか、はチャートを見ればわかります。しかし、これからそのトレンドがどのくらい続くのか、そのトレンドはスカッとした進み方をするのか、上げ下げを繰り返しつつ進むのかは、わかりません。ということは、どういう移動平均線を用いるのがよいのか、「いま」の時点では判断できないことになります。

　そうすると、移動平均線は、実践の売買で一体どんなふうに使えるのか。これでは、先に紹介した"モノサシ"として使う以外にはほとんど使えない。順張り型でも逆張り型でもない銘柄においては、毒にも薬にもならない、まったく役に立たない、という結論になってしまいます。

　ところが、そうではない、どころの話ではありません。移動平均線は実践の売買に極めて有効に活用することができます。

　たとえば、図5-4-5はブラザー工業（6448）の日足チャートです。株価は上げ下げをしながら14年9月末まで上昇トレンドを続けていますが、株価が下がったときに25日移動平均線近辺がサポートになって反転上昇する動きが繰り返されていたことがわかります。あたかも、25日移動平均線がセーフティネットになっていたかのようです。

図5-4-5 ● 25日移動平均線が約半年間サポートとして機能
（6448ブラザー工業：日足 14年4月〜10月16日）

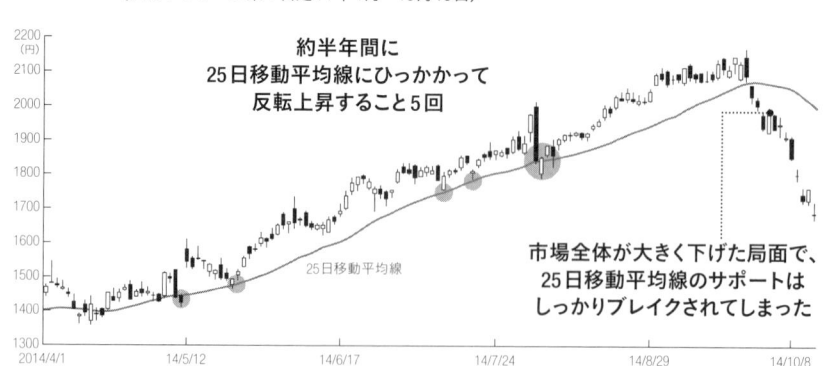

こうした動きが週足チャートで確認できる例も少なくありません。**図5-4-6**の日本電産（6594）の場合、13年初から14年4月まで、13週移動平均線近辺の株価水準がサポートになっています。

これらは、「25日移動平均線をシグナルに使うのが最適だ」「13週移動平均線を売買シグナルにしておけば間違いない」という例ではありません。上昇トレンドのある局面で、25日移動平均線や13週移動平均線の水準がサポートになってトレンドが継続してきた、その動きがはっきり確認される銘柄です。

先に述べたことと重複しますが、どの銘柄にも、あるいは、どの局面においても適用できる「これが売買に最適だ」と言い切れる移動平均線のシグナルは、おそらくありません。ただ、その時点で継続しているトレンドにおいて有効に機能している移動平均線ならば、チャートを見ればわかります。「この移動平均線の水準で下げ止まる」という動きが繰り返されているのであれば、それが、「いま」売買するうえで有効活用を考えてしかるべき移動平均

図5-4-6 ● 1年以上も13週移動平均線がサポートとして機能
（6594日本電産：週足12年7月〜14年10月16日）

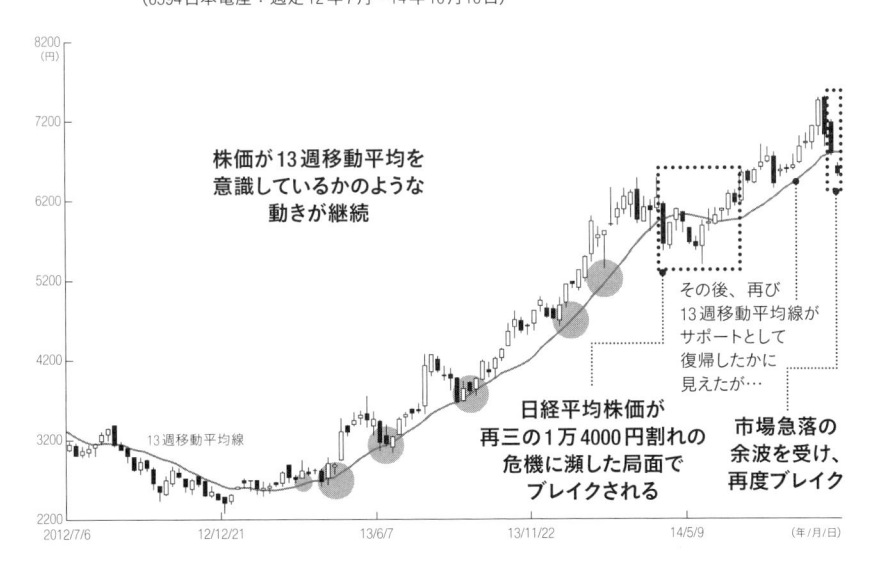

- 株価が13週移動平均を意識しているかのような動きが継続
- 日経平均株価が再三の1万4000円割れの危機に瀕した局面でブレイクされる
- その後、再び13週移動平均線がサポートとして復帰したかに見えたが…
- 市場急落の余波を受け、再度ブレイク

線です。

　移動平均線の使い方に関しては、「どんな期間の移動平均線を使って、どういう動きをシグナルに売買出動するのがよいのか」が関心事になりがちかもしれません。しかし、シグナルもさることながら、その時々で進行しているトレンドの中での値動きの傾向、すなわち、繰り返しサポートやレジスタンスとして機能している移動平均線を見つけて、それを軸に売買のシナリオを考えることのほうが現実的であり、また実践的だと思います。これが、移動平均線を売買に使ううえでのポイントの第四です。

　ここまで述べてきた4つのポイントをまとめると、
【その1】「株価が移動平均より上＝強気」「株価が移動平均より下＝弱気」というシグナルが有効か否かは、各銘柄がもつ「値動きの性格」によりけりである。
【その2】移動平均というテクニカル指標は、「値上がり（値下がり）した翌日も値上がり（値下がり）しやすい」「値上がり（値下がり）した翌日は逆に値下がり（値上がり）しやすい」という、その銘柄の値動きの性格を知るツールとして使うことができる。順張り型銘柄または逆張り型銘柄ならば、その値動きの性格を売買出動の具体的指針として活用できる。
【その3】その時々の相場局面、株価の動き方によって、平均を取る期間が短いほうがよい場合と、長いほうがよい場合があり、どちらも一長一短がある。したがって、「この期間の移動平均線が最適だ」と一概に言える移動平均線を見つけることは極めて困難である。
【その4】トレンドが継続している局面では、ひとつの移動平均線がサポートやレジスタンスとして繰り返し機能しているケースがある。そうした移動平均線があるならば、それを軸に売買のシナリオを考えるのが現実的である。
ということになります。

　ひとつ付け加えておかなければならないのは。第四のポイントについて、いま現在のトレンドの中で繰り返しサポートとなってきた移動平均線も、トレンドが変調すれば、もはやサポートにならないことがある、という点です。

先ほど見たブラザー工業も日本電産も、それまで長らくサポートとして機能してきた移動平均線がブレイクされています。いずれも市場全体の影響を受けた格好ですが、こうした動きの後にトレンドが変調する例はしばしば見られます。その後、上昇トレンド自体は継続する場合でも、トレンドが減速し、もっと長期の移動平均線（たとえば26週移動平均線など）がサポートになる、といった展開も考えられるところです。

　チャートが語っている有効な移動平均線は、「現在までのところ」であって、先行きもそれが間違いなく有効であり続ける、というものではありません。それまでサポートとして機能してきた移動平均線がブレイクされる動きがあったらどうするか。その対応は事前に準備しておくことが不可欠です。この点については、改めて7章で取り上げましょう。

Column

意外にも、グランビルは「アンチ・トレンドフォロー」の人だった

　本文で紹介した『グランビルの投資法則』が日本で大いに受けてから半世紀少々。日本では今なお、「グランビル」と言えば、一も二もなく「移動平均線」でしょう。
　ところが、本国のアメリカではまったく事情が異なるようです。グランビルは2012年9月7日に90歳でこの世を去っているのですが、いくつかのビジネス系メディアの電子版でメモリアル記事を読んでみると、移動平均線という言葉はどこにも見当たらないのです。
　グランビルは市場アナリスト（というよりも「予測家」）として、1963年以降、独自の市場予測をニュースレターにして発信していました。グランビルが編み出したテクニカル指標と言えば、移動平均線ではなく、「on-balance-volume」。出来高を用いた市場のモメンタムを観測する指標です。その使い方を記述した"Granville's New Strategy of Daily Market Timing for Maximum Profit"という著書を76年に出版し、その中で、「77年から78年にかけて株式市場が急落する」と予測しています。2年も続く上昇相場にある中でのベア予測だったのですが、これがズバリ的中。それ以降、グランビルが一躍市場の大ヒーローになったであろうことは、想像するに難くないでしょう。
　ニュースレターは売れまくり、派手なパフォーマンスのセミナーを開いては大盛況。70年代後半から80年代にかけて、グランビルは株式市場で大きな影響力をもつようになります。それを象徴する出来事が81年1月、グランビルが「Sell Everything !」と発信したその日、NYダウは1日で2.4％急落するという事態が起きました。この出来事は、NYタイムスのトップページの記事にもなったそうです。
　その後も、米国市場の上昇相場が続く局面になると、グランビルは折りに触れて急落予測を出しています。が、ナスダック市場の急騰が著しかった2000年3月に出した「暴落予測」が的中した以外は、ことごとく逆の結果に

なっていたと見られます。

　ニュースレターに掲載された市場予測のパフォーマンスを評価するヒルベルト・フィナンシャル・ダイジェスト社によると、1980年から2005年まで、グランビルの予測は年率0.5％のマイナス。同じ期間のインデックス・ファンドは平均で年率11.9％のパフォーマンスだそうです。おそらく、グランビルの予測の的中率も、また、ニュースレターの売れ行きも、81年の「Sell Everything !」をピークに、延々と下降トレンドを続けていたのではないでしょうか。

　対照的なのが米国市場のトレンドで、詰まるところ、米国市場が高値を更新する動きを続けていたからこそ、グランビルの逆張りベア予測が外れ続けたのです。60年に出版した『グランビルの投資法則』の移動平均線のとおり、トレンドフォローの予測に徹していたら、グランビルは当たり続けていたに違いありません。ところが、70年代後半の急落予測が大的中してからどうも"アンチ・トレンドフォロー"の人に一転してしまった。それが予測を外し続ける結果を招くとは、何とも皮肉なものです。

　ちなみに、日本は80年代バブル崩壊以降、高値・安値を切り下げる超大ベア相場が継続しています。グランビルが日本市場に向けて逆張りベア予測を出していたら、多少のタイムラグはあるとしても、かなりの高率で的中したのではないでしょうか。『グランビルの投資法則』の信奉者が多い日本ですから、グランビルはそれこそ神のような存在になっていたかもしれません。

第6章

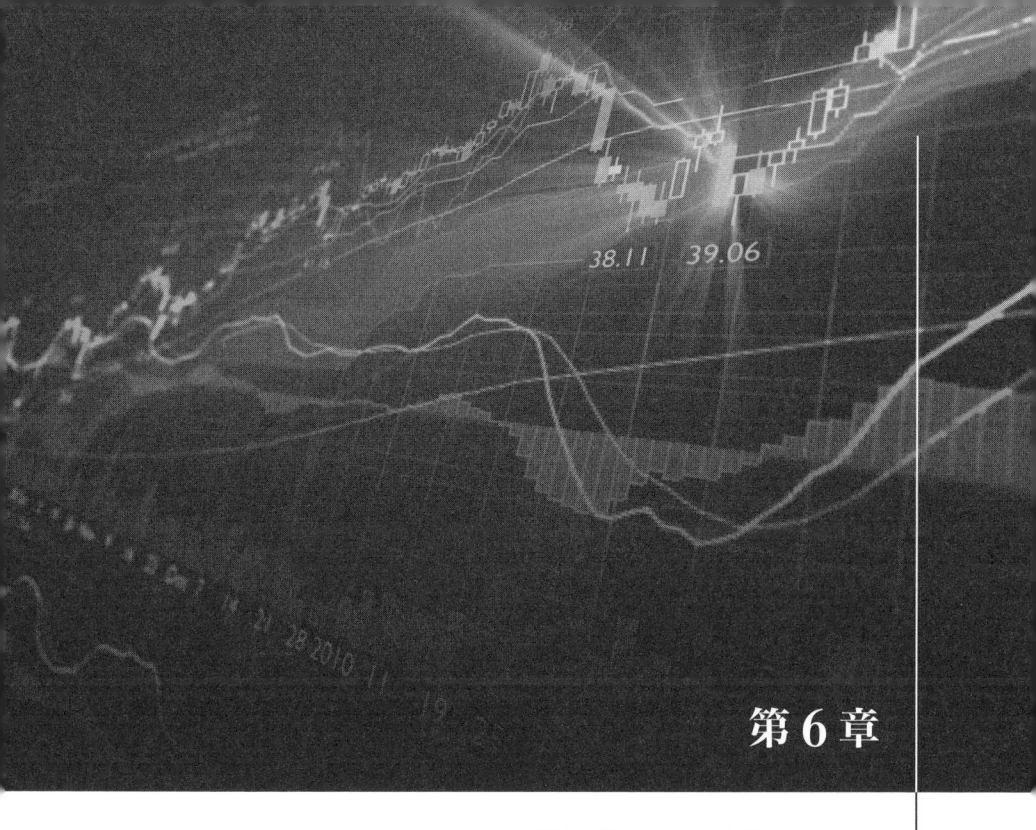

「買いシグナル」
「売りシグナル」とされる
値動きのしくみ

§6-1 買いシグナルは「いまこそ買え！」の合図ではない

「『確認』をもって『予測』となす」という考え方

●トレンドフォロー型の「売買シグナル」とは何なのか

　前章まで、チャートの見方・使い方の基本を見てきましたが、ここからは、実践の売買でチャートをどう活用するかを考えていきます。

　まず、いまさらながらですが、そもそもチャートの見方を知っておこうと思ったきっかけは何だったでしょうか。人それぞれ理由があると思いますが、「いつ買うのがいいのか」「いつ売るのがいいのか」という売買タイミングを知るため、という人は多いのではないかと思います。

　チャートの解説本には、「買いシグナル」「売りシグナル」として、売買出動のタイミングを具体的に捉える値動きが紹介されています。この売買シグナルこそが最大の目的だという人もいるかもしれません。

　ここで改めて「買いシグナル」「売りシグナル」とは何なのかを確認しておきましょう。

　「買いシグナル」とは、要するに、先行き強気を示唆する値動き。「売りシグナル」は先行き弱気を示唆する値動きです。いろいろなパターンがありますが、継続しているトレンドに乗ることを目的とするトレンドフォロー型の理論では、買いシグナル・売りシグナルともに根本の考え方は2つに集約されます。トレンド継続を示唆する動きとトレンド反転を示唆する動きです。

　前章までに出てきた値動きのパターンでいうと、買いシグナルであれば、上昇トレンド継続を示唆する動きは、まず、「前回の高値を抜けて上昇する」「コンティニュエーション・パターンの上値ラインをブレイクする」といったレジスタンスのブレイク。また、いったん下がった株価がサポート水準を下回らずに再上昇する動き、2章で紹介した「サポートラインの水準で下げ

止まって再上昇」、前章で紹介したグランビルの法則の3と5は、いわゆる押し目買いのシグナルとされます。

下降トレンドの継続を示唆する売りシグナルは、「前回の安値を抜けて下落する」「コンティニュエーション・パターンの下値ラインをブレイクする」というサポートのブレイク。また、いったん上昇した株価がレジスタンス水準を上回らずに再下落する動きを表す「レジスタンスラインの水準で上げ止まって再下落」、グランビルの法則の4と6はいわゆる戻り売りシグナルです。

トレンドの反転を示唆する売買シグナルとされる代表例としては、3章で見た反転のチャート・パターンの完成、および、グランビルの法則の1と2があります。

これらの売買シグナルは、いずれも「終値ベースでこの動きが確認されたとき」というのが基本です。

今日ではチャートの解説がインターネット上にたくさん出ていますから、

図6-1-1 ●「売買シグナル」とされる値動き

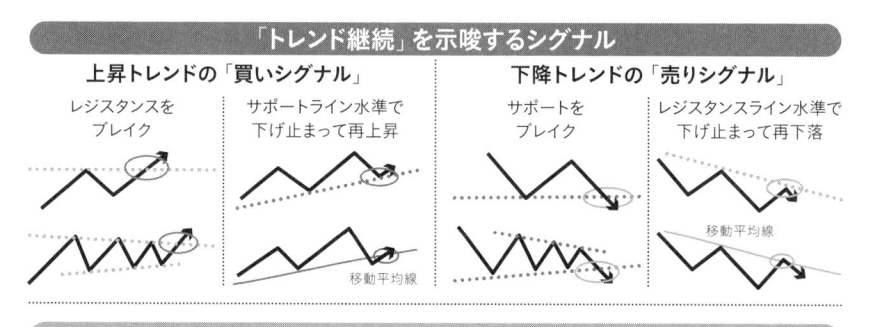

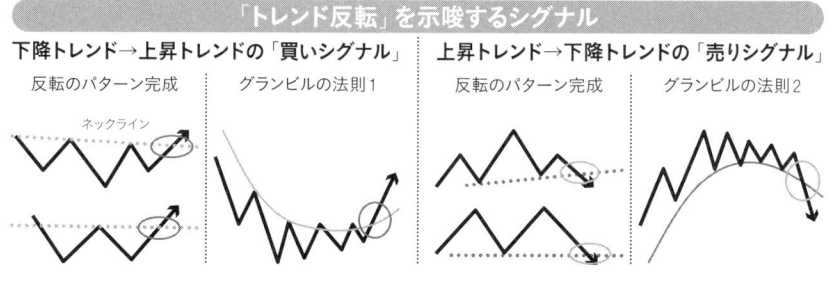

「トレンド継続」を示唆するシグナル

上昇トレンドの「買いシグナル」
- レジスタンスをブレイク
- サポートライン水準で下げ止まって再上昇（移動平均線）

下降トレンドの「売りシグナル」
- サポートをブレイク
- レジスタンスライン水準で下げ止まって再下落（移動平均線）

「トレンド反転」を示唆するシグナル

下降トレンド→上昇トレンドの「買いシグナル」
- 反転のパターン完成（ネックライン）
- グランビルの法則1

上昇トレンド→下降トレンドの「売りシグナル」
- 反転のパターン完成
- グランビルの法則2

「そんな売買シグナルなどは百も承知だ」という人も多いと思います。では、その買いシグナルや売りシグナルに従ったタイミングで売買出動した成果はどうでしょうか。その売買シグナル通りに株価は動いて利益をもたらしてくれているでしょうか。

おそらく、「そうなるときもあれば、ならないときもある」というのが実感ではないかと思います。買いシグナルが出た後、すぐにシグナルを打ち消すような下げがあったり、上昇したのはごくわずかな値幅でそこから下落に転じてしまったり、利益をもたらしてくれない動きになることはそう珍しいことではありません。買った翌日からスルスル株価が上がっていく展開になるほうが、むしろ珍しいのではないでしょうか。

●売買シグナルの「当たり」「ハズレ」を左右する要因とは

買いシグナル・売りシグナルというと、「明日から上がるから買え」「明日から下がるから売れ」という、先行きを予言して買い時や売り時を告げる合図のようにも聞こえます。残念ながら、売買シグナルは予言ではありません。

売買シグナルは、その時点までのトレンド継続が確認される、あるいは、それまでのトレンドに明らかな変化が生じて新たな方向性が確認された、という値動きを指します。過去からその時点までの確認が、なぜ先行きのトレンド継続やトレンド反転を示唆するのかと言えば、形成されたトレンドは反転するまで継続するという大前提があるからにほかなりません。

トレンドの継続、あるいは、新たな方向に動き始めたことを示す値動きが確認された事実をもって、先行きのトレンドの方向性を示唆する予測となす。これが、その値動きを「売買シグナル」と称する所以です。つまり、チャートの理論の売買シグナルとは、「この先、この方向に株価が進むと予測されるので、これから売買をするなら、その方向でポジションを取るほうがよいだろう」という、これからの売買行動に対する指南であって、「この動きが出たときこそズバリ買い時だ」という売買出動の指示ではありません。

別の言い方をすれば、「売買シグナルとされる値動きが確認されなければ、先行きのトレンド継続やトレンド反転は起こらない」。つまり、売買シグナ

ルは、トレンド継続やトレンド反転の必要条件を満たしたことを示す値動きです。ただし、その値動きは、将来のトレンド継続やトレンド反転を約束する十分条件ではありません。

　では、その売買シグナルの予測通りに株価が動くのかどうかは何によって決まるのかというと、結局のところ、先行きの値動き、トレンドによります。その後の値動きが極めて強い上昇トレンドならば、買いシグナルはズバズバ当たります。何しろ、高値がどんどん更新されていくのですから、「前回の高値をブレイクする」という買いシグナルで買えば利益はあがります。また、同じペースの上昇トレンドが順調に継続するのであれば、株価が同じサポートラインや移動平均線近辺まで下げると反転上昇する動きが繰り返されることになります。その反転上昇時に出現する押し目買いのシグナルも当たりまくるはずです。

　しかし、強いトレンドが出る局面、あるいは同じペースのトレンドが延々と継続するような局面は、とくに上昇トレンドにおいてはそうは訪れません。上昇トレンド自体は継続していても、上げては押され、押されては上げてを繰り返したり、二次的調整の大きい逆方向の動きがあったり、紆余曲折があってじれったい思いをする日のほうが多いものです。そうした紆余曲折の中で、それまでのトレンドのペースにも変調が生じます。それまでサポートとなってきた移動平均線がブレイクされ、前回の安値もブレイクされ、中トレンドのレベルでは売りシグナルが出るようなことも起こります。となると、買いシグナルも「うまくいったり、いかなかったり」とならざるを得ません。

　ただ、そうした紆余曲折があっても、売買シグナルが示す方向にトレンドが進むならば、結果としてそのシグナルは有効だったことになる。売買シグナルが示すのとは逆方向にトレンドが反転すれば、逆方向を示す売買シグナルが新たに出て、その新たなシグナルが有効だったことになります。「売買シグナルの示唆する方向のとおりにトレンドが進めば、その売買シグナルは当たる」とは、何とも人をおちょくったような話ですが、それが「売買シグナル」の本質です。

§6-2 売買シグナルが出た後の値動きを予測する

「確認」で仮説を立て、仮説に沿った予測の行方をシグナルで「確認」する

●売買シグナルは「スタンバイしてOK」のサイン

　そうすると、チャートが示す売買シグナルには、一体何の意味があるのでしょうか。結果として上昇トレンドが継続するのであれば、買いシグナルが出ようが出まいが、どこで株を買っても、持ち続けていさえすればいずれ利益が出ます。強烈な下落があって、移動平均線もサポート水準も次々とブレイクされ、トレンドフォロー型の売買からすれば、到底買いシグナルにはなり得ない、むしろ売りシグナルだ、という局面で買うほうが、より大きな利益を手にできます。

　いったん出現した売買シグナルが示すとおりになるかどうかはトレンドが継続するかどうかによる。ただし、トレンドが継続するならば、売買シグナルを無視したほうが儲かる。これでは、チャートの売買シグナルなど意味がないのではないか！

　と、結論づける前に、いま一度、チャートを使う目的を振り返ってみましょう。

　第一の目的は、継続しているトレンドの中で取引をするために「トレンドを捉える」ことです。2章で紹介したように、いまトレンドがどちらの方向に進んでいるのかは、チャート上に描かれる「山」「谷」の方向性によって判断できます。

　では、いま現在の株価が**図6-2-1**①のような形になっている場合、「上昇トレンドが継続している」と判定できるでしょうか。確かに、「山」「谷」は切り上がってきてはいますが、この先株価が前回の高値を超えることができずに反落すれば、「継続している」とは言えなくなります。そのあと、株価は

もみ合い状態になって「トレンドは一時休止」になるかもしれませんし、その反落で前回の安値を下回れば、トレンド反転の可能性が浮上します。となると、この株を買う候補として検討してよいのかどうか、行動方針を決めることができません。

　この株が「上昇トレンドが継続している」と言えるのは、前回の高値を超えて上昇する、すなわち"買いシグナル"が出たときです。これによって、上昇トレンドの継続が確認されますから、この株を買う候補として具体的に検討することができます。つまり、買いシグナル・売りシグナルとは、その時点までのトレンド継続を確認したことによって、買う・売るという行動について「スタンバイしてOK」を知らせるサインだということです。

図6-2-1① ●「トレンドは継続している」のか？

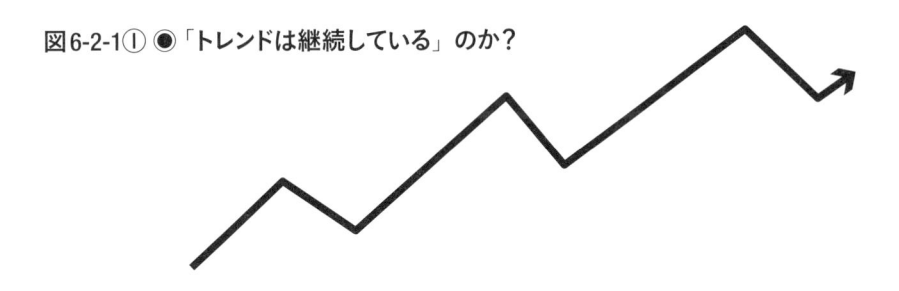

図6-2-1② ●「トレンド継続」は買いシグナルで確認される

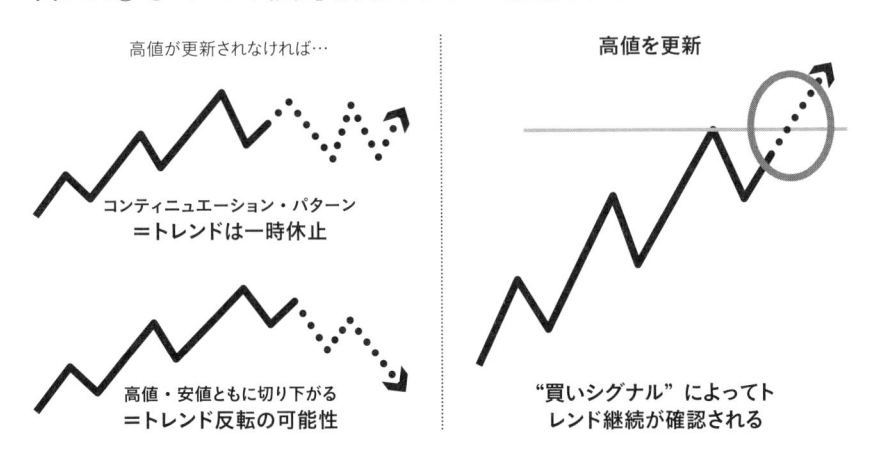

高値が更新されなければ…

コンティニュエーション・パターン
＝トレンドは一時休止

高値・安値ともに切り下がる
＝トレンド反転の可能性

高値を更新

"買いシグナル"によってトレンド継続が確認される

●「前回の高値を更新する」買いシグナルの後の値動きを予測する

 ただし、買いシグナルが出たからといって「いますぐ買うべし！」ではありません。前述したとおり、買いシグナルは、上昇トレンドが継続するための必要条件を満たしたという値動きであって、その後も上昇トレンドが継続する、という十分条件ではありません。

 それでは、必要条件を満たした後、どうなれば、十分条件を満たすのか。要するに、上昇トレンドが継続すると仮定したならば、その先、どういう値動きが予測されるのか、です。

 上昇トレンドが継続するとしても、そこから延々と株価が上がり続けることはまず考えられません。前回の高値を更新した株価はどこかで上げ止まり、いったん株価は下がるでしょう。では、前回の高値を更新した株価はどの株価水準で上げ止まると予測されるでしょうか。

 さらにその先、上昇トレンドが継続するとすれば、新たな高値をつけていったん下がった株価は、前回の安値を下回らずに下げ止まると予測されます。そして、再び上昇に転じたところで、次の"買いシグナル"が出ることになります。では、この買いシグナルが出る前に「下げ止まる」のはどの株価水準だと予測されるでしょうか。

 2章で述べたとおり、上げ止まるであろう上値の予測、下げ止まるであろう下値の予測をすることがチャートの目的の第二です。この予測が、利益を伸ばし損失を抑える有利な約定を目指す売買で大きな役割を果たします。

 高値をブレイクした株価の上げ止まりの目安となるのは、ブレイクされた高値の上にあるレジスタンスの水準です。もちろん、実際には次のレジスタンスを超えて上昇することもあれば、次のレジスタンスまで届かずに下げに転じてしまうこともあるでしょう。ただ、いずれの展開になったとしても、「この先株価はどこかで上げ止まって、下がる」と予測されるのですから、この買いシグナルとなるローソク足が出た日、高値をつけている日に、敢えて買い出動しなくともよいのではないでしょうか。

 とくに、市場が過熱気味になっているときには注意を要します。この局面では、「高値をブレイクする」という買いシグナルが出る銘柄が続々と現れ

図6-2-2 ● "買いシグナル"の後の値動きを予測する

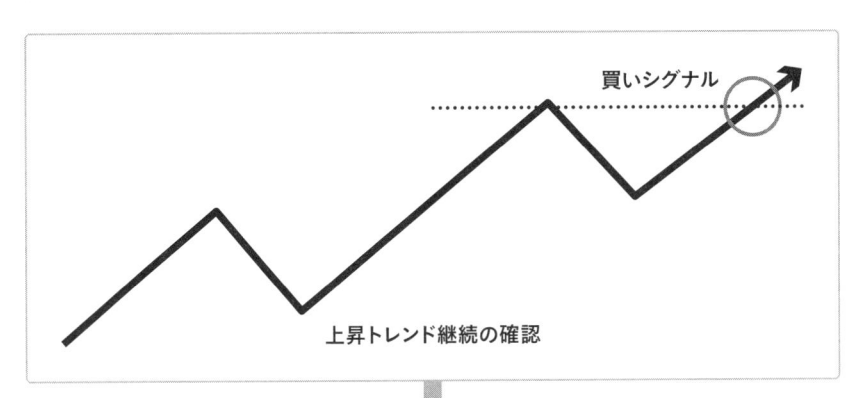

買いシグナル

上昇トレンド継続の確認

上昇トレンドが継続するならば…

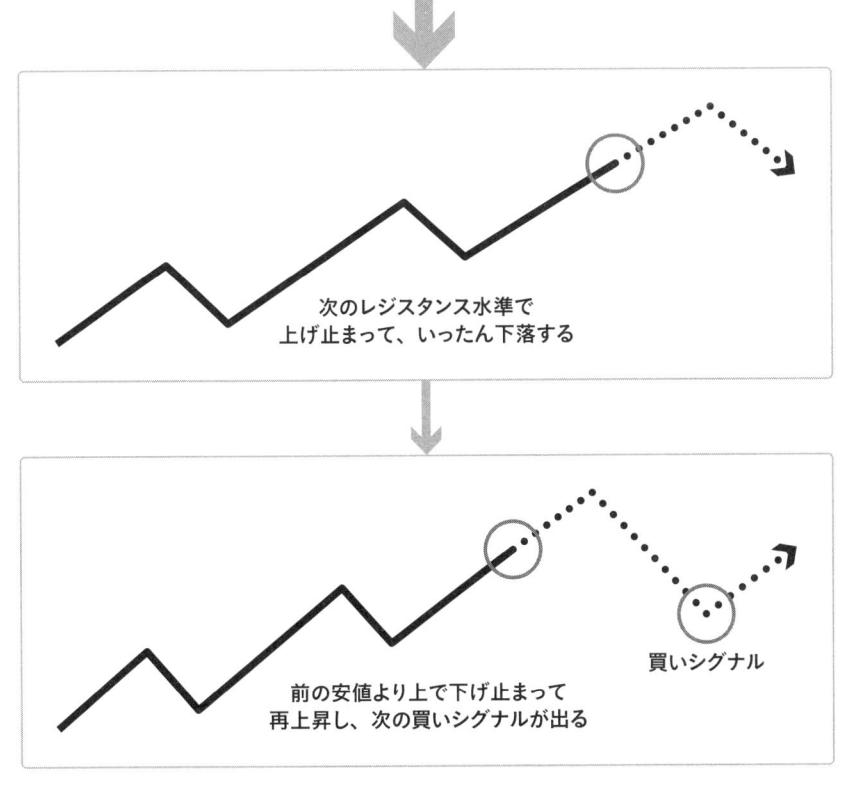

次のレジスタンス水準で
上げ止まって、いったん下落する

前の安値より上で下げ止まって
再上昇し、次の買いシグナルが出る

買いシグナル

るはずです。そして、先述したように、その買いシグナルはズバズバ当たり、即、利益を出すかもしれません。しかし、過熱上昇する相場は、それ相応の反動が後に起きるのが常です。その反動の下落によって、あっという間に"買いシグナル"がキャンセルされ、その下落が落ち着いたときには、「買値ははるかかなた高いところ」となっている恐れもあります。

　上昇トレンドの初期段階ならば別かもしれませんが、少なくとも、トレンドが1年、2年と経過しているならば、基本的には、この"買いシグナル"では買わない。買い出動するのであれば、短期売買に徹する。ある程度の時間を想定して値幅を狙う売買を志向するならば、上げ止まった株価がどこまで下がるかを見るに限ります。そのほうが、より有利な値段で買える可能性大です。

●より有利に押し目買いするための「チャートの予測」

　次に、新たな高値をつけて下げに転じた株価は、どこで下げ止まると予測されるでしょうか。「その株価はいくらだ」と断言することはできませんが、その目安となる株価水準は、チャート上に示されています。前章まで見てきたように、それまで継続してきたトレンドの中で形成されたサポート水準です。

　それならば、そのサポートになると予測される株価水準に買い指値を入れて、待ち伏せる作戦はどうでしょうか。上昇トレンドが継続するならば、まさに将来から見た安値で買えることになります。これは妙味絶大です。

　が、まず考えなくてはならないのは、サポートになると目される株価水準は複数あることです。仮に、上昇トレンドが継続するとしても、そのうちのどのサポート近辺で下げ止まるのかはわかりません。

　指値を入れておいたサポート水準で下げ止まらなければ、買った途端に含み損状態です。いくつかのサポート水準に分散して指値を入れておく方法も考えられますが、市場全体が悪化して、その銘柄のトレンド自体が変調すれば、どのサポート水準もブレイクされて全面損失になる事態も予想されます。

この買い方は、「下げ止まって再上昇」の買いシグナルの前段階、すなわち、上昇トレンド継続が確認される前の「下げている途中かもしれない」ところでの逆張り買いです。そのリスクの大きさを承知のうえで、その時点で「ふざけている」と思うくらいに安いサポート水準、それもサポート力の強そうな株価水準に指値を入れ、さらに、市場全体のトレンドが崩れた場合の損失処理策も念頭に置いておくという前提条件付きならば、このやり方は検討して悪くありません。

　というのは、昨今の市場では、極めて短い時間のうちにサポート水準まで下げて安値をつけ、その直後、これまた極めて短い時間で株価が大きく戻す例が時折観測されるからです。この場合、次の買いシグナルが出る頃には、株価はその安値よりもだいぶ高くなっていることになります。

図6-2-3 ● サポート水準まで下げて、その日のうちに株価が大きく戻す例
（4845フュージョンパートナー：日足 14年6月～10月31日）

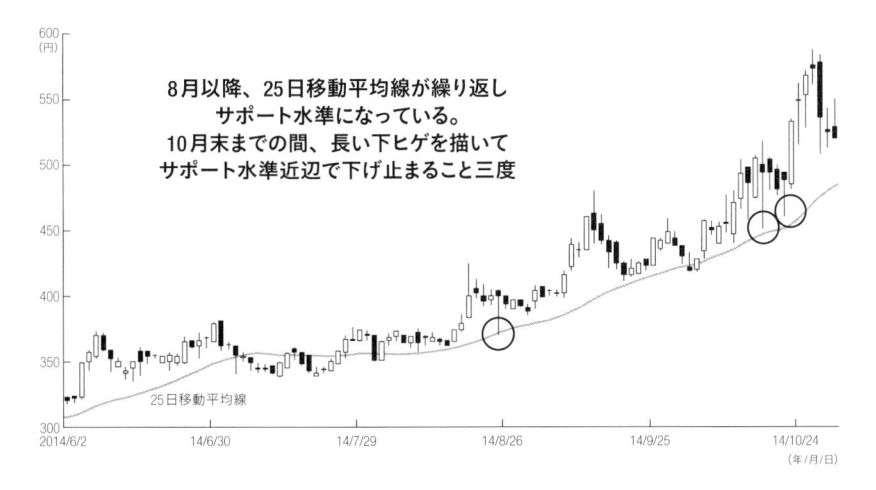

　たとえば、**図6-2-3**のフュージョンパートナー（4845）は、14年8月以降、25日移動平均線の水準が繰り返しサポートになっている様子がうかがえます。長い下ヒゲがその水準近辺に位置しているローソク足が複数確認されることからすると、この銘柄は、場中にこのサポート水準まで大きく下げては

第6章 ●「買いシグナル」「売りシグナル」とされる値動きのしくみ　189

その日のうちに株価が戻る動きがしばしば起きていると考えられます。こうしたザラ場中の下落を拾ったとすれば、「下げ止まって再上昇」の押し目買いのシグナルで買い出動するよりも有利な値段で買えることになります。買った直後から評価益状態になるのですから、これはおいしい。快感きわまる「絶妙の押し目買い」と言って間違いありません。

ただし、繰り返しになりますが、これは非常に強いと見られるサポート水準がある銘柄で、なおかつ、「そのサポート水準で今回もまた下げ止まれば」の話です。市場全体が崩れれば、それまでサポートとなってきた水準が勢いよくブレイクされ、買い指値注文を貫通するごとく株価が落ちていく展開も、もちろんあり得ます。そうなると、それまでの強いサポート水準が一転して強いレジスタンスになることを覚悟しなければなりません。その場合、潔く負けを認めて敗戦処理の手筈を整えることが鉄則です。

この"待ち伏せ買い"よりもリスクを抑えた手堅い策を取るならば、少々買値は不利になるとしても、やはり、「サポート水準で下げ止まって再上昇」を確認してからでしょう。この段階では、サポートラインや移動平均線の"押し目買いシグナル"はまだ出ていないかもしれませんが、これが押し目形成完了、トレンド継続の初期に出る動きです。

ただし、この場合も、「再上昇」のローソク足が確認されたその日に買い出動すべし、というわけではありません。この「下げ止まって再上昇」を捉える着眼点は次章でも取り上げますが、たとえば、「再上昇」のローソク足が大陽線であったり、大きな上方ギャップであったりした場合には、短期的な戻しも予想されます。そうした"小トレンドの中での押し目"で買うほうが、「再上昇」で飛びつき買いするよりも有利です。

もっとも、期待したような短期的な戻しがなければ買えないことになりますが、その株を何としてでも買いたいという強い動機があるのでなければ、その株に執着することはありません。チャンスは他にいくらでもあります。

●「下げ止まり→反転」後の上値の目処はどこか

　さらにその先のことを考えてみましょう。

　上昇トレンドが継続するとすれば、株価は前回の安値を下回らずに下げ止まって反転上昇します。この反転上昇が上げ止まると予測される株価水準はどこでしょうか。うまく押し目買いをした場合には、その株価水準が買った株を売却する第一の目標値になります。

　「上昇トレンドが継続するならば、いずれは先につけた高値を更新するはずだから、あとは持っているだけでいいのではないのか」と思うかもしれません。しかし、「下げ止まって再上昇」から「高値更新」まで、あっさり進むケースばかりではありません。

　たとえば、高値からの下げが浅いサポート水準で反転上昇した場合には、比較的早い段階で再び高値更新にトライし、一度は押し戻されたとしても、次に上昇したときには前回の高値を更新することも期待できます。よって、押し目買いをした株は、前回の高値近辺か、市場全体の状況が良好ならば、その上にあるレジスタンスを売却の目標値にしてもよいでしょう。

　しかし、高値からの下げが大きい場合には、そう易々とは前回の高値には到達しない展開が予想されます。その下落の途中でいくつかのレジスタンスが新たに形成されているのが通常だからです。

　まず、高値からの下落の間にいくつかのサポートとなると目された水準をブレイクしているはずですから、そこが一転してレジスタンスになる可能性があります。また、勢いよくギャップを描きながら下落したとすれば、そのギャップの水準もレジスタンスになるでしょう。サポートと目された水準を大きなギャップで下方ブレイクしているともなれば、そこはかなり強いレジスタンスとなると予想されます。

　そうすると、「下げ止まって再上昇」の後に予測されるのは、それらのレジスタンス水準近辺で上げ止まる動きです。それらのレジスタンスをすべて打ち破らないことには、上昇トレンドの継続は確認されません。レジスタンス水準で上げ止まり、再び下げに転じたときには、今度は、それがどこで下げ止まるか。さらに、その次の上昇がどこで上げ止まるか。その後の動向に

よって、上昇トレンドが継続するか、はたまたトレンドが反転するのかという、予測のメインシナリオは正反対になります。これは、先に出てきた「その下落が、上昇トレンドの中の二次的調整か、下降トレンドへの転換の初期段階なのか」のように、どう行動するかの判断が極めて難しい状況です。

そのとき、押し目買いした株はどうすればよいのか。前にも述べたように、上昇トレンドが継続するなら持ち続けて可、反転するなら早々に売ったほうがいいのは明々白々ですが、どちらになるか、その時点では予測できません。予測されることは、それまでの間に形成されたレジスタンス水準で押し戻されるだろうことと、上昇トレンドが継続するとしても、前回の高値を更新する動きになるまでに時間を要するだろう、ということです。

となれば、そのレジスタンス水準近辺を上値の目標値としてひとまず売却する。これが何よりの安全策です。

下げる途中でブレイクされてしまった「かつてのサポート水準」で買った場合には、この売却は損切りになるでしょう。利益が出るまで持ち続けたい気持ちになるかもしれませんが、その時点では、トレンド反転の可能性があ

図6-2-4 ● 下げ止まるまでの状況によって、その先の予測シナリオは異なる

浅い下落で止まり、反転上昇した場合

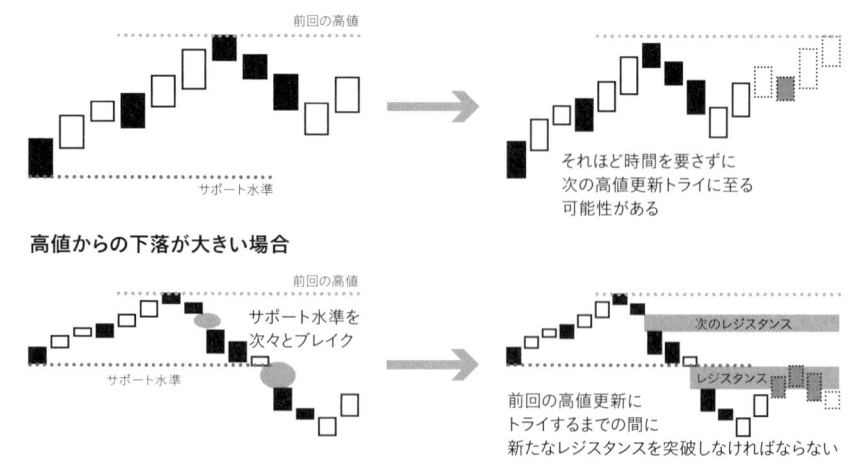

それほど時間を要さずに次の高値更新トライに至る可能性がある

高値からの下落が大きい場合

サポート水準を次々とブレイク

前回の高値更新にトライするまでの間に新たなレジスタンスを突破しなければならない

る点を十分認識しておかなければなりません。利益確定か、損切りかということではなく、ここは、持ち株を現金化して当面のリスクを減らすための売却だ、と割り切って行動すべき局面と言えます。

●利益確定も損切りも、その都度チャートの予測をもとに水準設定する

　よく、「株は買うよりも、売るタイミングのほうが難しい」と言われます。なぜ難しいかといえば、おそらく、株価には上限がない、つまり、株を持っていれば資産が際限なく増える可能性がゼロではないからではないでしょうか。株を買うのは、その可能性を手に入れることであるのに対して、持ち株を売るのは、その可能性を自らの手で「ゼロ」にする行為です。その先の利益拡大も、あるいは、損失解消も、もはやあり得ません。となれば、やはり迷ったり、躊躇したりするのも無理はないでしょう。そうこうしているうちに、株価はピークをつけて下落し、目も当てられない含み損状態になったりします。

　こうした売却時の判断の難しさの解消策として、「買値より何％値上がりしたら売る」という利益確定の目標値と、「買値より何％下がったら見切りをつける」という損切りの目標値を設定する方法があります。これは非常にわかりやすいのですが、何％という目標値を設定することは、口で言うほど簡単ではありません。

　たとえば、その銘柄の値動きの大きさによってどのくらいの値幅が妥当なのかは違ってきます。また、その時々の市場全体の動向によっても、予想される値動きの大きさは異なります。たとえば、市場全体の動きに勢いのあるときは、個別銘柄がごく短期間に10％程度動くようなことも珍しくありません。そのときに「±10％」を利益確定や損切りの基準にしていたら、せっかくの大きな動きを取り損ねてしまいかねません。あるいは、レジスタンス水準にぶつかって反落し始めているのに、利益確定の目標値まで届いていないからと買った株をそのまま持ち続け、みすみす利益をなくしてしまうようなことも起こります。

　そこで考えられるのが、利益確定か損切りかにかかわらず、"売りシグナル"

で売却する策です。これならば、「±何％」という固定化した目標値よりも、その時々の相場状況にも、トレンドの反転にも対応できます。

ただし、ここまで述べてきたように、売買シグナルはトレンドの確認です。売りシグナルは先行きの弱気を示唆する値動きですから、それが確認されたときには、すでに株価は相当下がっている可能性があります。売りシグナルが出たところで売却すれば、利益が大幅に減っている。トレンドの途中で買った株であれば、損失状態になっていることも考えられます。

それでも、大トレンドが本格反転した場合には、後々「あの売りシグナルで売却しておいて助かった」と言える状態にはなるはずです。が、売りシグナルが出てから売却するよりも、市場全体の動向を見据えつつ、その時々で予測される上げ止まりの株価水準を目標値として設定するほうがより有利な値段での売却が期待できます。

サポートで買い、レジスタンスで売る。買いシグナル・売りシグナルでトレンドの継続と変化を確認して、その先の売買を考える。これが、継続するトレンドの中でより有利な取引を目指すためにチャートを活かす要諦です。そのレジスタンスを突破して上昇する可能性が出てきたと判断するならば、複数単元買って、最初のレジスタンスで一部売却し、次のレジスタンスでまた一部売却する、といった工夫も考えられます。

他方、サポートになると見込んで買った株価水準で下げ止まらなかった場合は、下げ止まりが確定された時点でのレジスタンス水準が、当面の売却の目標値となります。

レジスタンス水準で売却すれば、継続するかもしれないトレンドから降りることになりますが、3章でもふれたように、トレンドにしがみつかなくても、継続するトレンドの恩恵にあずかることは十分できます。これは、「継続か、反転か」という動きに直面したときの難しさを解消する策でもあります。

§6-3 チャートの予測に「自己実現性」はあるのか

多くの人が予測することは実現しやすくなる?

●サポートで下げ止まる、レジスタンスで上げ止まる理論と現実

　前節の内容を見て、「本当にレジスタンスで上げ止まったり、サポートで下げ止まったり、株価はそんなに単純な動きをするのか」と訝しく感じた人もいるのではないかと思います。確かに、本当に、チャート上に現れているレジスタンスやサポートで株価が上げ止まったり、下げ止まったりするならば、チャートを見て売買している人は巨万の富を築いているはずです。ところが、実際にはそうはなっていません(少なくとも、自分は、です)。株価がいつもレジスタンスやサポートによる上値・下値予測通りに動いているわけではないことの証左です。

　ただ、たとえば、株価が下落する局面にあるときに、その下げがいったんサポート水準近辺で止まる、という動きは、市場でよく観測されるのは確かです。そこが本物のサポートにならない場合には、いったん止まった株価はそこから再び下落して、その下にあるサポート水準近辺でまたいったん下げ止まる。そこも本物のサポートにならなければ、また下げ始める。そして、本当に下げ止まって反転上昇した水準は、やはり過去に形成されたサポート水準だった、といった具合になります。

　株価が上昇する局面で、上げ止まるだろうと予測されるレジスタンスで実際に上げ止まるケースは、サポート水準で下げ止まるよりも多いかもしれません。

　次ページ**図6-3-1**①は14年6月から7月末までの日経平均株価の推移ですが、6月半ばから7月後半にかけて3回、1万5500円手前まで株価が上がると下げに転じるという動きが繰り返されています。1万5500円という株価水準まで上がると売り物に押される。ただ、需要も堅いらしく、株価が下がれ

第6章 ●「買いシグナル」「売りシグナル」とされる値動きのしくみ 195

ば買いが入ってくる。しかし、また1万5500円が見えてくると押し戻される。4回目のチャレンジで突破することができたとはいえ、この1万5500円という水準にまるで壁があったかのようではないでしょうか。

実は、ぶ厚い壁があったのです。**図6-3-1②**は14年初から7月までの日足チャートです。1月23日、陰線を描いて1万5695円で引けた株価は、翌日、大幅に安く寄り付いて、高値は1万5485円。その結果、1万5500円をはさむ水準に大きなギャップが形成されています。この株価水準が壁になっていたようにしか見えないのではないでしょうか。

これまで紹介してきたように、理論的には、サポート水準は「その株を空売りしている人や、前回その株を買いそびれた人が、そこまで株価が下がるのを待っている」、レジスタンス水準は「その株を買った人や、前回その株を売りそびれた人が、そこまで株価が上がるのを待っている」という背景の実需給によって、上げ止まりや下げ止まりの予測が説明されます。しかし、日経平均株価は225銘柄の株価から算出されている指数ですから、そうした実需給を背景にした売買の対象にはなりません。にもかかわらず、この水準

図6-3-1① ● **上昇を阻む "1万5500円の壁"**
（日経平均株価：日足 14年6月〜7月31日）

で上げ止まる動きを繰り返しているということは、日経平均株価を構成している個別銘柄を売買している人たちが、日経平均株価のレジスタンスを上値として意識していて、そこまで上昇すると買いを控える、あるいは、売り物を出している可能性を考えざるを得ません。

推測しかできませんが、個別銘柄にしても、事情はそう変わらないと思います。サポートとレジスタンスの話の中でも述べたように、背景はさておき、要は、チャートに現れているサポートやレジスタンスの株価水準を目印に売買している人たちの需要と供給が、サポートやレジスタンスの機能に影響を与えている。そうした面が多分にあるように見受けられます。

そうすると、多くの人からサポートやレジスタンスとして意識されている株価水準ほど、実際に下げ止まったり、上げ止まったりする可能性が高くなると考えられます。おそらく、これが、サポート水準やレジスタンス水準で少なくともいったんは下げ止まる、上げ止まる理由の多くの部分を説明する現実ではないでしょうか。

図6-3-1② ● "壁"の正体は半年前に形成したギャップか？
（日経平均株価：日足 14年1月〜7月31日）

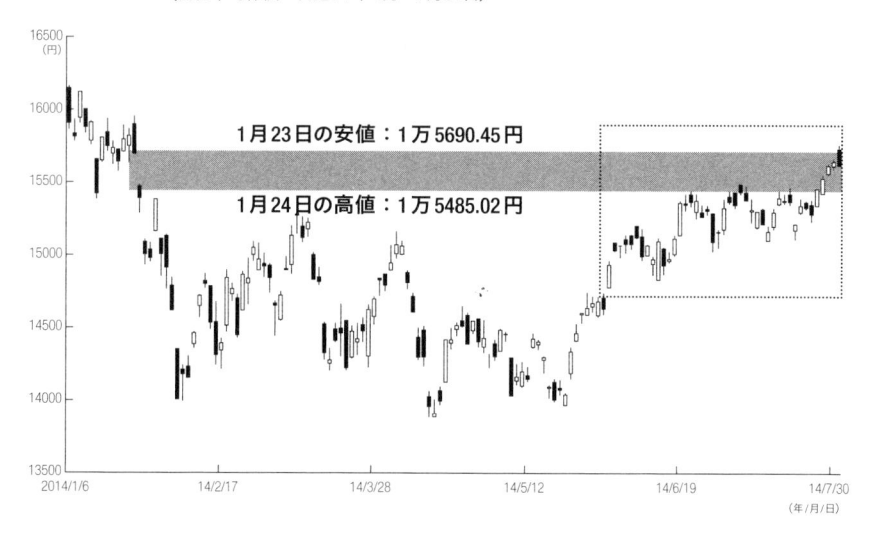

1月23日の安値：1万5690.45円
1月24日の高値：1万5485.02円

図6-3-2 ●「ギャップを形成しながら急落」後の反転の様子
(4063 信越化学工業：日足 14年9月1日～10月31日)

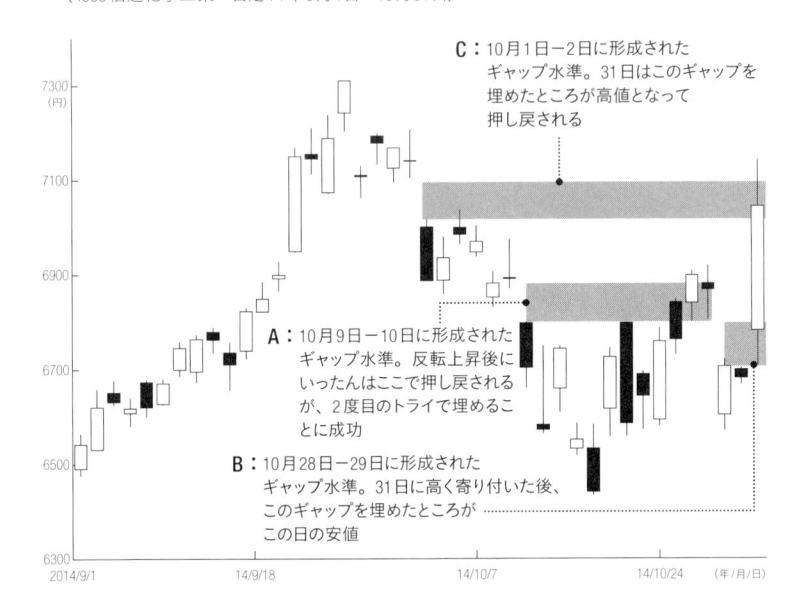

C：10月1日－2日に形成された
ギャップ水準。31日はこのギャップを
埋めたところが高値となって
押し戻される

A：10月9日－10日に形成された
ギャップ水準。反転上昇後に
いったんはここで押し戻される
が、2度目のトライで埋めるこ
とに成功

B：10月28日－29日に形成された
ギャップ水準。31日に高く寄り付いた後、
このギャップを埋めたところが
この日の安値

●自己実現性があるからこそチャートは有用

　まったくのデタラメな予言でも、それが広く知られたことで人々の新たな行動が誘発され、結果として、デタラメな予言が実現してしまうことを、社会科学の世界では「予言の自己実現」などと言います。チャートをはじめとするテクニカル分析の予測に関しても、こうした自己実現性があるのではないか、という問題はかねてから提起されています。

　自己実現性があるとしてテクニカル分析の予測を批判する論者の主張は、「多くのトレーダーや投資家が同じチャートのパターンを見て、同時に同様の売買をすれば、そのチャートのパターンの予測する方向に価格は動く。これは、チャートのパターンが将来を予測しているのではなく、『チャートのパターンが将来をこう予測している』ということが多くの人に認識されているため、予測が実現しているにすぎない」というものです。

　これに対して、「売買のスタンスも、チャートの解釈も人それぞれで違う

はずで、チャートのパターンが市場の需給を変えることは現実にはあり得ない」という反論もあるのですが、実際に市場を見ていると、チャートには自己実現性のようなものが確かにあると感じます。ただ、市場予測の自己実現性はチャートに限ったものではありません。アナリストでも経済学者でも、市場に対して影響力のある人が予測を公表すれば、その予測通りになる可能性を高める面は確実にあります。前章のコラムで紹介したグランビルの「Sell Everything !」の号令で81年にNYダウが急落したという事実は、その好例ではないでしょうか。

　日常でも、たとえば、株式情報メディアの「今日の注目株」といった銘柄推奨情報や、週刊誌などに時折掲載される「この株が上がる」というような記事は、確かにそれが出た日は値上がりします。が、それは予測が的確だったからでしょうか。また、証券アナリストが目標株価を引き上げたり、引き下げたりすると、その方向に株価が動くこともよくあります。これは、その証券アナリストの目標株価を修正した眼力が優れていたからでしょうか。

　日々公になる情報の中には、市場に影響力をもつことを織り込んで、意図的に出されているものもあるかもしれません。それらは"先に（公になる前に）知ったモン勝ち"のようなところがありますが、チャートは過去の値動きをそのまま示しているだけで、誰でも同じ情報をいつでも見ることができます。チャートの自己実現性は、実に透明、平等的ではないでしょうか。

　チャートに自己実現性があることは、チャートの予測に対する批判というよりも、むしろ、だからこそチャートを見る必要があるという、チャートの有用性を語るものだと言ってまったく差し支えないと思います。多くの人の意識が集まりやすい株価水準は、株価に影響を与える可能性がある。であれば、その水準は意識しておく必要があります。

●「市場の大きなトレンドは動かせない」が、収益の機会は捉えられる

　もっとも、チャートによる予測、あるいは、その他の予測もすべてそうですが、いったんは自己実現的にそのとおり株価が動いたとしても、市場の大きなトレンドは動かせません。これは、ダウ理論の「株価は特定の人によっ

て操作はできても、その影響力だけで市場の大きな流れを動かすことはできない」という話とも共通します。

　日々の株式市場においても、いったん株価はサポート水準で下げ止まったり、レジスタンス水準で上げ止まったりするとはいっても、先述したように、そこで株価の反転が確定したわけではありません。サポート水準で下げ止まった場合であれば、たとえば欧米市場が大幅上昇したり円安が急伸したり、日本株にとってポジティブな材料が出ると反転上昇する。逆に、何らかのネガティブな材料が出ると一段下のサポート水準に向かって下落する、という動きになります。

　株価がいったん下げ止まったり、上げ止まったりした後に、どんな材料が出てくるのかまでは、チャートではわかりません。そのとき、市場の大きなトレンドを動かすような強い材料が出てこようものなら、それまでのチャートの予測はことごとく覆されるでしょう。

　4章で、日経平均株価が14年9月25日に高値を更新した直後、アイランド・リバーサルのようなパターンを描いて反落したことを取り上げました。そのあとの展開がまさにうってつけの例です。

　株価はギャップを描きながらサポートになると目された水準を次々ブレイクして下落するところとなりました。10月20日にようやく反転の様相が見えましたが、この間に描かれたチャートの形の解釈からすれば、下降トレンド転換の可能性も浮上している。もとの上昇トレンドの軌道に戻るとしても、かなり時間を要するだろう、という予測になります。

　ところが、10月31日に日銀が発表した金融政策の追加緩和方針によって株価は大爆騰。その日のうちに9月25日の高値を更新しています。こうしたサプライズは、いかにつぶさにチャートを観察していても予測することはできません。それまでのチャートによる予測は、この展開で見事に覆されてしまいました。

　予測を覆す動きが出れば、その先の予測に新たな情報が提供されます。レジスタンスとサポートの機能が逆転するだろう、という予測もできますし、そこから先のレジスタンス水準も具体的に見えてきます。そうしたところか

ら次の売買の視点を見出すことが、チャートを売買に使ううえで非常に重要な点です。

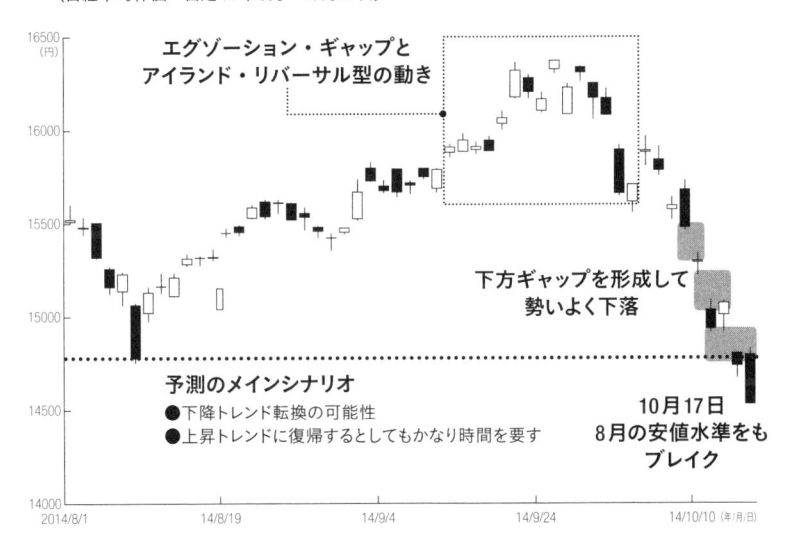

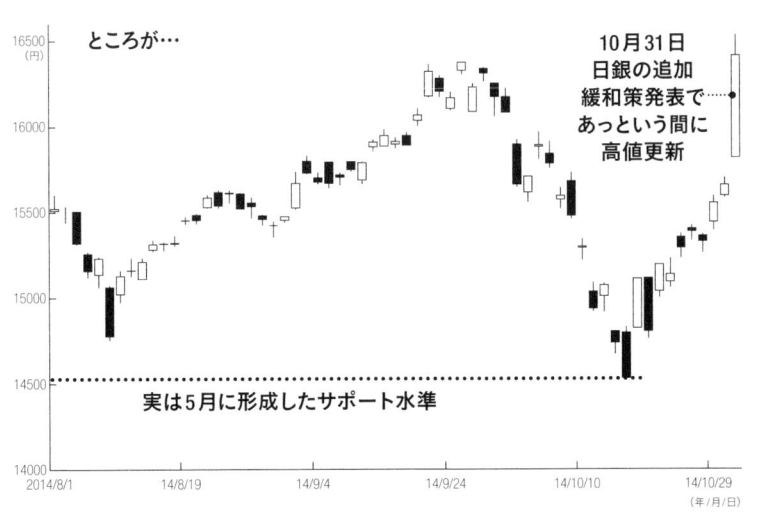

図6-3-3 ● チャートの予測を覆すサプライズ～図4-4-7のその後の展開～
（日経平均株価：日足14年8月～10月31日）

エグゾーション・ギャップとアイランド・リバーサル型の動き

下方ギャップを形成して勢いよく下落

予測のメインシナリオ
- 下降トレンド転換の可能性
- 上昇トレンドに復帰するとしてもかなり時間を要す

10月17日 8月の安値水準をもブレイク

ところが…

10月31日 日銀の追加緩和策発表であっという間に高値更新

実は5月に形成したサポート水準

第6章 ●「買いシグナル」「売りシグナル」とされる値動きのしくみ　201

●予測に反する動きに対応する注文の入れ方の工夫

　ところで、株価の動きが予測通りにならなかった場合に実際問題となるのは、まず、前節で取り上げたように、たとえば「サポートになるだろうと買った株価水準で下げ止まらずに、さらに下がってしまった」といったパターンがあります。この場合、そのあと本物の下げ止まりを確認した時点でのレジスタンス水準を売却の目標値とするのが基本処理策です。

　もうひとつ、予測通りの動きにならなかった場合に実際問題として想定されるのは、予測に基づいて入れていた指値注文が約定しない、というパターンです。たとえば「このあたりがサポート水準になるだろう」と予測して買い指値注文を入れていたところが、株価がそこまで下がらずに反転上昇して買えない。あるいは、「このあたりまで上昇するだろう」と予測して売り指値注文を入れていたレジスタンス水準まで上がらず、売ることができないといったケースです。

　この対応策は、その注文が新規でポジションを取る場合なのか、持っているポジションの手仕舞いなのかによって違ってきます。

　新規でポジションを取る注文であれば、約定しなくても慌てることはありません。新規の買い注文の場合、反転上昇した後の動きの中で新たな買い出動ポイントとなりそうなサポート水準を探すこともできますし、別の銘柄の中からチャンスを探すという割り切り方もあります。

　他方、手仕舞いの売り注文の場合には、悠長に構えていると、利益があっという間に減ってしまったり、損失がみるみる拡大したりする恐れがあります。ですから、まずは、その時点で確認される一番低いレジスタンス水準に売り指値をして、できうる限り確実な手仕舞いを目指すことです。もし、株価がそのレジスタンス水準まで届かずに下がった場合には、その値動きに合わせて売り注文の株価水準を切り下げていくに限ります。

　その売り注文の入れ方についてですが、売買を焦るあまりの成行注文にはとりわけ注意を要します。先にも少しふれましたが、昨今の相場の中で、これといった理由もなく場中に株価が急落し、その後、何事もなかったかのよ

うに株価が元の水準に戻って、結果として非常に長い下ヒゲを描く例が、決して希ではなく見られます。そうした銘柄の歩み値を見ると、ほとんどの場合、同じ時刻にまとまった数の売り物が出たらしく、ダダダダダーっと瞬時に値下がりしています。推測の域ですが、成行注文が入ったか、もしくは逆指値注文が発動したのではないでしょうか。

　注文を出すときには板がそこそこ埋まっているようでも、たとえば高速の売買ができる参加者ならば、成行注文が入ったのを感知した瞬間に超高速で入れていた注文をキャンセルすることもおそらく不可能ではないでしょう。そうなったら、（高速売買でない人の）成行注文が執行されるときには、もはや買い板はスカスカ状態。売値は突拍子もない安値にもなってしまいます。

　そうした現状を踏まえると、成行注文は危険とさえ言ってよいかもしれません。約定することを優先したい場合でも、成行注文は使わずに、板に出ている一番高い買い注文にぶつける指値を入れることです。

　損切りを機動的にするための逆指値注文も同様です。ロスカットの逆指値注文は、「この株価水準を下回ると、目先のトレンドが崩れる」という、トレンドフォローの教科書にあるとおりの"売りシグナル"に沿って、その株価水準をつけたら成行で売るやり方が通常でしょう。しかし、その教科書通りのシグナルの成行売り注文は、ともすれば想像をはるかに超えた損失を確定させる可能性があります。逆指値注文を入れておく場合でも、執行は成行ではなく指値が安全です。

§6-4 意識されやすい株価水準は意識しておくのが正解

チャート上で目立つサポート・レジスタンス水準を把握する

◉「強いサポート転じてレジスタンス」は強い押し戻し力が予測される

　売買出動の目印となる「多くの人からの意識が集まりやすい株価水準」とは具体的にどこか。前章までの中でもいくつか紹介してきましたが、この章の最後にまとめておきましょう。

　まず、過去に何度も下げ止まっていたサポート水準がブレイクされてレジスタンスに一転したところです。とくに、長期チャートに現れている"転じてレジスタンス"水準はよく見ておく必要があります。

　2章でも例を紹介しましたが、03年から07年にかけての上昇相場の中で繰り返しサポートになっていた水準を"リーマン・ショック"時に激しく打ち破られてしまった銘柄の中には、ようやくその水準まで戻したところで値動きが変調するケースが見られます。その水準は要注意です。

　さらに、その上にある「前回の上昇相場の高値」も意識されやすい水準です。

図6-4-1 ◉ チャート上の要注目ポイント【その1】

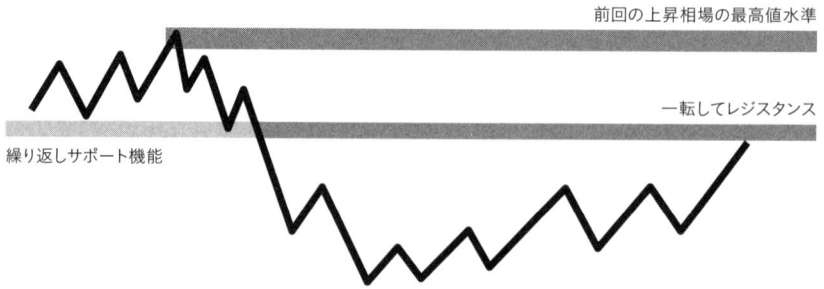

「過去のサポート」転じてレジスタンスと過去の高値水準

前回の上昇相場の最高値水準

一転してレジスタンス

繰り返しサポート機能

●チャート上で目立つ「保合いブレイク地点」と「ギャップ」は要注目

　ローソク足チャートで株価のトレンドを見たときに、「ここから強い上昇が始まっている」「ここを境に株価が落ち始めた」という、言わば節目になっている株価水準がわかると思います。

　自分が節目だとわかった株価水準は、誰が見ても「ここが節目になっている」とわかる。つまり、そこは意識されやすい株価水準です。

　自分が節目だとわかったのはなぜかと言えば、おそらく、そこがチャート上で目立ったからでしょう。なぜ目立ったのか。パターンは様々ありますが、よく見られるのは、まず、コンティニュエーション・パターン（保合い状態）をブレイクし、そこから再開したトレンドが鮮明に描かれているケースです。このブレイクが大陽線や大陰線の場合には、よりチャート上で目立ちます。

　3章で紹介したように、上昇トレンドの途中のコンティニュエーション・パターンを上方ブレイクした場合には、パターンの上値となってきたレジスタンスラインがサポート機能に一転します。ここは注目に値するサポート水準のひとつです。

　下降トレンドの途中のコンティニュエーション・パターンを下方ブレイクした場合であれば、パターンの下値のサポートラインが転じてレジスタンス機能と化した株価水準です。

　もうひとつ、チャート上で目立つといえば、ここまで何度か出てきた「ギャップ」です。とくに、中トレンドの方向転換の起点となった位置でのブレイク・アウェイ的なギャップ、あるいは、ギャップによってコンティニュエーション・パターンをブレイクした株価水準は、意識される可能性が高いと見られます。それがチャート上で目立つ大きさならばなおさらです。

　また、4章で紹介したラン・アウェイ・ギャップは、株価がいったん反転したときのレジスタンスやサポートとして意識されやすいと考えられます。先にもふれたように、いくつかのギャップを形成しながら高値圏から株価が下落を続けた場合であれば、株価が下げ止まって反転上昇したときには、そのギャップの水準がレジスタンスになると予測されます。

　なお、中トレンドの下落が下げ止まる、あるいは、上昇が上げ止まる最終

段階で、大きいギャップが形成されることがあります。このギャップは、株価が反転した初期段階で埋まるか、もしくは、「ギャップのサポート・レジスタンス水準をギャップでブレイクする」という形になるケースがよく見られます。目立つギャップではありますが、最後の段階で形成されたギャップはサポート・レジスタンスとしての機能はさほど強くないと考えてよさそうです。

図6-4-2 ● チャート上の要注目ポイント【その2】

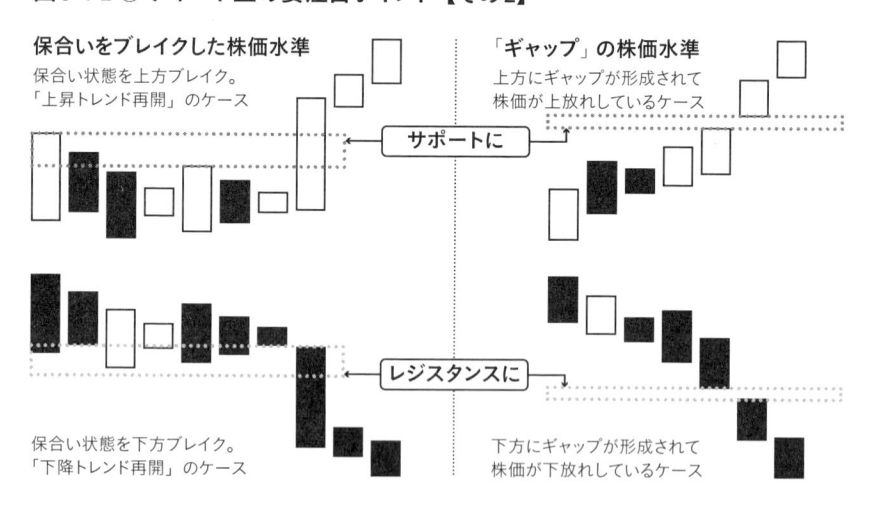

保合いをブレイクした株価水準
保合い状態を上方ブレイク。
「上昇トレンド再開」のケース

「ギャップ」の株価水準
上方にギャップが形成されて
株価が上放れしているケース

→ サポートに ←

保合い状態を下方ブレイク。
「下降トレンド再開」のケース

下方にギャップが形成されて
株価が下放れしているケース

→ レジスタンスに ←

● 移動平均線は日足・週足の"定番"がよく機能する

5章で紹介したように、移動平均線もサポート・レジスタンス水準を予測するうえで大いに役立ちます。

移動平均線は、(場中の値動きを示す分足を除けば) 2日から超長期までありとあらゆる期間の線をつくることができますが、まずは既製のチャートに描かれている定番の移動平均線で差し支えありません。

日足ベースであれば5日、20日または25日。週足ベースでは、13週と26週の移動平均線が繰り返しサポートやレジスタンスになっている例がかなりあることは前章でも述べたとおりです。週足ベースの移動平均線がサポート

になっていると見られる場合には、その週に相当する営業日数分の次ベースの移動平均線（たとえば、13週移動平均線なら65日移動平均線）を日足チャートに表示させておくと、サポート水準近辺まで株価が戻す動きをより詳しく捉えることができます。

●リバウンド目標値のコンセンサス「黄金比1.618」とは

チャート上に描かれているサポートやレジスタンス水準ではありませんが、上昇トレンドの中で株価が下押しする局面での下げ止まり、下降トレンドの中で株価が戻す局面での上げ止まりの水準として、市場の中で広く認知されている数字があります。「黄金比」と称される比率で、これも意識しておくと役に立つので、少々性質は異なりますが、加えておきましょう。

黄金比は、1.61803…と続く無理数で、古代から"最も美しい比率"として数学者や芸術家の心を捕えてきたと言われます。また、植物の葉のつき方や、ヒマワリの種の並び方、パイナップルのような集合果と呼ばれる果実にも、この比率が現れます。いまなお解明されない部分が残されている、非常に神秘的な数字です。

図6-4-3 ● ユークリッドによる「黄金比」の定義

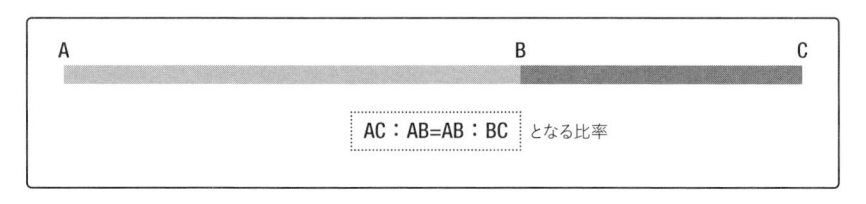

A ───────────── B ──────── C

AC：AB＝AB：BC となる比率

AB=1、AC=xとすると、BC=x-1より、
　x：1＝1：x-1
　x(x-1)＝1
　$x^2-x-1=0$
2次方程式の解の公式を使えば、

$x = \dfrac{1 \pm \sqrt{5}}{2}$

$\sqrt{5}$ を「2.236」とすれば、
x=1.618、-0.618
線分の長さなのでプラスの解を採用すると、

A ─── 1 ─── B ─ 0.618 ─ C
　　　　　1.618

ユークリッドが紀元前300年頃に数学の理論を記した『原論』の中には、この黄金比が何か所かに登場します。

　前ページ**図6-4-3**がその定義で、「AC：AB＝AB：BC」となる比率が黄金比です（ユークリッドは「外中比」として定義していました）。ABを「1」として比率を求めると、ACが「1.618」、BCが「0.618」。全体の長さACを「1」とすれば、ABが「0.618」になります。この「0.618」という数は、黄金比1.618から1を引いた数であり、また、1.618の逆数でもあります。この点も、1.618という数の特徴です。

　この比率と極めて深く関係し、そして後々に株式市場で脚光を浴びることになる「フィボナッチ数列」は、ご存知の方も多いかもしれません。13世紀に活躍したイタリアの数学者レオナルド・フィボナッチに由来する数列で、「1、1、2、3、5、8…」というように、前の2つの項を足した値が次の項になります。たとえば、8の次は、「5＋8＝13」。その次は、「8＋13＝21」といった具合です。

図6-4-4 ● 後に市場で脚光を浴びる「フィボナッチ数列」

前2つの項を足した値が次の項になる数列　　1, 1, 2, 3, 5, 8, 13, 21, 34, 55…

●隣の項との比率を取っていくと…

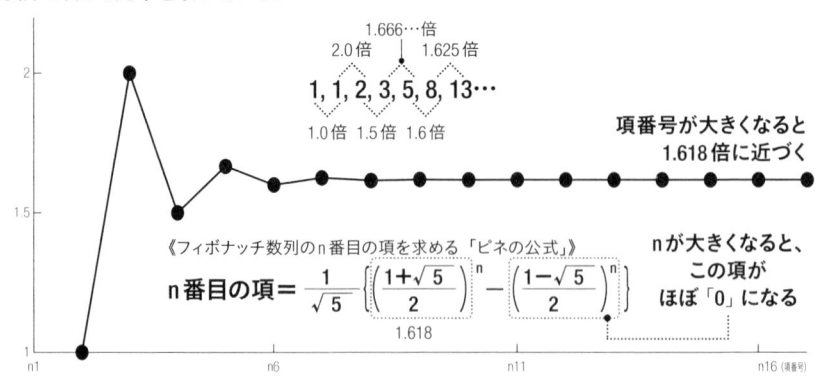

1, 1, 2, 3, 5, 8, 13…
1.0倍　1.5倍　1.6倍　1.625倍
　　2.0倍　1.666…倍

項番号が大きくなると1.618倍に近づく

《フィボナッチ数列のn番目の項を求める「ビネの公式」》

$$n番目の項 = \frac{1}{\sqrt{5}}\left[\left(\frac{1+\sqrt{5}}{2}\right)^n - \left(\frac{1-\sqrt{5}}{2}\right)^n\right]$$

1.618

nが大きくなると、この項がほぼ「0」になる

フィボナッチ数列で隣り合う2つの項の比率を取ると、項が大きくなるにつれて黄金比1.618に近づいていきます。この数列のn番目の項を求める「ビネの公式」を見るとわかるように、大カッコ内の2項目の値はnが大きくなるとほぼ「0」になり、公比が黄金比1.618の等比数列と変わらなくなることによります。そのため、この比率は、黄金比という言い方のほかに、フィボナッチ比率とも称されます。

　このフィボナッチ数列を基礎として確立された市場予測の理論が、1章で紹介したエリオット波動理論です。
　エリオット波動理論では、この数列のフィボナッチ比率（＝黄金比）の逆数「0.618」と、その2乗「0.382」、この2つの数のちょうど中間に位置する「0.5」を、戻しの目標値として推測するパーセンテージ・リトレイスメントに使っています。旧来から相場では経験則的に「3分の1戻し」「半値戻し」「3分の2戻し」などと言われていますが、このフィボナッチ比率は、それを精緻にした値と言ってもよいでしょう。なお、ここで言う「戻し」は、上昇トレンドの中での下落（いわゆる「押し」）と、下降トレンドの中での上昇（いわゆる「戻り」）の両方を意味します。
　戻しの目標値の計算は、たとえば上昇トレンドの起点が1万円、高値1万6000円をつけて下げに転じた場合、下げ止まりの第一の目標値は上昇した値幅6000円の0.382分、2292円戻しの1万3708円。第二の目標値は上げた

図6-4-5 ● リバウンド目標値を計算するパーセンテージ・リトレイスメント

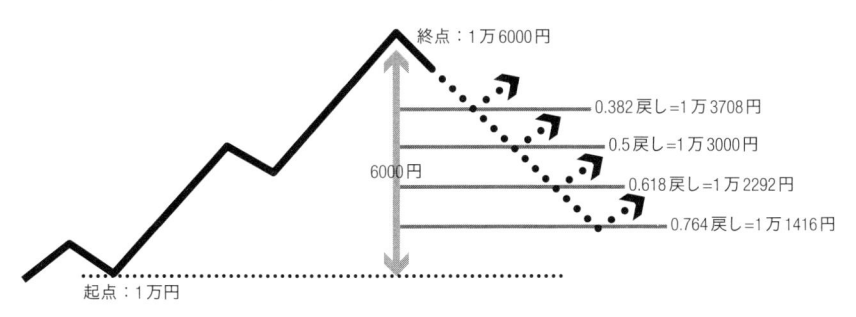

終点：1万6000円
0.382戻し＝1万3708円
0.5戻し＝1万3000円
6000円
0.618戻し＝1万2292円
0.764戻し＝1万1416円
起点：1万円

値幅の0.5（3000円）戻しの1万3000円。第三の目標値は0.618（3708円）戻しの1万2292円。これよりも下落した場合には、1から0.618の3乗「0.236」を引いた0.764（4584円）戻しの1万1416円が目標値とされます。

　このフィボナッチ比率は、今日、FX（外国為替証拠金取引）の市場で盛んに使われています。日々、通貨ごとに各比率に相当するレートも出されていて、取引をする人からすれば、否応もなく意識せざるを得ない、もはや当たり前の共通認識になっている感があります。
　株式市場では、日々この比率が取り上げられるようなことはありませんが、大きな下落があった後のリバウンドの上値目標値や、上昇トレンドの中で株価が急落したときの下値目標値にする人もいます。また、株価が反転した位置を終点として起点からの値幅の比率を見ることで、「調整完了」の目安にされることもあります。
　実際のところ、この比率が示す戻しの目標値は、株式市場で果たして有効に使えるのでしょうか。そこで、12年11月16日以降の日経平均株価（終値ベース）を調べてみました。
　12年11月16日から13年5月22日までの上昇値幅に対する6月13日までの下落値幅はおおむね「0.5」。そこから13年12月末までの上昇値幅に対する14年4月までの下落値幅は「0.618」にほぼピッタリ。さらに、14年9月29日までの上昇値幅と、下げ止まりが見えた10月17日までの下落値幅の比率は「0.764」に近い数字になっています。かなりいいセン、ではないでしょうか。
　この比率自体は、チャート上に描かれているサポートやレジスタンス、あるいは移動平均線のような形での影響力はないかもしれません。ただ、この比率に近い水準で上げ止まったり、下げ止まったりする動きが出たときには、戻しが終了した可能性が示唆されたという、確認の手段としては十分使えそうです。また、調整局面があったときに、上昇値幅に対する下落値幅の比率を前回の調整局面と比べることで、大トレンドの中に形成されている中トレンドの変化を捉えることもできると思います。

図6-4-6 ● フィボナッチ・リトレイスメントの確度を検証
(日経平均株価：12年〜14年10月28日)

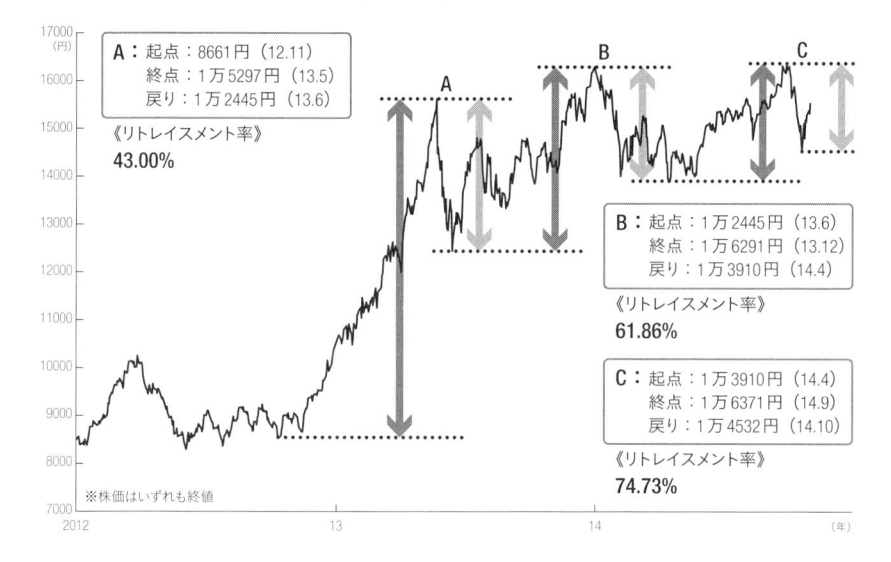

A：起点：8661円（12.11）
　　終点：1万5297円（13.5）
　　戻り：1万2445円（13.6）

《リトレイスメント率》
43.00%

B：起点：1万2445円（13.6）
　　終点：1万6291円（13.12）
　　戻り：1万3910円（14.4）

《リトレイスメント率》
61.86%

C：起点：1万3910円（14.4）
　　終点：1万6371円（14.9）
　　戻り：1万4532円（14.10）

《リトレイスメント率》
74.73%

※株価はいずれも終値

第 7 章

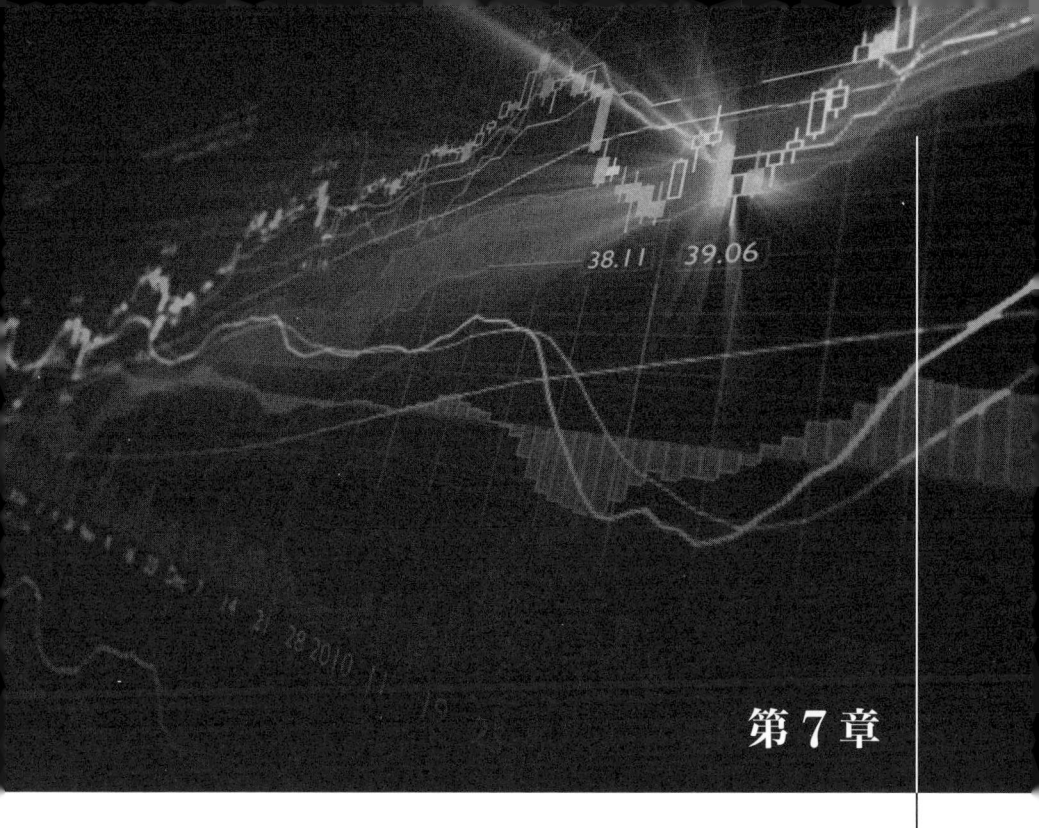

株の売買で儲かるしくみ、損するしくみ

§7-1 「儲かりやすい環境」を感知する

日経平均株価と「市場全体」の動き

●利益をもたらすメカニズムに乗る2つの方策

　株をはじめとする市場の売買で利益をもたらすメカニズムとは、言うまでもなく「買値よりも売値が高い」です。「価格はトレンドを形成して推移する」という大前提に立つと、これから先のトレンドに沿った方向のポジションを持っていれば、このメカニズムに乗ることができます。

　これを実現する方策は2つ。これまで述べてきたとおり、ひとつは、「継続するトレンドに乗る」。そのとき上昇トレンドにあるならば「買い」、下降トレンドにあるならば「売り」のポジションを持つ順張り売買です。そのトレンドがその先も継続すれば利益がもたらされます。ただし、トレンドが反転すれば、トレンドに刃向かうポジションを持っている状態になりますから、「買値より売値が安い」という、損失をもたらすメカニズムに一転してしまいます。

　もうひとつは、それまで継続してきたトレンドの反転を取ることです。それまで上昇トレンドであれば「売り」、下降トレンドであれば「買い」という逆張りのポジションですが、トレンドが反転すれば、その後のポジションはトレンドに沿った方向になります。当然ながら、それまでのトレンドが継続すれば、トレンドとは逆方向のポジションになり、損失がもたらされます。

　株の醍醐味から言えば、やはり狙いたいのは、大トレンドの反転を取ること。とりわけ大底からの反転上昇だと思いますが、残念ながら、これが狙える機会はそうは訪れません。そこで、この壮大なテーマについては章の最後に考察することとして、まずは、売買の機会が多い「継続するトレンドに乗る」方策から掘り下げていきましょう。

●日経平均株価の強烈な下げ局面はほぼ確実に「市場全体も悪い」

　執筆時点までのトレンドを踏まえて、ここからしばらくは「継続する上昇トレンドに乗る」ことに焦点を当てることにします。

　前章でも見たように、買う候補になるのは、基本的には上昇トレンド継続が確認された銘柄、すなわち、高値を更新するという"買いシグナル"が出ている銘柄です。これに該当する銘柄を探すのは簡単です。新聞の株式欄や『Yahoo!ファイナンス』などの株式情報サイトに日々掲載されている年初来高値更新銘柄ならば、この"買いシグナル"条件はクリアしています。

　それらの銘柄の中からどれを選ぶかが何よりの関心事になりそうですが、その前に非常に重要な確認事項があります。1章でも述べたように、市場全体がどんな状況にあるか、です。

　市場全体がよければ、上昇トレンドが継続している銘柄は多数あります。これは、多くの人が儲かっていて、新たに株を買う余力も増えている状況ですから、多くの銘柄にとって上昇トレンドが継続しやすい好循環が生じている。つまり、買った株の上昇トレンドが継続する可能性が高い環境にあると考えることができます。

　市場全体が悪い局面では、逆に、そもそも上昇トレンド継続が確認される銘柄自体が少ない。下降トレンドにある銘柄のほうが上回っている状況ならば、損失を抱えている人のほうが多く、少しでも利益を確保しようとする売りが出やすくなる。ただでさえ数少ない上昇トレンド継続の銘柄も、そのトレンド継続が難しくなる、という負の循環に陥ります。

　上昇トレンドが継続しやすいということは、「買って、売る」の順張り売買で儲けやすい。つまり、市場全体の良し悪しは、「儲かりやすさ」に直結するということです。

　6章で取り上げた「チャートの買いシグナルがうまくいったり、いかなかったりする」ことの、重要な背景はここにあります。市場全体が悪化すれば、それまで上昇トレンドにあった銘柄もそのトレンドが継続しにくい状況になります。つまり、それまでのトレンド継続を確認する"買いシグナル"は、先行きのトレンドと逆方向になりやすい。"買いシグナル"が裏目に出る可

能性が高くなると考えられます。"買いシグナル"が出たときに市場が絶好調に見えても、その直後に市場が悪化すれば、その"買いシグナル"は「売るべきだった」シグナルにもなってしまいます。

　では、いま市場全体がよいか悪いか、市場全体が悪化する兆候はないのかは、どうすればわかるのか。これも1章で述べたように、その手掛かりの第一は、日経平均株価の動きです。日経平均株価の動向だけで市場全体を隈なく語れるわけではありませんが、少なくとも、日経平均株価が強烈な下げ局面にあるときには、ほとんどの場合、市場全体も悪化しています。大トレンドとしては「上昇トレンドの中にある」と解釈される状況でも、強烈な下落が続いていれば、大抵は市場全体も惨憺たる状況になっているはずです。

　日経平均株価が強烈に下げる理由はその時々でいろいろありますが、場況コメントにしばしば登場するのが「先物主導で売られ…」というフレーズです。これは、日経平均先物がまず大きく下げ、追随するように日経平均株価

図7-1-1 ● 日経平均株価が急落するごとに安値更新銘柄が増加
（日経平均株価：13年1月～14年11月18日）

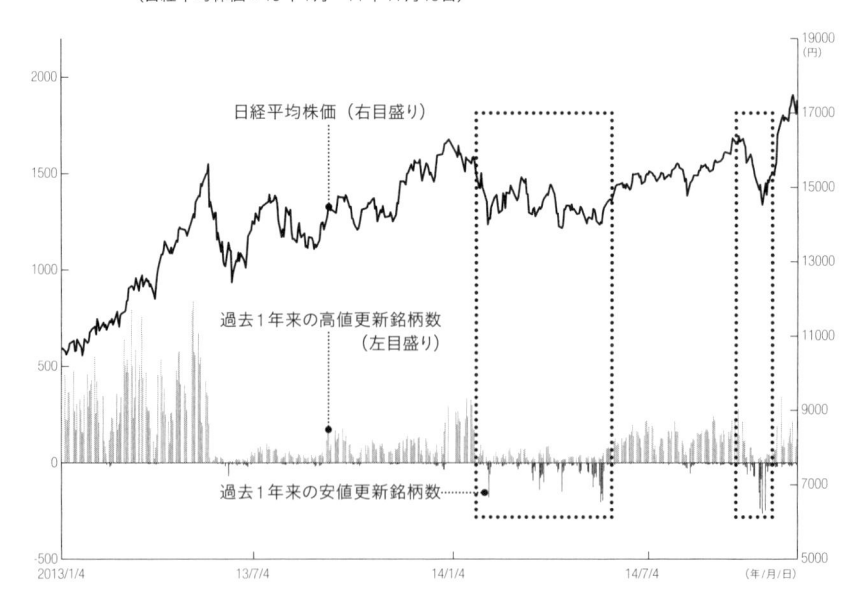

が下げる。それとほとんど同時に、多くの個別銘柄も売られる展開を指しています。

　先物主導による動きに関しては章末の補足1にまとめていますが、理由はともあれ、日経平均先物が本腰を入れて売られる状況が、たとえば2週間も続こうものなら、高値を更新する上昇トレンド継続銘柄よりも、むしろ年初来安値を更新する銘柄が上回る状況にもなります。大きく捉えれば「日経平均株価の上昇トレンドは崩れていない」と解釈できるとしても、これは明らかに「儲かりやすい環境」ではありません。

●日経平均株価と市場実態の"矛盾"現象に注意する

　それならば、日経平均株価が堅調に上昇している局面は「儲かりやすい環境」かというと、大方はそう判断してよいでしょう。ただし、ひとつ注意しなければならないのは、日経平均株価は上昇していても、市場全体の実態はよくない、という現象が時折起きる点です。このとき、たとえば日経平均株価は堅調に値上がりしているのに、値上がり銘柄数よりも値下がり銘柄数のほうが大幅に上回っているというような、言わば市場の矛盾現象が起きます。

　日経平均株価が上昇している局面では、こうした矛盾現象が起きていないかをチェックすることが重要です。たとえば、日経平均株価が小幅な上昇のときに、値下がり銘柄数のほうが若干上回っている、という程度であれば、相場のアヤのようなものですから、無視しても差し支えありません。しかし、日経平均株価が上昇しているのに東証1部の値下がり銘柄数が1000銘柄を超えるような状況は、警戒を要します。そうした矛盾現象がしばしば観測されるようならば、市場全体はすでに悪くなっている公算大です。日経平均株価が上昇していても、これは「儲かりやすい環境」ではありません。

　市場の矛盾現象を捉えるうえでは、日経平均株価とその他の株価指数の動きを比較してみることも役に立ちます。

　まず、日経平均株価と並んで日本市場全体を代表する指数としてTOPIX（東証株価指数）があります。日経平均株価とTOPIXは、値動きの方向性は

似ていますが、算出方法が異なることから、それぞれの上昇・下落が意味するところが少々違ってきます。

　章末の補足2で詳しく紹介しますが、日経平均株価は225銘柄の株価の単純平均で、算出に採用される株価が高い銘柄ほど指数に対する影響力が大きくなります。他方、TOPIXは東証1部の全銘柄を対象とした指数で、時価総額加重平均という算出方法が用いられています。株価もさることながら、発行済み株数が多く時価総額が大きい銘柄が指数に対して影響力をもちます。

　そうすると、日経平均株価は強い動きをしていても、TOPIXが冴えない動きをしているとすれば、日経平均株価に影響力をもつ一部の銘柄が買われているだけの可能性があります。これは、「市場全体がよい」と言える状況ではありません。逆に、TOPIXのほうが強い上昇をしていれば、時価総額が大きい銘柄が積極的に買われていると解釈できますから、その恩恵にあずかれる人も多いはずです。「日経平均株価は好調で、TOPIXは冴えない」状況よりも、こちらのほうが市場全体は良好と言えます。

　TOPIXは一般の投資家からあまり注目されない株価指数ですが、株式情報サイトやネット証券が提供している比較チャート機能を利用して、日経平均株価とTOPIXの推移はどちらが強い動きになっているのか、その様子を把握しておきたいところです。

●東証2部・新興市場の指数が示唆する市場全体の先行き

　JASDAQ指数や東証マザーズ指数、東証2部指数も、折りにふれて見ておきたい指数です。たとえば、日経平均株価やTOPIXが上昇していても、これらの指数がまるでついて行けない状況は、市場の隅々にまで恩恵が及んでいないと考えられます。TOPIXが上昇しているとはいっても、時価総額の大きい主力銘柄ばかりが買われていると目される状況ですから、これはやはり「市場全体がよい」とは言い切れません。

　「日経平均株価が好調＝市場全体がよい」か否かは、日経平均株価の上昇が一服したときにこれらの指数がどんな動きをするかによって推し測ることができます。そのとき、これらの指数が遅れを取り戻すように勢いのある上

昇を見せればひとまず安心。市場全体は良好で「儲かりやすい環境」と見てよいでしょう。しかし、日経平均株価が上がってもこれらの指数が上がらない。日経平均株価が下げたときには、それ以上に下げるといった状況は、損益状態を悪化させている人が増えている可能性を示します。損益が悪化する人が増えることは、先述したように、負の循環を起こすネガティブな要因ですから、これもまた「市場全体はよくない」と言えます。

　反対に、たとえば日経平均株価は上値が重く、冴えない動きに終始している局面で、2部指数や新興市場の指数が好調に推移している状況は、好感できます。中小型株や新興株には値動きの軽い銘柄が多く、調子よく上昇している銘柄の好影響が次々と連鎖的に拡大しやすいからです（ただし、逆の場合の負の連鎖も起こりやすい点は要注意です）。

　また、過去の推移を見ると、これらの指数は、日経平均株価やTOPIXに先行して動く傾向も確認されます。ですから、たとえば日経平均株価が上昇トレンドの途中で膠着状態になっているとき、2部指数や新興市場の指数に高値を更新する強い動きが出れば、いずれ日経平均株価も高値を更新するだ

図7-1-2 ● 東証2部指数は日経平均株価に先行する傾向あり
（日経平均株価・東証2部指数：03年～14年11月18日）

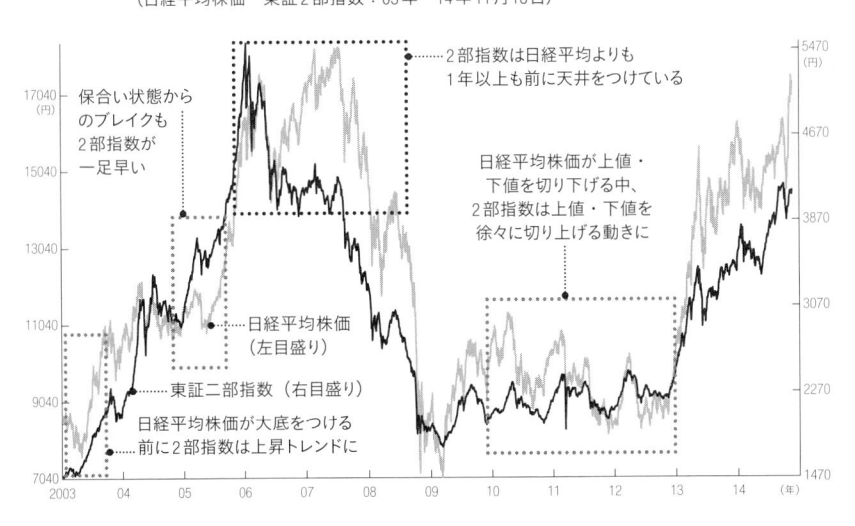

- 保合い状態からのブレイクも2部指数が一足早い
- 2部指数は日経平均よりも1年以上も前に天井をつけている
- 日経平均株価が上値・下値を切り下げる中、2部指数は上値・下値を徐々に切り上げる動きに
- 日経平均株価（左目盛り）
- 東証二部指数（右目盛り）
- 日経平均株価が大底をつける前に2部指数は上昇トレンドに

ろうというポジティブな見通しを立てることもできます。

　一方、日経平均株価が膠着状態にあるときに2部や新興市場の指数が下降トレンドに転換していたとしたら、これは、市場全体が崩れかけている可能性を伝える重要な警戒シグナルです。

●「日本株は絶好調」の強気報道も時に疑う必要がある

　日経平均株価という株価指数は、算出方法がシンプルでわかりやすく、225銘柄の株価データがあれば、誰でも計算できる透明性の高さが大きな特徴と言えます。と同時に、シンプルであるがゆえに、ごく一部の銘柄の値動きによって指数が押し上げられたり、押し下げられたりするという、時折問題視される側面も持ち合わせています。

　章末の補足2で日経平均株価の算出方法や、それによる指数の性格などを紹介していますが、指数の算出対象になっている225銘柄のうち、指数に対する影響度（寄与度）の高いごく一部の銘柄が集中的に買い上げられれば、大半の銘柄が値下がりしていても、日経平均株価は値上がりしているという状況を創出することも不可能ではありません。もちろん、仮に、そうしたことが行なわれていたとしても、市場全体の大きなトレンドを動かすことはできません。遅かれ早かれ、日経平均株価も市場全体のトレンドと同方向に動くはずですから、このこと自体は過剰に問題視することではないと思います。

　市場で売買するうえで気をつけたいことは、そうした日経平均株価の動きが自分自身の売買判断を惑わす可能性があることです。1章でもふれたように、報道などで「今日、日本株が上昇した」と言う場合、大抵は、日経平均株価が値上がりしたことを指します。日経平均株価が連日高値を更新していれば、「日本株は絶好調だ」といった強気のニュアンスも出てくるでしょう。繰り返しになりますが、平常であれば、そのとおりです。しかし、時に、そうではない場合があります。その矛盾現象がごくごく一時的なものでなければ、もはや「儲かりやすい環境」ではなくなっています。こうした異変を察知するために、報道だけではなく、自分の目で「市場全体」を冷静に観察することが大切です。このことは、後に考察する「大底を取る」という話にも

共通します。

●「下げ止まって再上昇」の信憑性は市場全体の動きで判定する

　前章で、買い出動タイミングの捉え方として「下げ止まって再上昇」という動きをあげました。これは、大きな上昇トレンドの中での一時的な調整が完了した、「目先の底」をつけて再び上昇軌道に乗り始めた可能性を示唆する動きです。ただし、下落していた株価が前日比上昇した、というだけでは、それが「目先の底」かどうか、まだ疑わしい状況と言えます。

　個別銘柄を売買する場合でも、まずは、市場全体が「目先の底をつけて反転した可能性が高い」と判断される状況になっていることが重要です。

　判断のポイントは、それまでの下落の主因と見られる悪材料が払拭され、市場全体として「買い優勢」に転換したか否か、です。たとえば、それまで円高にふれていたことが主因で売られてきた日経平均株価が、為替が円安方向に一転したことによって大幅に反転上昇する、といった動きは、目先の底をつけた可能性を示すものではあります。しかし、日経平均株価だけが強い上昇で、市場全体として「買い優勢」となっていない矛盾現象が起きている場合には、まだ疑いの目を向けておく必要があります。

　日経平均株価の上昇率もさることながら、たとえば値上がり銘柄数が圧倒的に上回っている。あるいは、他の株価指数のほうが勢いよく上昇するなど、市場全体の「買い優勢」状態を確認したいところです。値上がり銘柄数で言えば、東証1部上場銘柄の8割（1400銘柄前後）、全上場銘柄の7割（2500銘柄前後）レベルを、その目安にしてみてください。

　さらに、3章で述べたように、上昇トレンドへ転換するときには、まず強い上昇があった後に強い押し下げがある。しかし、安値は更新せずに再び上昇して上値・下値を切り上げる動きになる、というのが、パターンのひとつです。この動きは、中トレンドの下落基調が上昇基調に転換する（つまり、大トレンドの二次的調整終了）局面でもよく見られます。市場全体にそうした動きが確認されると、「『目先底をつけて反転』の可能性がより高まった」という判断になります。

§7-2 どこで買い、どうなったら売るか

チャートが発信する売買のポイントはここにある

◉買う対象を絞り込むときの着眼点

　市場全体が良好であることが確認できれば、次は、対象銘柄をどうするか、です。その候補は先述のとおり、各メディアに掲載される高値更新銘柄リストから探すのが容易です。

　市場全体がよいわけですから、おそらく、高値更新銘柄は何百とあることでしょう。その中で「一番値上がりしそうなのはどれか」を予想することは、チャートの範疇ではありません（というよりも、一番値上がりする銘柄をチャートで予測することはできない、と考えてください）。

　チャートによって銘柄を選ぶ着眼点としては、まず、高値更新に至るまでのトレンドの様子があげられます。

　望ましいのは、やはり着々と高値・安値を切り上げ続けている銘柄です。そのトレンドの中で繰り返しサポートとなってきた水準がチャートで確認される、あるいは、4章で紹介したような値動きの傾向がチャート上に現れていると、売買シナリオがつくりやすくなります。これらも銘柄を選ぶときの着眼点のひとつです。

　過去のレジスタンス水準から上値余地の目測をつけておくことも重要ポイントです。

　たとえば、年初来高値を更新している銘柄でも、前章まで度々出てきたように、03年からの前回の上昇相場の高値水準、あるいは、08年の急落によってレジスタンスと化した旧サポート水準に目下の株価が迫っている銘柄は、その段階では上値余地が限られていると見られます。いったんそのレジスタンス水準まで株価が上昇した後の状況と市場全体の動向を確認したうえで、買い出動のタイミングを見極めたいところです。

図7-2-1 ● 着実な上昇トレンドが継続中
（2659サンエー：週足12年10月～14年11月18日）

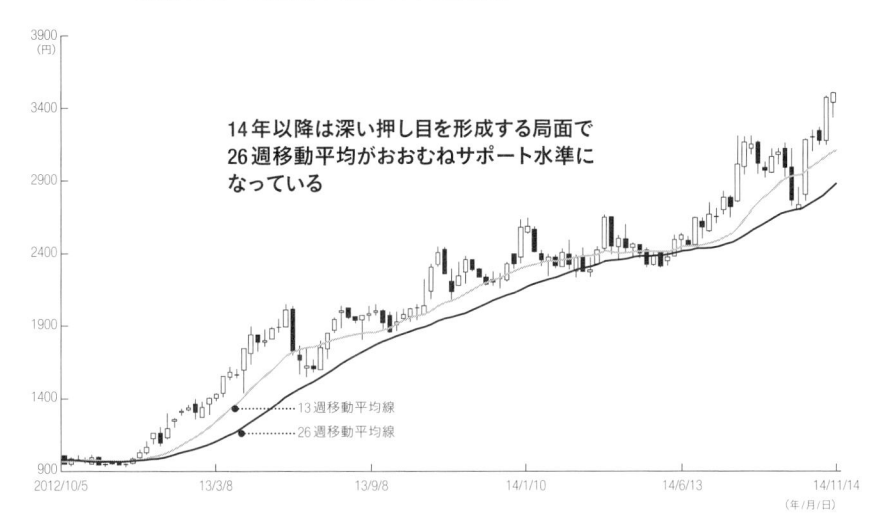

14年以降は深い押し目を形成する局面で
26週移動平均がおおむねサポート水準に
なっている

……13週移動平均線
……26週移動平均線

　注目している銘柄がすでにある場合には、とにもかくにも日足・週足・月足チャートを確認してください。長期の月足チャートで下降トレンドがはっきりしている銘柄は言うに及ばず、週足チャートを見たところ、たとえば13年までは上昇トレンドにあったものの、14年に入ってから下降トレンドになっているような銘柄は、市場全体の上昇トレンドから振り落とされてしまった可能性があります。再びトレンドが反転して上昇トレンドに復帰する見込みも、もちろんゼロではありませんが、とりあえず候補から除外したほうがよいでしょう。

　月足や週足チャートのトレンドは崩れていない場合でも、日足ベースで下降トレンドがはっきりしている、あるいは、日経平均株価が大きく上昇しているときに反応が鈍く、軟調な動きを続けている銘柄は、大きな上昇トレンドはすでに終わっているのかもしれません。しばらくは、日々の値動きをウォッチしておくにとどめるのが正解です。

図7-2-2 ● 長期のレジスタンス水準に迫っている例

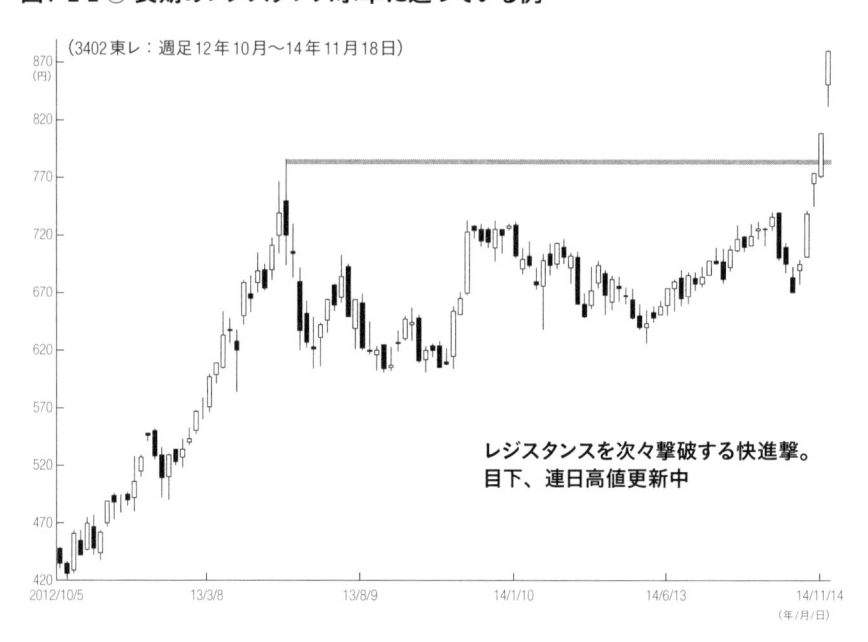

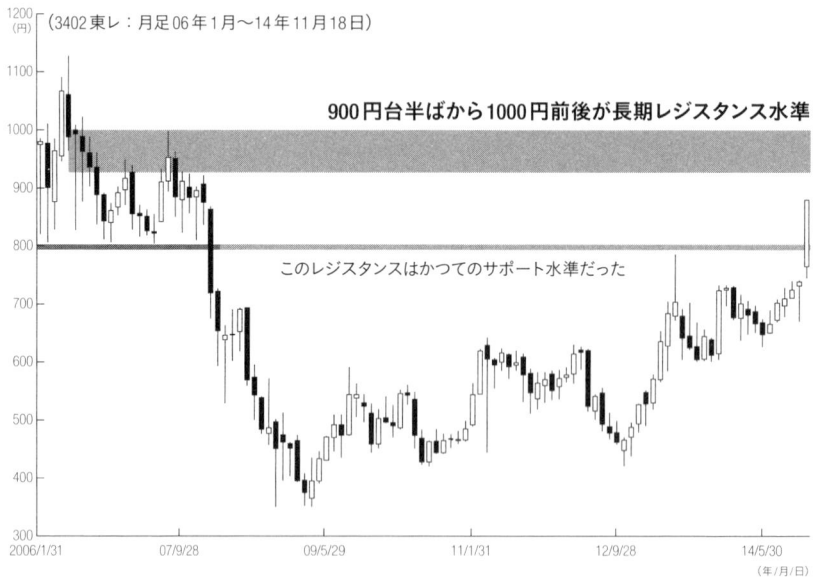

（3402東レ：週足12年10月～14年11月18日）

レジスタンスを次々撃破する快進撃。
目下、連日高値更新中

（3402東レ：月足06年1月～14年11月18日）

900円台半ばから1000円前後が長期レジスタンス水準

このレジスタンスはかつてのサポート水準だった

●市場全体が堅調な中で「より有利な押し目買い」を目指す例

具体的に、チャートのどこを見て売買の方針を考えればよいのか。個別の例で考えていきましょう。

図7-2-3は14年11月18日に年初来高値更新銘柄リストにあがっていたローム（6963）の日足チャートです。その数日前、日経平均株価も高値を更新して高値もみ合い状態になっていることを考えれば、やはりここでは手を出しにくい。しかも、この銘柄の月足チャートを見ると、この日の高値7300円は10年4月につけた高値7320円とほぼ同水準に来ています。

図7-2-3① ● 高値更新ロードをばく進中
（6963ローム：日足14年6月～14年11月18日）

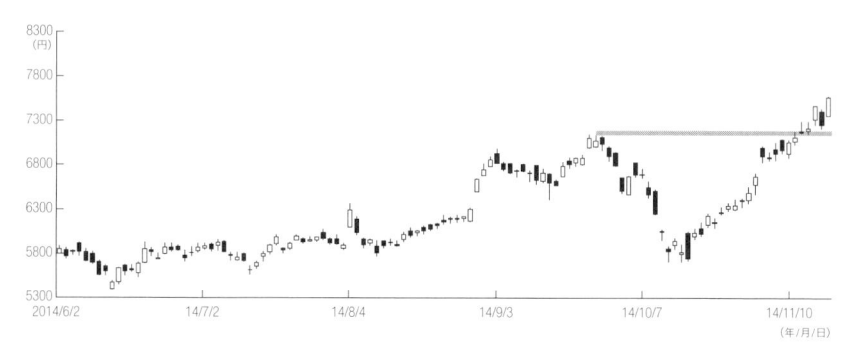

図7-2-3② ● 月足チャートを見ると過去のレジスタンスと同水準
（6963ローム：月足05年1月～14年11月18日）

そこで、「このあたりでいったん押し戻されるだろう」と想定して買い出動のポイントを考えてみます。週足チャートを見ると、日経平均株価の上昇トレンドが鮮明になった12年11月以降、一貫した右肩上がりを描いていること、そして、このトレンドのサポートとなってきた水準のひとつは13週移動平均前後であることがわかります。また、深い押しが形成されているところ（大方は日経平均株価が大きく下げた局面）では26週移動平均をやや下回った水準で「下げ止まって再上昇」となっています。いくつかの移動平均線を引いてみたところ、おおむね34週移動平均線がサポート水準を示現しています（ちなみに、「34」は6章で紹介したフィボナッチ数列の値ですが、13、21、34、55といったフィボナッチ数が移動平均線の分析に有効に使えるという研究結果もあります）。

図7-2-3③ ● 週足ベースのサポート水準を確認する
（6963ローム：週足12年10月～14年11月18日）

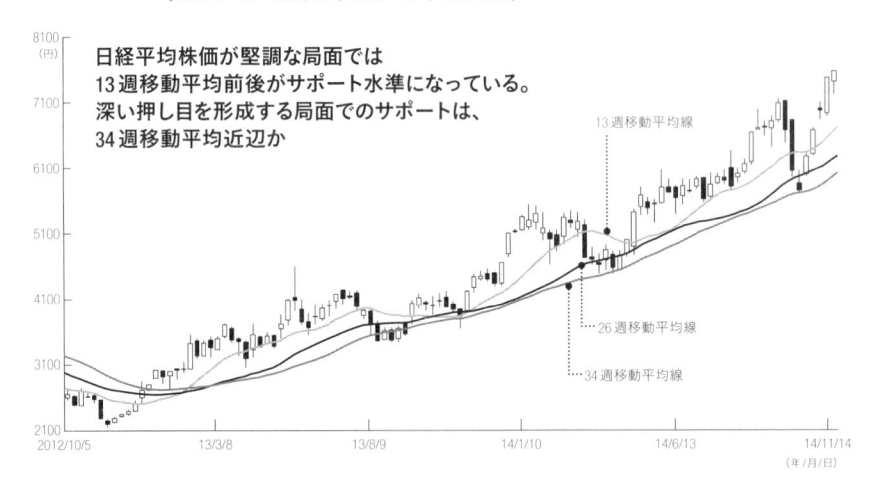

日経平均株価が堅調な局面では
13週移動平均前後がサポート水準になっている。
深い押し目を形成する局面でのサポートは、
34週移動平均近辺か

　さらに、より具体的に買い出動する株価の目安をつけるために、再び日足チャートを見てみます。この時点の第一のサポートと目されるのは、10月31日と11月4日の間にある巨大ギャップでしょう。これは、10月上旬に日経平均株価が大きく下げた局面で、小幅ながらも下方ギャップを形成した水

図7-2-3④ ● 買い出動の具体的な目安は日足チャートで策定する
（6963ローム：日足14年9月～11月18日）

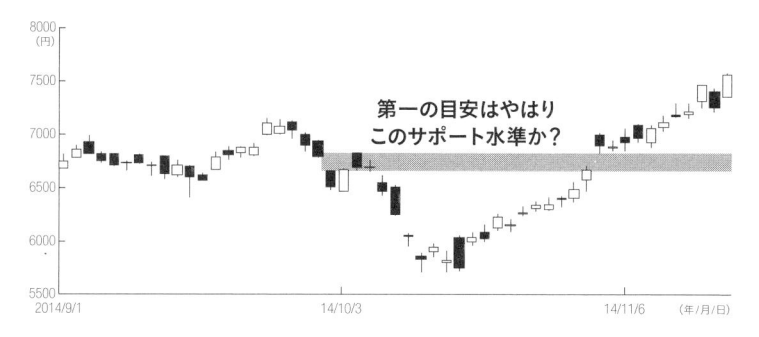

準でもあります。株価で言えば6600円台前半から6750円前後です。この日時点の13週移動平均は6589.2円ですから、ここから株価が大きく崩れなければ、やはり6600円前半あたりがサポート水準になると見られます。

　これらをまとめると、10月31日と11月4日の間のギャップが埋まらないと予測するなら、6750円前後。ギャップを埋める動きを予測するなら6580円から6650円の範囲が押し目買い出動の第一の目安になります。

　その水準で買えて、そこから期待通りに反転上昇したときには、この時点で言えば、7300円処が第一のレジスタンスです。その水準を超えて上昇すると、月足チャート上の次のレジスタンスは7890円ですが、市場全体の動向を見ながら、欲張らずに売却することを考えたほうがよいと思います。

　もし、株価の上昇が強く、この押し目買い出動の目安まで株価が戻らなかった場合には、無理して買う必要はありません。上げ止まりを確認してから、改めて作戦を練り直しましょう。

　一方、何らかのきっかけ（市場全体が大きく下げる、業績に悪材料が出る等）で株価が大幅に下落し、第一の押し目買い出動の目安で下げ止まらなかった場合には、34週移動平均の6000円前後が次のサポート水準になります。ただ、この株価水準まで一気に下げるとすれば、かなり市場全体の状況が深刻化していることも予想されます。その場合は、指値注文はいったん引っ込めて、情勢を冷静にウォッチするほうがよさそうです。

※ここで紹介したサポートやレジスタンスの水準はいずれも11月18日時点のもので、この先の株価動向によって目安の水準は変わってきます。この銘柄についての予測ということではなく、このような形のチャートから売買方針を考える際の一例として参考にしてください。

●市場全体が良好な局面ならば「ナンピン」も悪くない

　2章の中でレジスタンスが幾重にも待ち受けている例として、三菱UFJフィナンシャル・グループの長期チャートを見ました。このような銘柄を保有している人の中には、日経平均株価の上昇トレンドが2年も続いていていながらも「未だに含み損状態」という人もいるのではないでしょうか。「こんなことなら、株価が安かったときに買い増して買い単価を下げておくべきだった」と後悔している向きもあるかもしれません。

　買った株が値下がりしたら買い増して、買い単価を下げ、株価が反発したときに利益が出やすいようにする買い方「ナンピン買い」は、株で「やってはいけない」とされる売買行為のひとつです。なぜ、これが御法度なのかと言えば、株価が下降トレンドにある局面でナンピン買いをすると、買い単価を下げて株価の反発を待っても、そこまで株価が戻らない可能性がある。下降トレンドが続いている中でナンピン買いを繰り返せば、利益の出ない株数ばかりが増えて含み損の額が拡大する一方になってしまうからです。

　では、株価が上昇トレンドにあるならばどうでしょうか。先行きの株価は高くなるのですから、押し目で買い増しをして単価を下げておけば、利益は出やすくなります。上昇トレンドがどこまで継続するかはわかりませんが、市場全体が上昇トレンドにあり、かつ、堅調に推移していることが確認されている局面、たとえば日経平均株価の二次的調整が終了した可能性が示唆される強い反転上昇があり、市場全体が好転しはじめた状況ならば、ナンピン買いは検討して悪くない策です。

　たとえば、先の例の三菱UFJフィナンシャル・グループを07年後半に「1000円割れなら安い」と考えて950円で買い、14年に入ってもなお保有している

図7-2-4 ● あのときは「1000円割れは安い」と思ったのだが…
（8306 三菱UFJフィナンシャルG：月足06年〜14年6月30日）

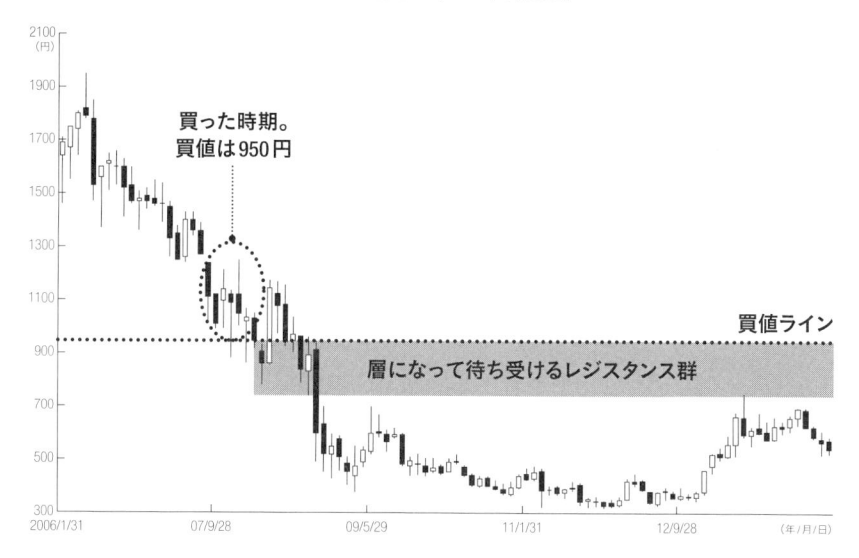

図中注記：
- 買った時期。買値は950円
- 買値ライン
- 層になって待ち受けるレジスタンス群

としましょう。14年4月時点でこの銘柄の月足チャートを見てみれば、800円近辺に強烈そうなレジスタンスがあります。その水準をクリアしたとしても、1000円までのゾーンはそう簡単には抜けられないと予想されます。となると、950円で買った株は利益を出すことが相当困難、との予測にならざるを得ません。

　12年10月以降の週足チャート（次ページ図7-2-5）を見ると、13年5月の750円が高値で、その後は、700円にタッチすることもできていません。が、14年3月末以降は、下値もそこそこ堅そうな動きになっています。上値も重そうではあるものの、たとえば600円台後半までの上昇ならば期待できそうではないか。うまく買い増しをすれば、600円台前半あたりまで買い単価を引き下げられるのではないか。と、たとえば、14年初から軟調な動きをしていた日経平均株価が5月21日から一転して好調になった局面で考えたとします（かなり強引な場面設定ですが、「こんな考え方もある」というひとつの例として参考にしてください）。

第7章 ● 株の売買で儲かるしくみ、損するしくみ

日経平均株価は5月22日から連日上昇することになります。この状況の中で、この銘柄を買うとすれば、たとえば23日と26日の間に形成されたギャップを短期的なサポート水準と捉えて指値を入れておく策が考えられます。この銘柄のように発行済み株数が多い大型株は、上がれば売り物がいくらでも出てきますから、大抵、ギャップは埋まります。ですから、この場合であれば、たとえば23日の高値（575円）と終値（570円）の間の株価水準を、指値を入れておく目安とするのもよいと思います。これが「下げ止まって再上昇」の後に"短期的な押し"を狙うアイディアのひとつです。

　なお、よほど強い材料があってこの水準まで株価が下がらずに上昇した場合には、この買い指値は約定しませんが、"追っかけ買い"をする必要はありません。「上がればいくらでも売り物は出てくる」と考えて、次のサポート水準を画策しながら待ちましょう。

　仮に、5月27日から30日までの間に、23日の高値と同じ575円で約定できたとします。この買い増しによって、買い単価は762.5円に下がります。

図7-2-5 ●「600円台半ばまでなら行けそうではないか？」
（8306 三菱UFJフィナンシャルG：週足 12年10月～14年5月9日）

図7-2-6① ● 年初から軟調だった日経平均に反転の兆しが出た
（日経平均株価：日足 14年1月～5月30日）

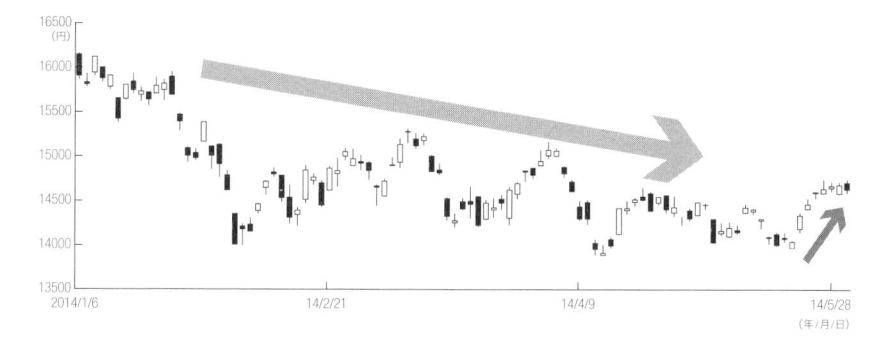

図7-2-6② ● 足元の株価の動きから押し目買いポイントを探る
（8306 三菱UFJフィナンシャルG：日足 14年4月～5月26日）

5月26日
安値=578円

5月23日
高値=575円
終値=570円

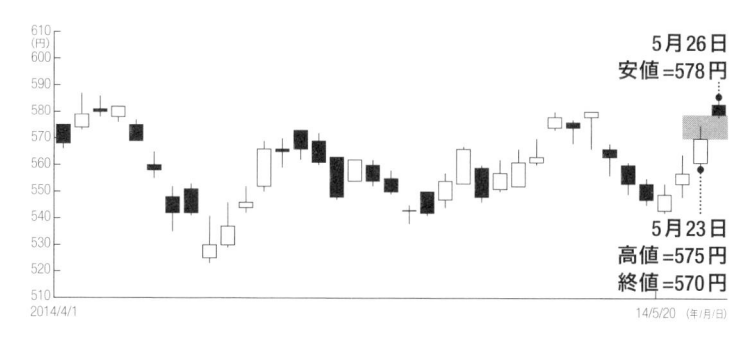

図7-2-6③ ● 押し目買いで買い単価は下がったものの、少し上にレジスタンスが
（8306 三菱UFJフィナンシャルG：日足 14年1月～5月30日）

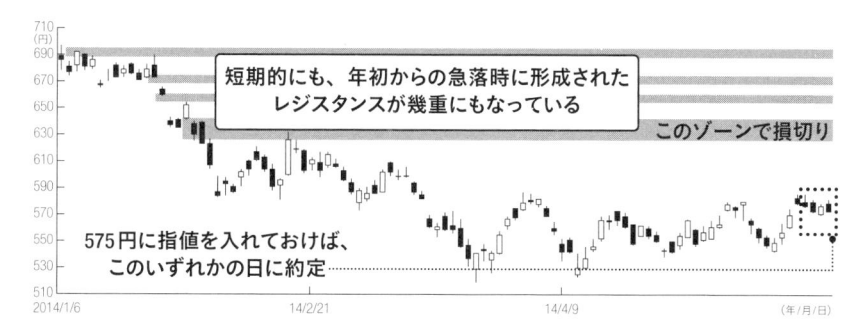

短期的にも、年初からの急落時に形成された
レジスタンスが幾重にもなっている

このゾーンで損切り

575円に指値を入れておけば、
このいずれかの日に約定

第7章 ● 株の売買で儲かるしくみ、損するしくみ　231

ここで過去の値動きを見てみると、年初からの下落で形成されたレジスタンスが620円から630円のゾーンにあることがわかります。このレジスタンスのゾーンまで上昇したら、1単元は売却します。損切りになりますが、これがその先の買い増しによって買い単価を下げることに効果をもちます。買い増しで買い単価が下がっている分だけ、買い増しをしなかった場合に比べれば痛みも少なくて済むでしょう。

　株価はこのレジスタンスゾーンを超えて上昇し、次のレジスタンス水準となっている640円で上げ止まります。620円〜630円の間で損切りした場合、「売らなければよかった」と後悔してしまいそうですが、その必要はありません。「上がればいくらでも売り物が出てきて、また下がる」と開き直りましょう。

　この頃から日経平均株価は上値が伸びなくなります。前章で見た"巨大な壁"を意識しているかのような動きになった局面です。しかし、上値は伸び

図7-2-7 ● 押し目買いで買い単価は下がったものの、少し上にレジスタンスが
（8306 三菱UFJフィナンシャルG：日足14年2月〜6月30日）

ないけれども、下値は切り上がる動きになっています。ここで、次の買い増しポイントを考えます。

この時点でのサポート水準としては、6月4日から9日の間の安値水準（593円）、6月2日と3日の間に形成されたギャップ水準があります。6月3日の下ヒゲの下端は、5月26日の上げ止まりの上値と同じ586円ですから、ここは比較的強いサポートになると予想されます。この586円から593円の間の株価水準が、次の買い増しを考える際の目安になります。

この後の「いったん下げ止まり」は7月25日の588.1円ですから、目安の586円から593円の範囲内に指値注文を入れて約定できたかできなかったか

図7-2-8① ● 日経平均は"巨大な壁"にぶつかるも、下値も堅い
（日経平均株価：日足14年4月～7月18日）

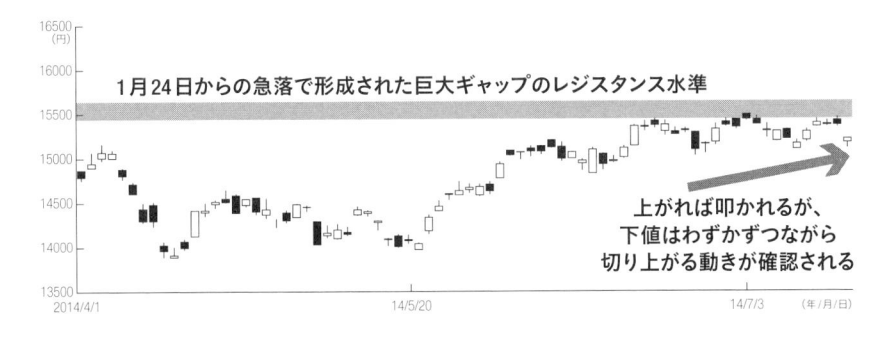

図7-2-8② ● 反転の兆し。次の買い増しのポイントを探る
（8306 三菱UFJフィナンシャルG：日足14年5月23日～7月18日）

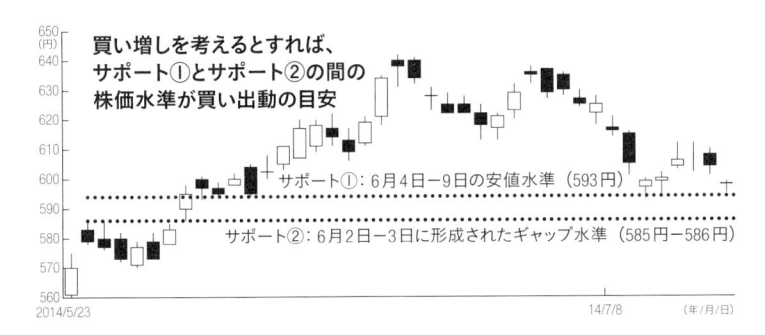

は微妙ですが、仮に590円で指値を入れておいて、約定したとします。買い単価を単純計算すると保有2単元で676.25円に下がります。もし、先のレジスタンスゾーンで損切りしていなければ、保有3単元で705円です。

586円から588円の間に買い指値を入れていた場合には約定できませんが、ここでも買い焦る必要はありません。売り物はいくらでも出てくる、買う機会はいくらでも探せると思って大丈夫です。

図7-2-8③ ● サポート水準が意識されたのか、とりあえず下げ止まった
（8306 三菱UFJフィナンシャルG：日足 14年5月23日～7月31日）

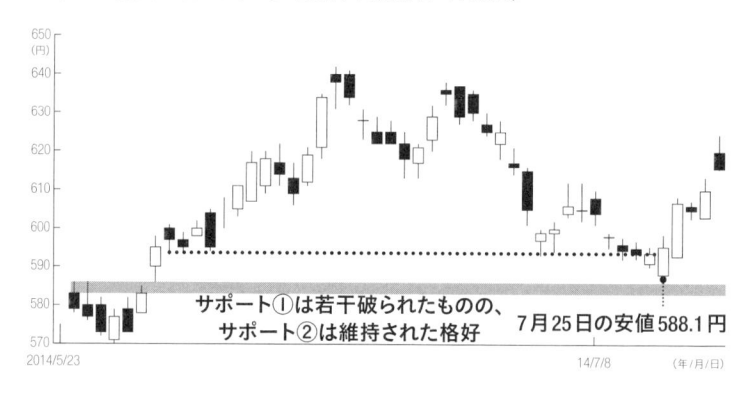

サポート①は若干破られたものの、サポート②は維持された格好
7月25日の安値588.1円

その後、日経平均株価は強い上昇を見せて、ついに"巨大な壁"を突破します。が、日経平均株価は7月31日をピークに急落します。この下げはかなり強く、"巨大な壁"を打ち破ってサポート水準になると目された1万5500円をあっさりブレイク。その下のサポート水準も複数ブレイクされています。後々になって見れば、6月2日に形成したギャップ水準がサポートとなって下げ止まってはいますが、このような強い下落局面では、買い指値を入れておくのは控えるのがセオリーです。買い増し計画はひとまず停止。とにかく日経平均株価の下げ止まりを確認することが最優先です。

日経平均株価は8月8日の大陰線を底に上昇に転じます。この銘柄もやはり8月8日が底となって反転しています。結果として見れば、5月29日の安値がサポートになった格好です。

図7-2-9① ● 日経平均は"巨大な壁"を突破した後「急落」
(日経平均株価：日足14年5月〜8月13日)

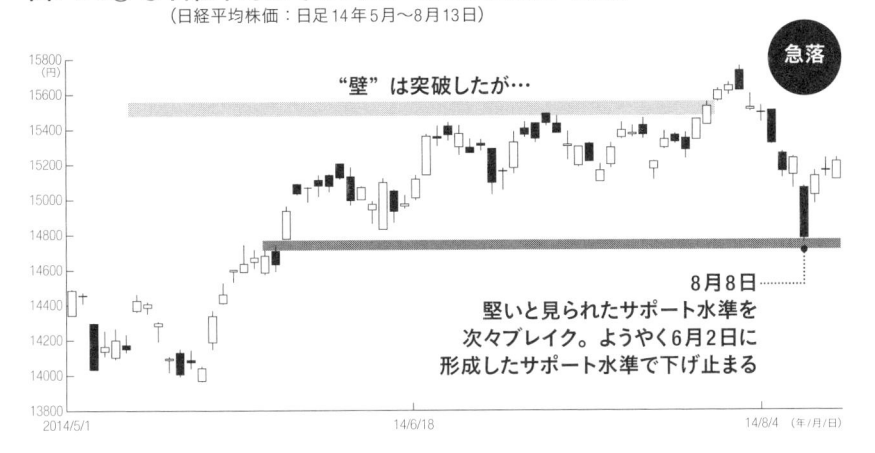

"壁"は突破したが…

急落

8月8日
堅いと見られたサポート水準を次々ブレイク。ようやく6月2日に形成したサポート水準で下げ止まる

図7-2-9② ● 反転直後を狙うなら「初期ギャップ」水準
(8306 三菱UFJフィナンシャルG：日足14年7月1日〜8月12日)

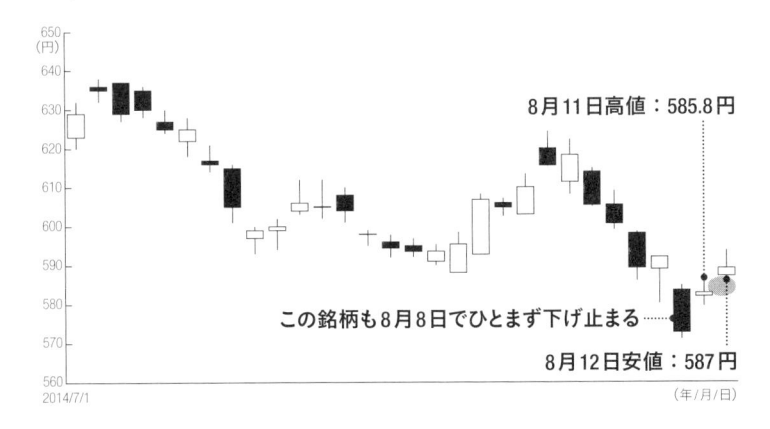

8月11日高値：585.8円

この銘柄も8月8日でひとまず下げ止まる

8月12日安値：587円

　ここから買い増しを再開するとすれば、8月11日と12日の間に形成されたギャップの水準（585.8円―587円）がひとつの注目ポイントになります。この範囲内に買い指値注文を入れていた場合には、翌日13日に約定できたことになります。仮に、11日の高値と同じ585.8円で約定できたとすれば、買い単価は単純平均で646.1円。当初に想定していた600円台前半の水準に

図7-2-9③ ●「買い増し→損切り→買い増し2回」で買い単価は一応下がった
（8306 三菱UFJフィナンシャルG：日足 14年7月1日～8月31日）

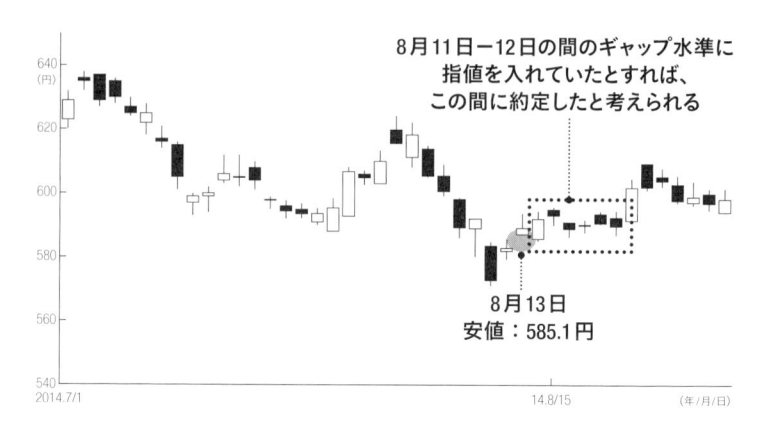

8月11日－12日の間のギャップ水準に指値を入れていたとすれば、この間に約定したと考えられる

8月13日
安値：585.1円

なります。

　この買い増しストーリーは後講釈的なフィクションにすぎませんが、市場全体の中トレンドが反発に転じた初期局面を活用すれば、このような"塩漬け状態解消作戦"も実行可能です。ただし、実行する前には、その銘柄のトレンドが崩れていないこと（強い上昇基調にないとしても、下落したときにサポート水準で下げ止まっている）を必ず確認してください。その銘柄のトレンドが崩れていれば、「下降トレンドの中でのナンピン買い」と大差のない結果になりかねません。また、繰り返しになりますが、市場全体の実態がどういう状況にあるかも要確認事項です。

§7-3 市場全体の悪化から資産を守る方策

お金を大切にする人が「儲かる」

◉市場急落。「反転か、継続か」に悩む場面での一手

　今度は、市場の大トレンドの上昇トレンドは崩れてはいないものの、日経平均株価が大きく下落する局面を考えてみます。これは、2章で紹介した「二次的調整か、トレンド反転か」の判断が難しい動きです。また、その急落の後に株価が横ばい状態になると、上昇トレンドは継続しているとは言えなくなります。その先、上昇トレンドが再開するのか、それともトレンド反転の始まりなのか。3章で述べた「相場における最大の難局面」になることも想定しなければなりません。

　理想を言えば、大幅な下落があったら即座に持ち株を全部売ってノーポジションにすることですが、ある程度の持ち株がある人にとっては実際には難しい判断です。また、当初の下げは小幅で、短期的な押し目のように見えることもあります。前述したように、いったん下げてサポートと見られる水準で下げ止まり、その水準で数日ウロウロした後に、何らかの悪材料が出て、サポート水準を「スコーン」とブレイクしてしまう、といった展開もしばしば起こります。この場合、多くの銘柄がその日の寄り付きからスコーンと下げていることでしょう。その状況で、すかさず持ち株を売却する決断はなかなかできないものです。

　そうした状況になったときの具体策としては、日経平均株価が「スコーン」ときたら、インデックスに連動するETF（上場投資信託）を信用取引で売る（空売りする）方法が考えられます。これによって、個別銘柄の値動きにおける市場全体の影響部分をカバーすることができます。日経平均先物や日経平均ミニ先物を売る方法も考えられますが、先物では取引金額が大きくなります（最低取引単位は、日経平均先物が「先物価格×1000」、日経平均ミ

ニ先物は「ミニ先物価格×100」)。その点、ETFは少額から取引できますから、状況を見ながら売り増したり、買い戻したり、柔軟に対応できます。

日経平均株価やTOPIXに連動するETFは複数あります。より少額で効果を狙うとすれば、「日経平均レバレッジ上場投信」(1570) など、指数の値動きの2倍に連動するように組成されているETFが注目できます。この2倍連動タイプは、たとえば日経平均株価が3%上昇した場合には、ETFの価格が6%程度上昇する。日経平均株価が3%下落した場合には、ETFの価格は6%程度値下がりします。これを売っておけば、日経平均株価が大きく下げたときには、その2倍相当の利益が出ますから、部分的ではあっても、持ち株の値下がり分のカバーに役立つはずです。

さらに、この2倍連動タイプの「売り」は、株価が上げ下げを繰り返すような局面にも強い面があります。

図7-3-1 ● 日経平均株価に連動・逆連動するETF

タイプ	コード	銘柄名	運用会社
連動型	1320	ダイワ上場投信—日経225	大和
	1321	日経225連動型上場投信	野村
	1329	iシェアーズ日経225ETF	ブラック・ロック
	1330	上場インデックスファンド	日興
	1346	MAXIS日経225上場投信	三菱UFJ
2倍連動型	1358	上場インデックス日経レバレッジ指数	日興
	1570	日経平均レバレッジ上場投信	野村
	1579	日経平均ブル2倍上場投信	シンプレクス
逆連動型	1571	日経平均インバース上場投信	野村
	1580	日経平均ベア上場投信	シンプレクス
2倍逆連動型	1357	日経平均ダブルインバース上場投信	野村
	1360	日経平均ベア2倍上場投信	シンプレクス

たとえば、1万7000円だった日経平均株価が3%下がって1万6490円になったとしましょう。仮に、ETFの価格も当初1万7000円だったとして、日経平均株価の値動きのちょうど2倍に連動すれば、価格はマイナス6%の1万5980円に下がります。日経平均株価は510円上昇すればもとの1万7000円に戻ります。1万6490円に対する率にして約3.1%ですが、ETFがその2

倍の6.2％上昇したとすると、価格は1万6970.76円。もとの1万7000円には戻りません。

　株価が上げ下げを繰り返していると、日経平均株価との価格差はより拡大していきます。そうなる理由は簡単で、たとえば10％下がった日経平均株価は11.11％上昇すればもとの株価に戻るのに対して、その2倍の20％下がったETF価格がもとの価格に戻るには25％上昇しなければなりません。日経平均株価の上昇の2倍の22.22％ではもとの価格に戻らないのです。日経平均株価と同じように戻らないところで再び株価が下げれば、その2倍下がる。上がったときには、2倍の上昇では足りない。これが繰り返されると、ETFの価格はジワジワ摩耗していきます。つまり、2倍連動タイプのETFの「売り」は、株価が急落する局面だけでなく、株価が横ばい状態になって「継続か、反転か」に悩まされる局面でも収益環境はプラスだということです。

図7-3-2 ●「2倍型ETF」は日経平均が上げ下げすると価格差が開いていく

日経平均株価が3％の上げ下げを繰り返したとすると…

＜スタート時＞

日経平均株価	（-3％）	（+3％）	（-3％）	（+3％）	
1万7000円	1万6490円	1万6985円	1万6475円	1万6969円	…
2倍型ETF価格	（-6％）	（+6％）	（-6％）	（+6％）	
1万7000円	1万5980円	1万6939円	1万5922円	1万6878円	…

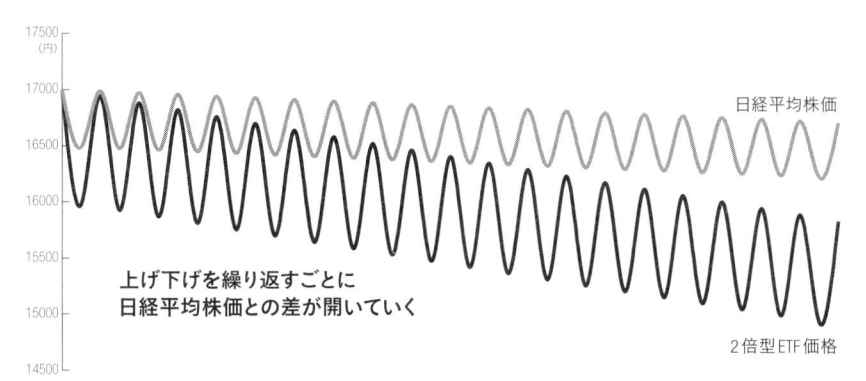

上げ下げを繰り返すごとに日経平均株価との差が開いていく

ETFの中には、日経平均株価が下がると価格が値上がりする、日経平均株価が上がると価格が値下がりするという、インデックスの値動きに逆連動するタイプもあります。これを買っておいても、市場全体の急落に対応することはできます。「日経平均ダブルインバース上場投信」（1357）のような2倍逆連動タイプならば、たとえば日経平均株価が3％下がったときには、ETF価格が6％程度上昇しますから、急落時には大きな効果が得られます。ただし、株価が上げ下げを繰り返す局面では、先ほどの2倍連動タイプと同様に、ETFの価格は摩耗します。下がった株価が横ばい状態になったときには、2倍逆連動タイプを買って持ち続けているとマイナスに作用するわけです。

　株価が急落していったん下げ止まり小康状態になったかに見えても、その時点では、本当にそこから反転するのか、横ばい状態になるのか、はたまた、もう一段、二段の下落があるのかはわかりません。その点を考えれば、やはり2倍連動タイプの「売り」のほうが、市場が悪化したときの対応力はあると言えます。

　なお、信用取引では、金利（「買い」の場合）や貸し株料（「売り」の場合）、管理費（建玉の保有期間が1か月を経過するごとにかかる費用）といったコストがかかります。コスト高にならないよう、建玉を保有する期間には十分注意することが肝心です。

●自分の損益動向を見ておくことが市場全体の悪化への備えになる

　日経平均株価が高値圏から急落する、あるいは、その後横ばい状態になった場合、それが二次的調整や上昇トレンドの一時休止ではなく、下降トレンド転換の始まりである可能性も考えておかなければなりません。

　3章でも述べたように、日経平均株価の急落があったその時点で、上昇トレンドは継続するのか、下降トレンドに転換するのかを知ることはもちろんできません。ただ、急落する前、株価が高値圏にあるときに、その可能性をうかがうヒントはあります。この章のはじめに紹介した各株価指数の動きの違いなど市場の矛盾現象は、その重要なひとつですが、それよりもっとリア

ルに市場の矛盾を知る手掛かりがあります。自分自身の持ち株の損益動向です。

　日経平均株価が高値を更新している状況にあり、また、市場の実態も本当に良好ならば、数銘柄保有している人はトータルの時価評価額も高値を更新しているはずです。ところが、日経平均株価は調子よく上がっているのに、自分の持ち株の評価額はほとんど増えない。むしろ減っている状況であるとすれば、市場の実態が良好でない可能性を強く示唆しています。

　もっとも、その状態がすぐに解消されて、日経平均株価の高値更新を追いかけるように自分の持ち株の評価額も伸びるようであれば、問題はありません。しかし、その状態がいつまで経っても改善しない場合には、日経平均株価が好調に推移している間に手を打つ必要があります。日経平均株価が急落すれば、持ち株の評価額はさらに悲惨な状況になることが予想されます。それからでは手を打ちたくても打てない。損失が拡大していくのを傍観している以外に何もできなくなりかねません。

　まず、自分の持ち株のうち、トータルの評価額の伸びを抑えつける根源となっている銘柄のチャートを見てみましょう。週足チャートが下降トレンドを明確に示しているならば、その銘柄はもはや市場全体の上昇トレンドから脱落した可能性があります。日足チャートと週足チャートでレジスタンス水準となっているのはどこかを調べて、そこに売り指値を入れておくことです。その時点の株価水準からすると多少値幅がありそうでも、日経平均株価が好調に推移している中であれば、そのレジスタンス水準まで株価が戻るかもしれません。

　市場の実態は、市場全体が急落したのを機に上昇トレンドから脱落する銘柄が増加することによって悪化していきます。その場合、日経平均株価はその急落の後に再上昇して高値を更新する動きになっても、自分の持ち株の時価評価額は増加しないという現象も起こります。

　日頃から持ち株の損益状況と各銘柄のチャートをチェックしていれば、そのことに早い段階で気づくことができます。多くの銘柄を持っている人から

すると、毎日チャートを見るのは大変かもしれませんが、週一度は持ち株のトレンドを確認してください。株価が大きく下がったときに「そのうちに戻るだろう」と放置しておくことが、資産を増やす目的だったはずの株の売買で逆の結果を招く一番の原因です。

●「トレンド反転ほぼ確定」なら、諦めずに最後の逃げ場を探す

　持ち株の中で見込みのなさそうな銘柄を売却すれば、その後、持ち株の評価額は日経平均株価の上昇トレンドとともに伸びていくはずです。しかし、万一、日経平均株価の上昇トレンドが本格反転し、市場全体の下降トレンドが確定した場合には、「株」というものを持っているだけで資産は減ってしまいます。資産を増やすことが目的だったのですから、目的と逆のことが起きるのであれば、「株」というものは手放す必要があります。

　とはいえ、即、持ち株は全部売るべし、という話ではありません。非常に安く買っている銘柄で、財務状態が良好で減配のリスクも低いと考えられるならば、評価額は減るにせよ、利益は確保されることは期待できます。そうした銘柄であれば、持ち続けても悪くないと思いますが、たとえば、トレンドの途中で買った銘柄、買値がさほど安くなく、買値に対する配当利回りが低い銘柄、過去の実績からすると減配もあり得ると見られる銘柄などは、前向きに売却を検討したいところです。もし、「この銘柄とは心中してもいい」というくらいに思い入れの強い銘柄があるならば、一部だけでもいったん売却して、後に安く買い直すことを考えてください。それで買い単価を引き下げられるならば、思い入れもそれだけ成就しやすくなります。

　問題は、何度か述べてきたように、日経平均株価のトレンド反転がほぼ確定したと見られる動きが出たときには、持ち株の株価もかなり安くなっていると予想されることです。売却しようとは思っていても、そのとき相当な含み損状態になっていれば実行を躊躇したくなるかもしれません。

　が、諦めてはいけません。3章でもふれたように、そのとき売却できなかったとしても、もう少し有利な値段で売却できるかもしれない可能性は残さ

れています。下降トレンド転換の初動の下げ方は大きいのが通常ですが、その下落がいったん上昇に転じたときの戻り方も大きいケースが少なくありません。売却を実行するチャンスは、市場全体がそうした大きな戻しを見せた局面。日経平均株価の下降トレンド転換が確定した後の「最初の戻り」が最大の狙い処です。

いま一度、下降トレンド転換がほぼ確定したと見られる動きが出た後に予測される動きを振り返ってみましょう。

ヘッド・アンド・ショルダー型など天井圏からの反転パターンでは、それ以前までサポートラインだったネックラインがパターン完成後のレジスタンスになると予測されます。つまり、ネックライン近辺が戻しの目安です。グランビルの法則では、法則2の「下降トレンドへの反転」の動きの後、株価

図7-3-3 ● この戻り局面「最後の逃げ場」を再確認

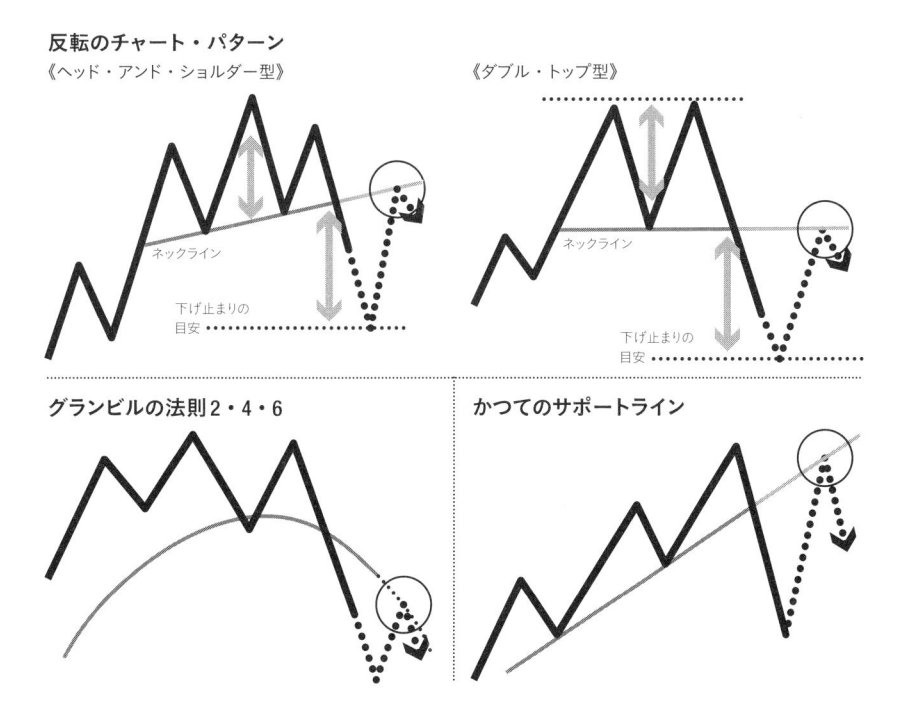

反転のチャート・パターン

《ヘッド・アンド・ショルダー型》

《ダブル・トップ型》

グランビルの法則2・4・6

かつてのサポートライン

の上方に位置することとなった移動平均線近辺。それまでの上昇トレンドの中で信頼度の高いサポートラインがブレイクされていれば、「転じてレジスタンスライン」が戻りの目安になります。

　これも3章で述べたことと重複しますが、このときの上昇が強いものであっても、決して強気のスタンスは取らないことです。それが上昇トレンドへの復帰につながる可能性がないわけではありませんが、この段階では、抱えるリスクを極力減らすことが最優先です。

　日経平均株価に戻しの動きが出たとき、売却する持ち株の中には、まだ含み損状態のものもあるかもしれません。しかし、その売却で損失を出したとしても、それまであげてきた利益とトータルすれば収支はプラスの可能性があります。また、将来その売値よりも安く買えれば損失分を取り戻すこともできます。売却することを決して諦めずに、日経平均株価の最初の戻りとなるレジスタンス水準を示現する局面を捉えられるよう、市場動向を十分注意してウォッチしておくことが何より大切です。

　最もよくないのは、株式市場の動きも、自分の持ち株の損益状況も、まったく見なくなってしまうことです。それは、資産を増やすという目的を投げ出したことにほかなりません。投げるべきは、見る気も失せてしまった株のほうです。そのとき、市場の動きを注意して見ていなければ、最後の逃げ場となる絶好のチャンスを間違いなく逃します。

　よく、「お金は、お金を大切にする人のところに集まってくる。お金を粗末にする人のところから逃げていく」などと言われます。お金を株というリスクのあるものに換えて、下降トレンドの中に野ざらしにしておけば、お金は確実に逃げていきます。現金に戻せばお金は救われます。それを実行できる人が、株の売買で最終的に儲かる人です。

◉市場が下降トレンド局面での順張り「売って、買い戻す」

　市場全体が下降トレンドにあるならば、「売って、買い戻す」がトレンドに乗る順張り売買です。その局面は、個別に見ても下降トレンド継続中の銘柄のほうが圧倒的に上回っているはずですから、日々の安値更新銘柄を見れ

ば、売る候補銘柄はすぐに見つかるでしょう。

　売り出動は、やはりその時々で確認されるレジスタンス水準を目安にするのがわかりやすいと思います。ただ、下降トレンドは上昇トレンドよりも進行が速いのが通常ですから、あまり高いところにあるレジスタンス水準で待っていると約定できない可能性があります。短期的なレジスタンス水準で売り、短期で買い戻す、というスタンスを繰り返すことをお勧めします。

　そのとき保有し続けている現物株があるならば、持ち株と同じ銘柄を信用取引で売る、いわゆるヘッジ売りも検討したい一手です。株価が値下がりしたところで買い戻せば、その利益分だけ事実上その銘柄の買い単価を引き下げたことになります。

　もし、含み損状態の"思い入れ銘柄"があって、買い単価を引き下げたいならば、ナンピン買いなどはせずに、まず、その銘柄の戻りを待って、その株をいったん売却するか、ヘッジ売りすることです。値下がりしたところで改めて買い直せば、それで確実に買い単価を下げることができます。信用取引でヘッジ売りした場合は、買い戻しではなく、持っている現物株を渡す「現渡し」で決済すれば、売却代金が入ってきます。その資金で現物株を買うか、または、信用取引で買っておいてから現物株を引き取って（現引き）決済すれば、同じことになります。

§7-4 長期チャートが教える「儲かる」「損する」メカニズム

チャートに記されている事実からわかること

●儲かる長期投資、損する長期投資

最後に、期間が数年、あるいは、それ以上という長期の投資について考えてみます。

図7-4-1は1998年以降の日経平均株価ですが、このチャートが端的に示していることのひとつは、「株は長く保有していれば儲かる」とは限らない、ということではないでしょうか。

図7-4-1 ● 株を長期で保有する効果とは何か？
（日経平均株価：98年1月～14年11月14日）

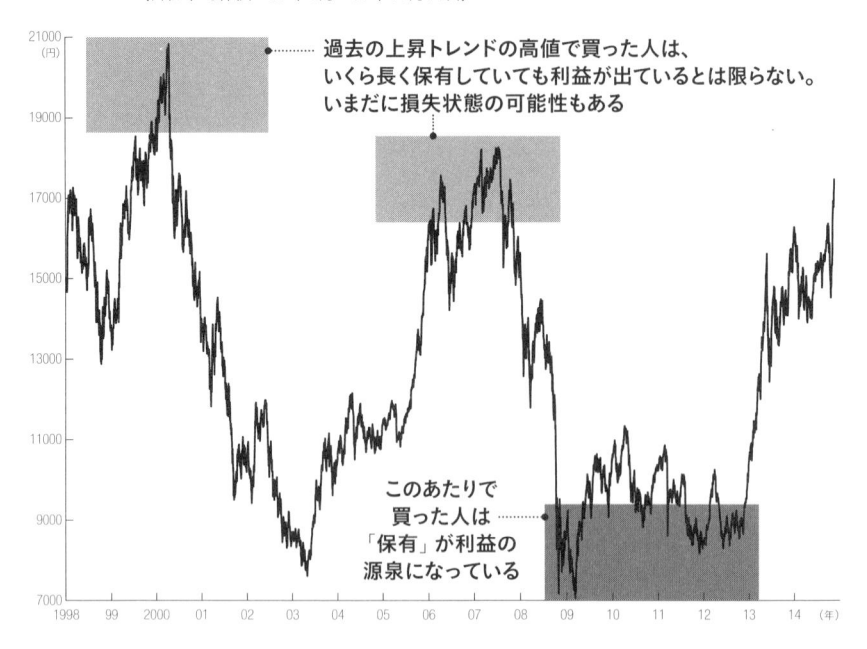

過去の上昇トレンドの高値で買った人は、いくら長く保有していても利益が出ているとは限らない。いまだに損失状態の可能性もある

このあたりで買った人は「保有」が利益の源泉になっている

たとえば09年から12年頃に株式投資を始めた人の多くは「やっぱり株は長期保有が儲かる」と言うと思います。しかし、その勝因は、4、5年という長期間、買った株を保有していたことにも増して、買った時期が株価の安値圏にあったことのほうがはるかに大きいでしょう。06年や07年に買った人は、それより長く保有していても儲かっているかどうかはわかりません。少なくとも、日経平均株価に連動するファンドに投資していたとしたら、このチャートの最終時点で「ようやく含み損が消えかかっている」という状態です。それ以前の99年や2000年に投資した人ならば、15年も保有していながら未だに塩漬け状態から抜け出せません。
　つまり、上昇トレンドの途中で買った場合、それが結果としてトレンドの最終局面だった場合にはなおのこと、いくら長期であっても損をする。儲かったとしてもわずかな利益しか得られない可能性がまったく否定できないということです。
　もちろん、個別銘柄の中には、過去の上昇トレンドの天井近辺で買っても、それは超長期の上昇トレンドの初期段階であり、いま大きな利益になっている銘柄もあります。次ページ**図7-4-2**の日本ペイントHD（4612）はその好例です。が、こうした銘柄は一部にとどまります。ITバブル時や、06年から07年に高値をつけていた銘柄で、現状の株価がその半値以下の水準に甘んじている銘柄を見つけるのはそう難しいことではないのが実情です。
　買おうと思った時点の株価が、上昇トレンドの最終局面に近いのかどうかは、そのときはわかりません。ただ、上昇トレンドがスタートしてからどのくらいの時間が経過しているのか、底値からどのくらい高い株価水準にあるのかは、チャートを見ればわかります。明らかに上昇トレンドの初期段階ではないと判断できる局面だとすれば、その株価水準は、上昇トレンドの高値近辺である可能性は捨てきれません。
　上昇トレンドの途中で買い、その後、下降トレンドに転換して大きく値下がりしても、再び市場全体がよくなったとき、ずっと持ち続けていれば、その銘柄も値上がりすることは期待できます。ただし、株価がかつての水準に復帰できるかどうかは銘柄によりけりです。上昇トレンドの途中での長期保

有を決め込んだ投資スタンスには、こうした銘柄による「当たり」「ハズレ」のリスクがある点は十分に承知しておく必要があります。

図7-4-2 ● 長期保有が大きな利益を生んでいる銘柄もある
（4612日本ペイント：99年1月〜14年11月18日）

現状の株価は過去の上昇相場の高値の4倍以上！

"いざなみ景気"

ITバブル

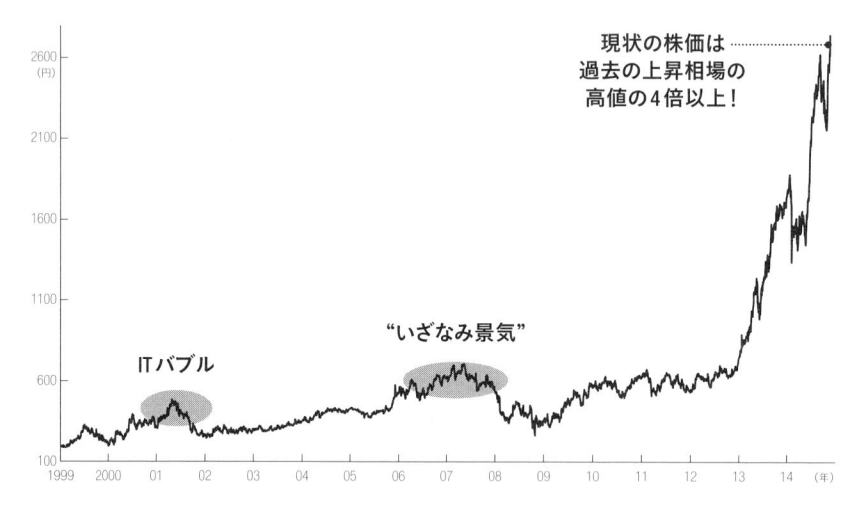

●「長期投資はリスクを減らす」の意味とは

もうひとつ、長期保有を前提とした投資をする際に十分に意識しておく必要があるのは、よく言われる「長期投資はリスクを減らす」ということの意味です。

これは、長く保有していれば損をする可能性が低くなる、という意味ではありません。「リスクが低下する」とは、期間が長くなると価格の変動率（ボラティリティー）の年率換算した数値が下がることを指しています。ボラティリティーについては5章の中でも紹介しましたが、たとえば、期間1年のボラティリティーが±25％の場合、「1年後の株価の水準が現状よりも±25％の範囲内に収まるのが平常と考えられる」という解釈をします。つまり、1年後に株価がいまよりも25％高くなっていても、25％安くなっていても想定の範囲内だということです。

ボラティリティーの値が高いことは、「将来の株価が大きくプラスかもしれないし、大きくマイナスかもしれない」という、将来の不確実性が大きい、すなわち、リスクが大きいことを意味します。

　これも5章でも紹介したように、期間5年のボラティリティーは「期間1年のボラティリティー×$\sqrt{5}$」で計算されます。期間1年で±25％ならば、期間5年は$\sqrt{5}$を掛けた±56％です。これを1年当たりに換算すれば、年率±11％程度と、期間1年の数値よりも低くなります。これが、「期間5年を想定すると、期間1年よりもリスクは低くなる」です。

　しかし、年率換算したリスクの数値が減ったところで、実際の損失の可能性が減るわけではありません。期間が1年であれば株価の居所の変動は±25％の範囲内だろうと想定されたものが、期間が5年になると「5割以上値上がりして儲かっているかもしれないし、5割以上値下がりして損しているかもしれない」となるのです。

　長く持ち続けていれば「損をする可能性が低くなる」どころではありません。将来、より大きく損をする可能性を受け容れなければならないのです。「保有している間に受け取る配当金を考えれば、損をする可能性は低くなるのではないか」と思うかもしれません。しかし、将来の配当金は約束されているものではありません。また、配当金の支払いに対する信頼性の高い銘柄ならば、その部分は日々の値動きおよびボラティリティーに織り込まれていることでしょう。

　株は、将来の利益に対する約束が何ひとつないことが、そのボラティリティーの高さと深く関係しています。その「株」を長く保有することは、トータル期間で考えた場合の不確実性、すなわちリスクを大きくします。「株の長期保有はリスクを増大させる」と理解するのが現実に則した考え方です。

●投資する銘柄を分散しても「株」であることのリスクは回避不能

　銘柄による「当たり」「ハズレ」のリスクに関しては、複数銘柄に分散投資することによって減らすことはできます。ただし、それによって予想される効果は、トータルすると日経平均株価かTOPIX並みの損益は確保される

だろう、ということです。

1章でも述べたように、銘柄が何であれ、「株」であるがゆえのリスクの部分は同じです。いくら複数銘柄に分散投資しても、市場全体が下降トレンドになれば、日経平均株価やTOPIXの下落と同程度に資産額も減るでしょう。

日本株と海外の株式に分散投資するのも、意味としてはほとんど変わりません。

たとえば、米国の株価指数S&P500のチャートを見ると、09年から12年までの時期こそ、「米国は好調、日本は上げ下げの繰り返し」という違いが鮮明に出てはいますが、大きな方向性としては日本市場と同じです。他の国の株式市場も、時間的な差はあるにしても、おおむね方向性は同じ。少なく

図7-4-3 ● 国は違っても株価の大きな方向性は変わらない
（日経平均株価・S&P500：98年1月〜14年11月14日）

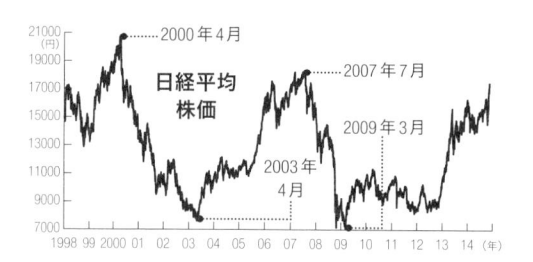

とも、日米の株式市場と、大トレンドの天底の位置が正反対になっている株式市場は見たことがありません。

とはいえ、たとえば世界的に景気がよいとき、非常に高い上昇率を記録する国の市場もあれば、上昇率がいまひとつ伸びない国の市場もあります。国内外の株式市場に分散投資すれば、複数銘柄を買うのと同様、そうした「当たり」「ハズレ」のリスクを減らすことはできます。ただし、世界中の株式市場が急落し、どこも下降トレンドになっている局面では、どこの国であれ、結局のところ「株は株」。「株である」というリスクは減らすことにはなりません。

さらに、日本人が海外の市場に投資するときには、為替レートの変動の影響を受けます。図7-4-4を見ると、日本株と為替レートの関係は、05年頃から「円高＝日本株安」「円安＝日本株高」となる傾向が強くなっていることがわかります。仮に、日本株が低迷している時期に、海外の株式市場が早々に低迷から脱して好調な推移となっていたとしても、円高が進行していればその好調の恩恵は割り引かれてしまいます。

図7-4-4 ● 05年頃から「円高ドル安＝日本株安」の傾向が強まっている
（日経平均株価・ドル円レート：2000年1月～14年11月17日）

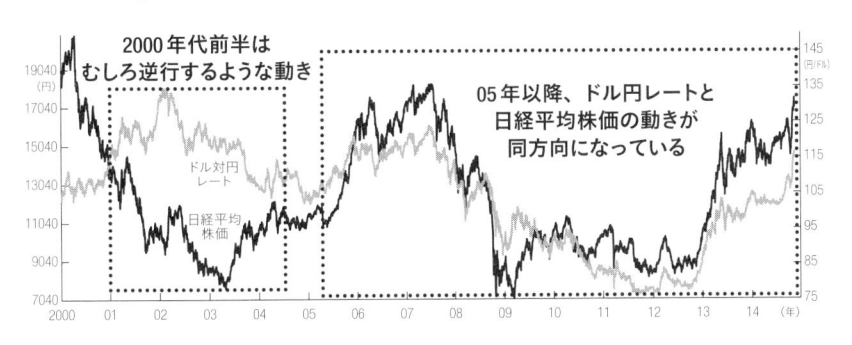

次ページ**図7-4-5**は、図7-4-3の米国のS&P500をその時々のドル円レートをもとに円換算したチャートです。図7-4-3のドルベースのチャートは、09

年以降ほぼ一直線の上昇トレンドを続けていて、12年までの間は日米の差がくっきり現れていましたが、この円換算チャートを見るとどうでしょう。09年から12年初までの間、「日経平均株価よりはマシか」という程度の動きでしかありません。これは、このとき円高ドル安が急伸していたためです。このように、円をドルに替えて投資をすると、円高ドル安ならば好調なはずの米国市場の恩恵も限定的になってしまいます。

図7-4-5 ● 円高局面では米国市場の好調も削がれる
（円換算 S&P500：98年1月〜14年11月14日）

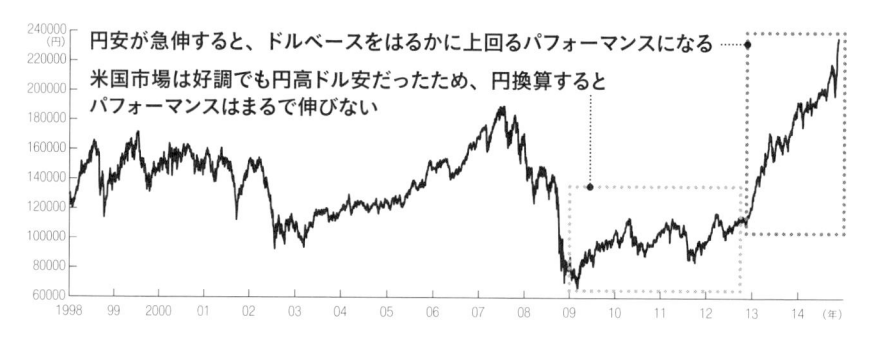

円安が急伸すると、ドルベースをはるかに上回るパフォーマンスになる

米国市場は好調でも円高ドル安だったため、円換算するとパフォーマンスはまるで伸びない

　一方、13年以降は、円安ドル高基調が続いたことから逆の現象が起きています。12年末から14年11月14日時点まで、ドルベースのS&P500の上昇率は43%。これに対して円換算のS&P500は上昇率が91%と、実に2倍以上になります。この間、日本株も非常に強い上昇となっていることはご承知のとおり。こうした状況下では、日本株と米国株に投資していることが「大当たり」となるわけです。

　これから先どうなるかはわかりませんが、とくに近年、海外の株式市場が好調なときは円安で日本株も高い。海外の株式市場が大きく下げるような局面では円高で日本株も売られる傾向があります。この構図が変わらない限り、日本株と海外の株式に分散投資すれば、円安で株高なら利益も倍になるけれども、逆に、円高で株安なら倍返しで損をすると予想されます。分散投資でリスクが減るどころか、株のリスクに為替のリスクが加わって、日本株だけ

に投資するよりも将来の不確実性が増す。要するに、これもまたリスクは増大するということです。

◉株を長く保有し続けるリスクを減らす策はひとつしかない

　そうすると、株を長く保有し続ける場合に必ず付随する「株」であるがゆえのリスクは、複数銘柄に分散投資しても、海外に分散投資しても減らせない。海外の株式市場に投資すれば、為替ヘッジをつけない限りは、株のリスクと為替のリスクをダブルで背負ってリスクはより一層増大する、と結論づけざるを得ません。

　では、株を保有し続けるリスク、「株」であるがゆえのリスクを減らすことはできないのか、というと、その方策があるとすれば、おそらくただひとつ。株式市場全体が大底にある局面で買うことです。

　もちろん「今日の安値が大底だ」などということはわかりません。ただ、後々になって"大底圏"と言える局面で買うことができれば、市場全体が上昇トレンドに転換したときには、どの銘柄を買っていてもほとんどは「当たり」です。さらに、その上昇トレンドは「反転するまで継続する」のですから、買ってから数年保有していても、「市場全体の下降トレンドの影響を受ける」という、「株」のリスクに苛まれる可能性も低くできます。上昇トレンドの中で二次的調整があったり、トレンドレス状態が長く続いたりしても、大底圏で買っている株は常に含み益状態です。そのトレンドの途中のどの段階で買った誰よりも、トレンドに乗り続けやすい立場になれます。

　株はハイリスク・ハイリターンだと言われますが、大底圏で買った株ならば「ローリスク・ハイリターン」とさえ言ってしまっていいのではないでしょうか。

◉超長期トレンドの動向から"次"の大底圏の時期を探る

　そこで最大の問題。果たして市場全体が「いま大底圏にある」ことがわかるのか、です。これについては、まず、上昇トレンドと下降トレンドが継続する時間の長さにひとつのヒントがあると考えられます。

1章で紹介したように、大トレンドが上昇トレンドにあるならば、その中にある中トレンドは上昇している時間のほうが下落している時間よりも長い。大トレンドが下降トレンドにあるならば、その中にある中トレンドは下落している時間のほうが上昇している時間より長いのが通常です。
　そこで、1990年以降の日経平均株価の超長期の推移を見てみると、高値・安値が切り下がっています。つまり、"超長期トレンド"は下降トレンドにあると解釈されます。そうすると、この超長期トレンドの中にある数年単位の大トレンドは、上昇トレンドの起点から終点までの時間よりも、下降トレンドの起点から終点までの時間のほうが長くなると考えられます。実際、**図7-4-6**①のチャートを見れば、そうなっていることがわかると思います。
　ざっくり捉えると、たとえばITバブルの起点を98年10月とすると、終点は2000年4月ですから上昇トレンドは1年半。この2000年4月を下降トレンドの起点とすると、終点は03年4月と3年を要しています。
　この03年4月を次の上昇トレンドの起点とすれば、終点は07年7月で4年3か月。その後の下降トレンドの最安値は09年3月で、期間は1年8か月と短いのですが、そこから約3年にわたって、最安値こそ割り込まないものの高値・安値を切り下げ続けています。「09年3月で下降トレンドが終了した」とは言い難く、少なくとも「ここから次の上昇トレンドがスタートした」とは言えない動きです。
　そう考えると、07年7月からの下降トレンドの終点に採用するのにふさわしいのは、09年3月よりも、TOPIXが最安値をつけた12年6月と考えられます。この時期の日経平均株価の安値は8295円。その前の安値11年11月の8160円を「ひとつ目の谷」と捉えれば、8295円という安値は「2つ目の谷」で、ダブル・ボトム型の底値形成になっていると解釈することもできます。この時期ならば、「日経平均株価の上昇トレンドの起点」という言い方をしても悪くないでしょう。そうすると、下降トレンドの起点07年7月からの期間はおよそ5年という長さになります。
　この「超長期トレンドの方向と、その中の上昇トレンド・下降トレンドの時間の長さ」の関係をもとにすれば、この時点で継続している上昇トレンド

がピークをつける時期、すなわち、この上昇トレンドの終点の時期と、そのときの株価水準が、次の大底圏の到来時期を探る手掛かりになると考えることができます。

もし、この上昇トレンドが、前回の上昇トレンドの最高値（07年7月）を超えずに下降トレンドに反転したとすれば、超長期トレンドは下落トレンドが継続していると解釈されます。ということは、この上昇トレンド（以下、「いまの上昇トレンド」）が継続した期間よりも、そのあとの下降トレンドが継

図7-4-6①　日本株の超長期トレンドは「右肩下がり」
（日経平均株価：90年1月～14年11月20日）

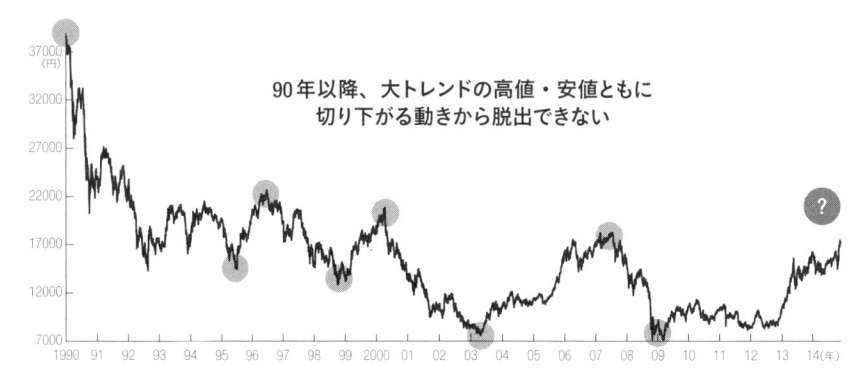

90年以降、大トレンドの高値・安値ともに切り下がる動きから脱出できない

図7-4-6②　上昇トレンド・下降トレンドが継続した時間軸を見る
（日経平均株価：98年1月～14年11月20日）

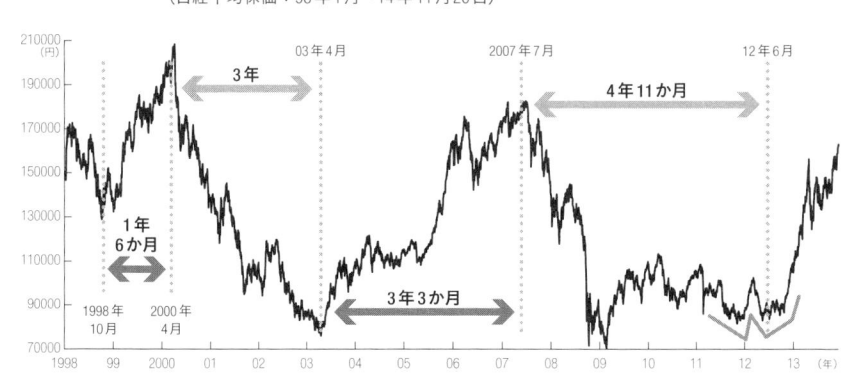

続する期間のほうが長くなる。つまり、大底圏の到来時期は、いまの上昇トレンドのピークの時期を起点として、いまの上昇トレンドが継続した期間より先になるだろう、と予想されます。

　もし、いまの上昇トレンドのピークの株価が前回の最高値を上回った後に下降トレンドに転換したとすれば、超長期の下降トレンドは終了した可能性が示唆されます。この場合、いまの上昇トレンドが転換した後の下降トレンドが継続する期間は、いまの上昇トレンドが継続した期間と同じくらいか、それよりも短くなるという予想になります。

　なお、いまの上昇トレンドのピークが前回の最高値を超えたか否かについては、「"日経平均株価とTOPIXがともに""前回の最高値をはっきりと上回った"かどうか」で判定してください。日経平均株価は前回の最高値を上回ったものの、TOPIXは前回の最高値に届かなかった場合、市場全体としては超長期トレンドがまだ下落基調にあるという見方もできます。また、前回の最高値をわずかに超えたという程度でも、超長期トレンドが転換した可能性が示唆されたという解釈は時期尚早でしょう。この場合、超長期トレンドの転換の可能性をうかがうとすれば、いまの上昇トレンドの後の下降トレンドの最安値がどこか、が焦点になります。

●個人投資家が大底圏で買うことは難しくない?!

　この時間軸から想定される時期が本物の大底圏かどうか、その時点では確証はつかめませんが、そのとき市場が「これは安すぎるだろう」「ここから下がったとしても限定的ではないか」と見込める状況になっているならば、そこから粛々と仕込みをするまでです。そのときには、底割れリスクを想定して、資金と買う時期を分散する時間分散投資も有効な手段になります。

　3章でも述べたように、大底圏の形成は、天井圏の形成よりも時間を要すのが通常ですから、反転の兆しが見えても焦って買う必要はありません。底値形成のチャート・パターンが現れて、いったん株価が上昇したとしても、その段階ではまだ上昇トレンドに転換したかどうかはわかりません。実際、ITバブル崩壊後の下降トレンドでは、01年9月と02年2月にかなり鮮明な

ダブル・ボトム型のパターンを形成していますが、上値は伸びず、その後、底割れしています。

　買い始めた時期から本格的な上昇トレンドがスタートするまで、何年かかるかはわかりません。ですから、資金と時間に余裕をもって買い増していくスタンスで臨むことがポイントです。その意味で言えば、「長期保有する株は大底圏で買うべし」と言うよりも、「大底圏で買うことを目指すならば、長期保有を想定したスタンスが不可欠」と言ったほうがいいかもしれません。

　個人の投資家は、生業で株式を運用している市場参加者とは違って、このような時間をかけた買い方が何の支障もなくできる立場にあります。大底圏で買うことは、個人投資家にとって実はそう難しくもないのです。

●数年に一度しかない底値買いのチャンスを無にさせる元凶「塩漬け株」

　大トレンドの大底は数年に1回しか訪れません。株式市場と関わりはじめた年齢にもよりますが、おそらく人生の中で3回か、4回程度ではないでしょうか。数少ないチャンスですから、これは是非とも手にしたい。しかも、前述したように、個人投資家にとってそれを実践するのはそう難しいことでもない。にもかかわらず、なかなかこれが実践できない。それはなぜかというと、その最大とも言える理由は、長年にわたって塩漬け状態になっている持ち株にあります。

　第一に、大底圏の局面では市場を取り巻く環境は真っ暗、株価はまるで上がらず、塩漬け株を抱えている人は、この先どのくらい自分の資産が減ってしまうのか、その恐怖にかられて身動きができなくなってしまいます。

　仮に、「いくら何でもこの株価は安すぎる」「ここから値下がりしたとしても、もはや限定的だろう」と予感できたとしても、手元にあるのが見るも無惨な塩漬け株ばかりでは、資金がなくて買うことができません。現金がふんだんにある人や、無金利・無期限・無制限の借金ができる人なら、どんなに塩漬け株があってもかまわないかもしれませんが、そうした環境にない人のほうが大多数でしょう。せっかく資産を増やす大チャンスが到来しているというのに、資金がなくて身動きが取れないとは、実にもったいない話です。

さらに、その先においても、塩漬け株は利益のチャンスを失わせる可能性を秘めています。
　よほど強い思い入れのある銘柄であれば別ですが、含み損が大きくなった塩漬け株を持っていると、だんだんその銘柄が恨めしく思えてくるものです。「こんな株は見たくもない。ちょっとでも相場がよくなったら、真っ先に叩き売ってやる！」という憎悪に似た感情も沸いてきたりします。短期売買するつもりだったにもかかわらず、株価が急落して不本意ながら長期保有することになった銘柄であればなおさらでしょう。
　その状態が延々続くと、ようやく市場が本格的な上昇トレンドに転換したとき、長年の苦痛の種から早く解放されたいあまりに、トレンドの初期の初期段階で早々に売却してしまう、という行動に出てしまったりします。長年我慢に我慢を重ねた挙げ句の果てに、せっかくの上昇トレンドの恩恵にほとんどあずかれないというのもまた、実に残念なことです。

●「歴史は繰り返す」という大前提

　投資額が何分の一にも目減りしてしまった塩漬け株を抱えていて、「株式投資は本当に楽しいね」と言う人はあまりいないと思います。含み損が一向に改善されない口座残高など見るのも嫌でしょう。そうなると、株式市場に対して無関心になってしまいます。市場の動きを見なくなれば、資金が足りなくて買えない以前に、大底圏にある予感すらもつことができません。これも、塩漬け株がもたらす弊害と言えるかもしれません。
　よく、「相場を追いかけるな」などと言われますが、これは「買いたいときに買って、あとは市場の動きなどは気にせずに持ち続けるべし」という意味ではありません。日々の株価の上げ下げや、それを誘発しようとする相場情報に翻弄されて、拙速な売買行動を取るべきではない、という教えです。
　市場で株を売買しようというのですから、相場の動き、市場の動向を見ることが必要不可欠であるのは言うまでもありません。「相場を追いかけるな」という表現は、「相場を追いかけるのではなく、相場の先回りをしろ」というようにも聞こえますが、市場の動きの先に立つという大それたことができ

るとすれば、それは神業か、もしくはインサイダー取引の人でしょう。そうでない人間にできることは、おそらく、市場の動きを地道に追うことによって、市場の大きな変化につながるかもしれない小さな変化を見つけること以外にありません。

　先に、大底を捉えるヒントとしてトレンド継続の時間軸をあげましたが、この"小さな変化"も大底圏を捉える大きなヒント。というよりも、これこそが最大のヒントではないかと考えます。
　1章で、チャートをはじめとするテクニカル分析の大前提として「市場の価格はすべてを織り込んでいる」「価格はトレンドを形成して推移する」の2つをあげましたが、もうひとつ、「歴史は繰り返す」という大前提があります。実際、大底圏や天井圏が形成されている局面では、似たような"小さな変化"が繰り返し起きているものです。
　そのひとつとしては、日経平均株価がまだ安値圏で低迷している中で、新興株や中小型株、低位株の中に良好なトレンドを描く銘柄が少しずつ増えて、「買って、売る」が奏功するケースが増える。あるいは、持ち株の時価評価額が徐々に改善しているといったことがあります。これは、非常に好感できる市場の矛盾です。良好なトレンドを描く銘柄が少しずつでも増えることは、市場の実態が好転していることを意味します。先行きの需給にとってプラス要因であり、市場全体の上昇トレンド転換の兆候を告げる現象と見てよいと思います。
　日経平均株価が低迷しているときは、発表される経済指標はどれも悪い数字ばかりでしょう。しかし、そんな中で、市場の新たなトレンドはすでに走り出していることがあります。その変化に気づくことができるのは、自分の目で市場の動きを追っていればこそ、です。
　2013年以前に株の売買を始めた人は、歴史は繰り返すという大前提に立って、過去に株価が大底圏にあったとき市場で起きていたことを思い起こしてみてください。その中に、次の上昇トレンド転換に至る大底形成局面を"たまたま"ではなく意識的に捉える、自分自身にとって最も信頼できるシグナ

ルがあるかもしれません。

　13年以降に株の売買を始めた人は、とにかく不本意な塩漬け株をつくらないようにすることが第一です。買った株をひたすら保有し続けているのでは、下手をすれば、"労多くして実なし"の長期投資になる恐れがあります。長期的な見通しをもって、有利な安値で買える時期の到来を準備万端で待つ。そのときが来たら余裕をもって実践する。これがローリスク・ハイリターンの儲かる長期投資の秘訣です。

APPENDIX（補足）I

「先物主導」で市場全体が全面安になるしくみ

　はじめに、日経平均先物のしくみから見ていきましょう。

　日経平均先物とは、「期日に」「日経平均株価を」「いま取引している先物価格で」「買い取る、または売り渡す」ことを約束する取引です。期日は3月・6月・9月・12月の第二金曜日で、それぞれ「3月限（ぎり）」「6月限」「9月限」「12月限」として、それぞれ個別の銘柄のように別々に取引がなされています。

　たとえば、いま3月限の先物を1万7000円で買った人は、「3月の期日に1万7000円で日経平均株価を買い取る」。1万7000円で先物を売った人は、「期日に1万7000円で日経平均株価を売り渡す」という約束をしたことになります。この売買をした時点では、約束をしただけですから、実際にお金の受け渡しはなされません。取引金額に応じた証拠金を差し入れてあれば、取引（約束）をすることができます。

　取引の決済方法は2つあります。ひとつは、期日になる前に、先物を買った人は市場で転売する、先物を売った人は市場で買い戻すという反対売買です。この場合、買値と売値の差がそのまま損益になります。

　期日の前日までに反対売買をしない場合には、期日の日経平均採用225銘柄の始値をもとに算出される「特別清算指数」（SQ値）との差額をやり取りして決済します。SQ値が1万7500円だったとすると、1万7000円で先物を買った人は、「いま買えば1万7500円のところ、1万7000円で買える」という意味になりますから、500円分の利益。よって、500円分を受け取る。1万7000円で先物を売った人は「いま売れば1万7500円のところ、1万7000円で売り渡さなければならない」ので、500円分の損失。よって、500円分を支払う、という差金決済です。

　日経平均先物は、現物株とは別の先物市場で取引されていて、先物価格は

図01-1 ● 日経平均株価と日経平均先物の関係

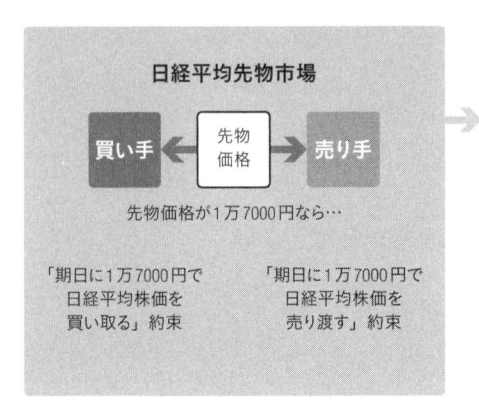

株式市場
225銘柄のリアルタイム株価から日経平均株価を算出

期日：（3月、6月、9月、12月の第2金曜日）

225銘柄の始値から先物の決済に用いる日経平均株価（特別清算指数（SQ値））を算出

日経平均先物市場
買い手 ← 先物価格 → 売り手

先物価格が1万7000円なら…

「期日に1万7000円で日経平均株価を買い取る」約束

「期日に1万7000円で日経平均株価を売り渡す」約束

売り買いした先物価格との差額分をやり取りして決済

特別清算指数が売り買いした先物価格よりも高ければ…
買い手：差額分を受け取る
売り手：差額分を支払う

特別清算指数が売り買いした先物価格よりも安ければ…
買い手：差額分を支払う
売り手：差額分を受け取る

先物市場の需給関係によって形成されています。その先物価格の値動きに追随するようにして現物の株式市場の価格が動くのが「先物主導」と呼ばれる状況です。

いったいなぜ先物の値動きに現物株が追随するのか。その背景のひとつとしては、まず、日経平均株価と日経平均先物の価格の乖離を収益機会にする裁定取引の存在があげられます。

日経平均株価は、現物の株式市場に上場している225銘柄の株価によって算出されていますから、日経平均先物とは価格が形成されるメカニズムが異なります。また、先物は値刻みが10円単位、日経平均株価は小数点第2位までの値で公表されているという違いもあり、日経平均株価と日経平均先物の価格は一致しているわけではありません。

ただ、日経平均先物の期日の決済のもとになるSQ値は日経平均株価を構成する225銘柄の始値によって決まるため、先物価格と日経平均株価が各々勝手に動くわけにもいきません。そうすると、それぞれの市場で価格が形成

されている中で、双方の価格に乖離が生じた場合には、その乖離を解消する動き、いわゆる「裁定が働く」と称される動きが出ると考えられます。

たとえば、先物市場の需給によって先物価格が先に上がり、日経平均株価はまだそこまで上昇していないとします。先物価格が割高で、日経平均株価が割安になっている状態です。

この乖離を解消する値動きのパターンは3つあります。ひとつ目は、先物価格も日経平均株価も下がるとすれば、割高な先物価格のほうが大きく下げる。2つ目は、先物価格も日経平均株価も上がるとすれば、割安な日経平均株価のほうがより大きく上がる。3つ目は、割高な先物価格は下がり、割安な日経平均株価は上がる、というパターンです。

こうした乖離が生じたときに、割高になっている先物を売り、日経平均株価に連動するように日経平均採用の現物株をまとめて買えば、どのパターンになっても収益があがることになります。この収益を取ろうとするのが裁定取引です。

図01-2 ● 日経平均先物と日経平均株価の間に「裁定」が働くしくみ

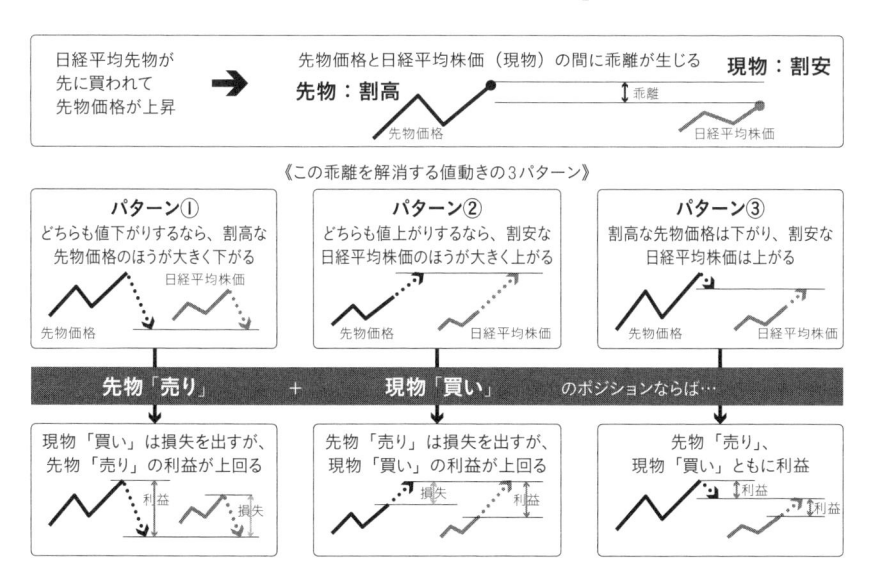

先物価格が値上がりして割高になったときに、日経平均株価に連動するように現物株がまとめ買いされることは、「裁定買いが入る」などと表現されます。裁定買いの残高が増えているところで、たとえば為替が円高にふれたり、中国市場で株価が大きく下げたり、何か日本株にとってマイナス材料が出て先物が売られて値下がりしたとします。これによって先物価格の割高が解消されれば、もはや裁定買いした現物株を持っている必要はなくなります。そこで裁定買いした現物株が売られます。裁定解消売りと呼ばれるもので、これもよく場況コメントに登場する言葉です。

　裁定解消売りは、当然ながら、日経平均株価を押し下げる要因になります。日経平均株価を構成している主力銘柄が値下がりすれば、同業の銘柄や関連銘柄は日経平均株価の算出に関係がなくても売られやすくなるでしょう。そうして値下がりする銘柄が増えれば、日経平均株価の算出にも、あるいは、その関連銘柄にもまったく関係のない、たとえば新興株や中小型株も売られやすくなってしまいます。これも結局、何かが大きく値下がりすると、その損失をカバーしようと他の銘柄を売る動きが出ることと同じ流れです。

　このような形で日経平均先物が下がると日経平均株価も下がり、連鎖的に幅広く個別株が売られる光景が当たり前になると、もはや条件反射的に「日経平均先物が下がる→買っている個別株はとにかく売る」という売買行動をする人が増えるであろうことは想像するに難くありません。

　市場参加者の層が多様であれば、先物主導でバタバタとどの個別銘柄も売られるような状況にはならないと思いますが、日々売買している人がいつも同じような顔ぶれであれば、先物主導で現物株が動く傾向は強くなると考えられます。その結果、日経平均株価が強烈に下落すると株式市場が全面安の様相になる、という惨状も生じます。

APPENDIX（補足）II

市場実態が悪くても「日経平均はしっかり」のしくみ

　日経平均株価は、日本経済新聞社が選定する225銘柄から算出される株価指数です。その算出方法は「単純平均」というシンプルなものですが、「225銘柄の時価の合計÷225」というそのままの単純平均ではなく、「225銘柄の指数算出用の株価の合計÷除数」という式で算出されます。「指数算出用株価」と「除数」は、銘柄入れ替えや株式分割・併合など、買い手と売り手の需給とは異なる要因で算出に採用される株価が変わることによる影響を排除するための値です。

　指数算出用の株価は、「時価×見なし額面から計算した掛け目」で計算されます。見なし額面は、各銘柄の株価を旧額面制度の「50円額面」に換算したうえで、大型の株式分割や併合があった場合にはそれによる理論株価の変動を加味して決められています。

　旧50円額面で、株式分割・併合がない銘柄の採用株価は、みなし額面は「50円」。時価がそのまま採用株価になります。この場合の掛け目は「1」です。旧500円額面の銘柄は、みなし額面が「500」、採用株価は時価の10分の1で、掛け目は「0.1」。旧50円額面で、たとえば1対3の株式分割をした銘柄は、見なし額面は「50／3」。採用株価は時価の3倍、掛け目は「3」となります。

　この「見なし額面」は日本経済新聞社のHPで随時公表されています。14年11月10日現在、時価と採用株価が異なる銘柄は43銘柄です。

　一方、銘柄入れ替えなど、見なし額面によって影響を排除することができない株価の変動に対応する数値が「除数」です。

　日経平均株価の算出が始まった当初は「除数」というものはなく、採用株価の合計をそのまま225で割っていました。仮に、その当初の225銘柄の株価合計が4万5000円で、それを225で割った日経平均株価が200円だったとします。銘柄入れ替えによって、225銘柄の株価が4万5200円になった場合、

これを225で割ると、日経平均株価は200.89円と、入れ替え前よりも高くなってしまいます。
　銘柄を入れ替えただけで平均株価が上がるのでは、指数としての連続性が途切れてしまいます。そこで、日経平均株価が「合計株価が4万5000円÷225」のときと同じ200円になるように、割る数のほうを調整します。この「調整された割る数」が除数です。銘柄入れ替えによって合計の株価が4万5200円になった場合ならば、割る数「225」を「226」にすれば、銘柄入れ替え後の日経平均株価は入れ替え前と同じ「200円」になります。よって、銘柄入れ替え後は、226を除数として、225銘柄の採用株価合計を226で割ります。
　次にまた銘柄入れ替えがあった場合も、同じような計算方法で除数を修正していきます。そうした長きにわたる修正を経て、14年11月10日時点の除数は25.473になっています。

　この算出方法では、指数算出用の採用株価が高い銘柄ほど、日経平均株価に対する影響度（寄与度）が大きくなります。たとえば、最も採用株価の高いファーストリテイリング（9983）の11月11日の終値は4万3115.0円。この銘柄は旧50円額面なので、終値がそのまま採用株価になります。この株価を除数25.473で割った「1692.58円」が、この日の日経平均株価の終値1万7124.11円のうちの「この銘柄の株価による部分」です。率にして、9.88％。つまり、この銘柄の株価は日経平均株価の約1割を占めている、ということです。
　また、この日の日経平均株価は前日比343.58円高。ファーストリテイリングは1685円高でした。この1685円を除数25.473で割った「66.15円」は、その分だけこの日の日経平均株価の前日比上昇に寄与したことを意味します。この日の日経平均株価の上げ幅の約2割は「ユニクロが一人で稼いだ」というイメージです。
　算出用の採用株価が高い銘柄が大きく動くと、それによる日経平均株価を押し上げたり、押し下げたりする効果も大きくなります。つまり、日経平均株価の採用銘柄のうち、寄与度の高い一部の銘柄が大きく買われていれば、

図02-1 ● 日経平均株価算出に用いられる「除数」とは

除数 銘柄入れ替えなど相場変動と関係のない要因によって株価が上下し、指数の連続性が損なわれることを排除するための調整値

<算出当初の算出式>
$$\frac{\text{当初の225銘柄採用株価合計}}{225}$$

= 銘柄入れ替え前の日経平均株価 =

<銘柄入れ替え後>
$$\frac{\text{入れ替え後の225銘柄採用株価合計}}{\text{除数}}$$

この等式が成り立つように割る数を調整した値が「除数」

$$除数 = \frac{\text{入れ替え後の225銘柄採用株価合計}}{\text{銘柄入れ替え前の日経平均株価}}$$

その後、銘柄入れ替えなどがあった場合には、同じやり方で除数を修正する

図02-2 ● 指数採用株価が時価と異なる銘柄（14年11月10日時点）

コード	銘柄名	掛け目
4503	アステラス製薬	5
9984	ソフトバンク	3
7267	ホンダ	
9433	KDDI	
6971	京セラ	2
4543	テルモ	
6857	アドバンテスト	
7751	キヤノン	
5214	日本電気硝子	1.5
8766	東京海上HD	
7202	いすゞ自動車	
4188	三菱ケミカルHD	0.5
3086	J.フロントリテイリング	
4689	ヤフー	0.4
1605	国際石油開発帝石	
8725	MS&ADインシュアランス	0.3
8630	NKSJホールディングス	0.25
7261	マツダ	
8795	T&Dホールディングス	
8729	ソニーフィナンシャルHD	0.2
7004	日立造船	
8803	平和不動産	

コード	銘柄名	掛け目
8316	三井住友フィナンシャルG	
9432	日本電信電話	
9437	NTTドコモ	
9020	東日本旅客鉄道	
8308	りそなHD	
8750	第一生命保険	
7211	三菱自動車	
5411	ジェイ エフ イーHD	
9501	東京電力	
9022	東海旅客鉄道	
9021	西日本旅客鉄道	0.1
9503	関西電力	
3436	SUMCO	
9502	中部電力	
2768	双日	
2269	明治HD	
3863	日本製紙	
5413	日新製鋼	
9602	東宝	
1333	マルハニチロ	
9412	スカパーJSAT	

APPENDIX（補足）II

大方の銘柄の株価がどうであれ、「日経平均株価はしっかりしている」という状況にもなります。

図02-3 ● 日経平均株価に対する個別銘柄の寄与価格・寄与度

採用225銘柄の各採用株価にn_1、n_2、n_3……n_{225}と番号を付けたとすると、日経平均株価は

$$日経平均株価 = \frac{n_1 + n_2 + n_3 \cdots\cdots + n_{225}}{除数}$$

● 株価n_1の銘柄の日経平均株価に対する寄与価格

$$n_1の寄与価格 = \frac{(算出用株価)\ n_1}{除数}$$

除数25.473の場合、指数算出の採用株価4万円の銘柄の寄与価格は、

$$\frac{4万円}{25.473} = 1570.29円$$

● 日経平均株価に対する寄与度

$$n_1銘柄の寄与度 = \frac{n_1の寄与価格}{日経平均株価}$$

日経平均株価が1万7000円ならば、寄与度（％）は、

$$\frac{1570.29円}{1万7000円} = 9.24\%$$

図02-4 ● 日経平均株価の高寄与度上位10銘柄（14年12月30日時点）

日経平均株価：1万7450.765円

寄与順位	コード	銘柄名	12月末終値	指数算出掛け目	寄与度(%)
1	9983	ファーストリテイリング	4万4040円	1	9.907
2	9984	ソフトバンク	7210円	3	4.866
3	6954	ファナック	1万9945円	1	4.487
4	9433	KDDI	7637円	2	3.436
5	6971	京セラ	5556円	2	2.500
6	8035	東京エレクトロン	9221円	1	2.074
7	4503	アステラス製薬	1686.5円	5	1.897
8	4063	信越化学工業	7866円	1	1.770
9	6367	ダイキン工業	7810円	1	1.757
10	7203	トヨタ自動車	7558円	1	1.700

この上位10銘柄の寄与度合計は34.4%。
つまり、「日経平均株価の3分の1は、この10銘柄の株価で説明できる」と言える

●追記

　昨日（2015年2月19日）、日経平均株価が前回の上昇相場の高値1万8300円（07年2月・ザラ場ベース）を突破しました。
　7章でも紹介したように、1990年以降の日経平均株価は高値・安値ともに切り下がる、超長期の下降トレンドにありました。それが、前回の高値を突破した。これは、超長期のトレンドが転換した可能性を示唆する、極めて重大な出来事です。
　"リーマン・ショック"の大崩落を思い出せば、実に感無量。思わず祝杯をあげたくなるところですが、ただ、本当に日本株市場の超長期トレンドが「上昇」に変わったのかどうか。まだまだ疑わしいのが実情です。
　たとえば、東証1部の時価総額を見ると、前回上昇相場のピーク時は581兆円。その高値を突破した15年2月19日の時価総額は537兆円と、40兆円以上も足りません。このことは、時価総額が加味されているTOPIXが、前回の上昇相場の高値の8割程度までしか回復していないことに反映されています。
　それでも東証1部はまだいいほうで、マザーズ市場にいたっては、同時点での時価総額はピーク時の半分以下。マザーズ指数はピーク時の3分の1以下の水準でしかありません。
　この先、日経平均株価がどこまで上昇するかが、関連メディアの最大の関心事になるかもしれませんが、それよりも、日経平均株価と市場全体の乖離がどのような形で収束するかに注目したいところです。他の株価指数が日経平均株価に追いつき、時価総額も前回の水準を超えて、市場全体の底上げが目に見える形になったときに、全力で祝杯をあげたいと思います。

◉参考文献

- 『先物市場のテクニカル分析』(ジョン・J・マーフィー著・日本興業銀行国際資金部訳／金融財政事情研究会)
- 『日本罫線史』(住ノ江佐一郎監修・日本テクニカルアナリスト協会編／日本経済新聞社)
- 『キーポイント確率・統計』(和達三樹　十河清／岩波書店)
- "RANDOMNESS"(Deborah J. Bennett著／Harvard University Press)
- "The Dow Theory"(Robert Rhea著／Snowball Publishing)
- 『モノグラフ＜24＞公式集』(矢野健太郎監修　春日正文編／科学新興社)
- "Introduction to Futures and Options Market"(John Hull著／Prentice Hall International)
- Bloomberg電子版(2013/9/9付)
- 「Businessweek」電子版(2013/9/19付)
- 「The NewYork Times」電子版(2013/9/18付)
- "The Golden Ratio"(Mario Livio著／Broadway Books)
- ＜Newton別冊＞『「カタチ」をめぐる数学の不思議　図形に強くなる』(ニュートンプレス)
- "EUCLID'S ELEMENTS"(Green Lion Press)
- "DARK POOLS"(Scott Patterson著／Random House Business Books)
- ＜株＞テクニカル情報2014夏号(なでしこインベストメント)
- 株＜優待＞アノマリー情報2014AUTUMN-WINTER(なでしこインベストメント)
- 「先物主導」「高速取引」に翻弄されない＜本気の＞株・再入門(なでしこインベストメント)

◉参考サイト

- 東京証券取引所(http://www.tse.or.jp/)
- 日本経済新聞社(http://www.nikkei.com/)
- なでしこインベストメント(http://www.h6.dion.ne.jp/~yadon/index.html)

阿部智沙子（あべ　ちさこ）
(有)なでしこインベストメント取締役。
茨城大学、東京理科大学卒業。大蔵省(現・財務省)専管の財団法人が発行する金融専門紙の記者を経て、1997年、共同でマーケット情報提供会社 (有)なでしこインベストメントを設立。マーケット分析や売買手法の研究、株式等のトレーディングに携わりながら、その成果を反映する形で執筆活動を行っている。主な著書に、『ケイ線・チャートの読み方・使い方』(日本実業出版社)、『<1日1回15分>たのしい短期トレードの本』(東洋経済新報社)、『とっとと儲けて、サッサと勝ち逃げ！ 信用取引の始め方・儲け方』(明日香出版社)など。自社オリジナルCD-ROM書籍に「＜禁断の仕組み債＞こっそり知りたい本当のリスクとリターン」、「【市場5割】【セクター3割】【個別要因2割】で考える 売買のアイディア」などがある。

データ協力:桑山光利(なでしこインベストメント)

株　ケイ線・チャートで儲けるしくみ
2015年4月1日　初 版 発 行
2015年5月20日　第2刷 発 行

著　者　阿部智沙子 © C. Abe 2015
発行者　吉田啓二
発行所　株式会社 日本実業出版社　東京都文京区本郷3-2-12　〒113-0033
　　　　　　　　　　　　　　　　　大阪市北区西天満6-8-1　〒530-0047
　　　　編集部　☎03-3814-5651
　　　　営業部　☎03-3814-5161　振替　00170-1-25349
　　　　　　　　　　　　　　　　　https://www.njg.co.jp/

印刷／理想社　　製本／若林製本

この本の内容についてのお問合せは、書面かFAX (03-3818-2723)にてお願い致します。
落丁・乱丁本は、送料小社負担にて、お取り替え致します。

ISBN 978-4-534-05269-8　Printed in JAPAN

日本実業出版社の本 投資に強くなる 好評既刊！

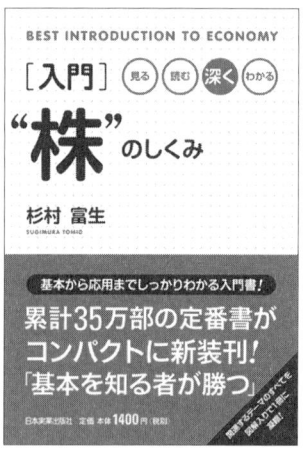

[入門] 見る 読む 深く わかる
"株"のしくみ
杉村富生＝著
定価 本体 1400円（税別）

株は1年に2回だけ売買する人がいちばん儲かる
伊藤智洋＝著
定価 本体 1400円（税別）

[入門] 見る 読む 深く わかる
投資信託のしくみ
中野晴啓＝著
定価 本体 1400円（税別）

[入門] 見る 読む 深く わかる
外国為替のしくみ
小口幸伸＝著
定価 本体 1400円（税別）

定価変更の場合はご了承ください。